2022 한국경제 대전망

2022 ECONOMIC ISSUES & TRENDS

2022 한국경제 대전망

이근·류덕현 외 경제추격연구소, 서울대 비교경제연구센터 편저

21세기북스

G2 시대, 합종연횡과
역량증진형 국가의 등장

Ⅰ 진퇴양난에서 합종연횡으로

지난해 출간된 《2021 한국경제 대전망》의 키워드는 '진퇴양난'
이었다. 미국과 중국, 수출과 내수, 과감한 재정지출과 국가채무
통제, 이 사이에 존재하는 세 가지 딜레마를 논했다. 동시에 디지
털화, 세계화의 퇴조, 정부 역할의 증대라는 세 가지 새로운 흐름
을 짚은 바 있다. 1년이 지났지만 코로나19를 종식하지는 못한
지금, 포스트 코로나가 아닌 '위드 코로나'로 방역 기조를 전환하
는 시기에 국내외 경제는 꾸준히 회복하고 있다.

지금까지의 흐름을 2020년에 예측한 세 가지 진퇴양난 상황에

대입하면 내수보다는 수출 쪽에서 활로가 트였고, 미국의 바이든 정부 집권과 G7 회의 이후 서방의 대중국 견제 노선은 고착화되고 있다. 다만 재정 지출이 증가할수록 국가채무 통제의 필요성이 절실해지는 대내적 차원의 진퇴양난은 계속되고 있다.

2021년은 각국이 디지털화, 세계화의 퇴조, 정부 역할 증대라는 흐름 속에서 그 출구를 모색한 해였다. 그렇다면 출구를 상징하는 2022년의 키워드는 무엇일까?《2022 한국경제 대전망》에서는 이를 '합종연횡合從連衡'으로 제시한다. 합종연횡은 2021년 한국경제, 세계경제 및 주요 산업과 기업에서 다양한 모습으로 나타났으며, 2022년에는 더욱 진행되고 강화될 것으로 예상된다.

| 다자간 자유무역에서 소수 간 합종연횡형 GVC로

1부에서 다루겠지만, 세계경제 차원에서 합종연횡의 시작은 조 바이든 미국 대통령의 집권과 그가 주도한 2021년 6월의 G7 회의였다. 바이든 대통령은 대중 견제를 위해 유럽과의 동맹부터 다지기 시작했다. 즉, 미국이 주장하는 법인세의 글로벌 공조를 유럽이 받아들이고, 유럽이 주장하는 디지털세를 미국이 받아들이는 타협을 이룬 것은 중국이라는 공통의 경쟁자를 의식한 공동 견제의 시작이다. G7 회의의 합의 내용을 정리한 콘월컨센서스는 '규범에 기반한, 자유롭고 공정한 경제 시스템'을 비전으로 내세웠다. 이전의 자유방임 세계화가 가장 싼 곳에서 생산해, 가장 세율이 낮은 곳에서 세금을 내는 방식이라면, 이번 합의는 신자유주의적 가치와 다르게 최저 법인세를 쇼핑하는 자본 이동을 견제하고, 여기서 발생한 조세 수입으로 코로나로 인한 피해를 보상하고 GVC_global value chain(글로벌 가치사슬) 재편 비용을 조달하는 구조다.

이러한 변화는 과거의 다자간 자유무역협정FTA에 기반한 생산의 저비용 효율화라는 패러다임이 소수 간의 합종연횡에 의한 동맹형 GVC로 대체됨을 의미한다. 이러한 소수 동맹형 GVC의 등장은 탈세계화 흐름의 종착역이고, 자유무역 질서 속에서 성장해온 한국에는 커다란 도전이다.

⏐ G2 시대의 도래와 한국

미국과 중국은 각자 자국이 주도하는 GVC 구축을 지향하지만 전면적 디커플링(분리)은 불가능하다. 대신 반도체, 5G, 인공지능 AI 등 첨단 분야에서 미국이 중국에 의존하지 않는 GVC를 구축하는 부분적 디커플링이 현실적 시나리오다. 서방 세계는 부분적 디커플링으로는 중국을 침몰시키지 못할 것이며, 중국은 2030년대 중반에 미국과 비슷한 규모의 GDP를 달성해 본격적으로 G2 시대를 열 것으로 전망된다(1부 5장).

서방의 반중국 동맹은 한국에 시간을 벌어주는 효과가 있다. 서방의 움직임이 없다면 중국이 자국 중심 제조업 GVC를 완성했을 때, 한국은 설 자리를 잃을 것이다. 즉, 서방이 구축하고자 하는 탈중국 GVC는 서방의 힘만으로 단시간에 실현 가능한 것이 아니기 때문에, 제조업 강국으로서 한국에 주어지는 일정한 역할이 있다. 그러나 서방은 가급적 천연 광물 자원이 풍부한 아프리카 국가나 제3세계 일부 국가를 포함하는 GVC 구축을 선호하고, 한국을 차선의 카드로 보고 있다. 이에 한국은 미국과 유럽에 한국이 신뢰할 만한 파트너임을 보여주고, 설득해야 한다. 중국의 '메이드 인 차이나Made in China가 가속화할 경우, 중국경제와 시장에서 한국이 설 자리는 많지 않아 보인다. 향후 중국은 한국에 시장 역할보다 희토류 등 다양한 품목의 공급자로 등장해 오히려 한국 시장을 공략하는 방향으로 전선이 바뀔 것으로 보이기 때문이다. 한국의 입장에서 미래에는 중국보다 서방이 제휴할 만한 파트너가 되고, 서방의 시장과 기술이 더 중요해질 것이다. 즉, 서방이 한국의 합종연횡 대상으로 재부상하고 있다. 나아가 이제 '안미경중(안보는 미국, 경제는 중국)'이라는 오랜 틀에서 벗어나, 장기적으로 '안미경미(안보도 미국, 경제도 미국)'를 미중 사이 진퇴양난의 한 출구로 검토해야 한다.

▎역량증진형 국가의 등장

《2021 한국경제 대전망》에서 언급한 흐름 중 하나인 정부 역할 증대 또한 이제 그 내용이 구체화되고 있다. 즉, 합종연횡의 시대가 도래하면서 '역량증진형 국가enabling state'라는 새로운 개념이 등장했다. 모든 선진국이 탈탄소 및 환경 보호의 명분으로 산업에 깊이 개입하는 지금의 상황에서, 한국 또한 현상 유지를 위해서라도 기업과 산업에 대한 적극적 지원과 경쟁력 제고에 집중하는 대응을 취할 수밖에 없게 되었다. 4부와 에필로그에서 다루겠지만 이제 한국은 개발국가나 복지국가의 틀을 넘어 다양한 차원에서 개인, 기업, 산업 및 지역의 역량을 높이고자 도모하는 역량증진형 국가로 발전할 필요가 있다. 국민에 대한 물질적 혜택에 치중하는 전통적 복지국가의 경직성과 비효율성을 극복하고, 경제 주체의 역량을 높여 이들 간의 상호 협력과 자조를 통해 스스로 경제와 생활의 질을 높이는 것이 역량증진형 국가의 비전이다. 복지국가가 고기를 직접 주는 것이라면, 역량증진형 국가는 고기 잡는 법을 가르쳐준다고 할 수 있다. 국민의 역량 증진이라는 비전이 있어야만 재정 지출 확대와 국가채무 증대 사이의 진퇴양난도 극복할 수 있다.

역량증진형 국가는 산업에 대한 적극적 개입으로 산업의 역량과 경쟁력을 높이며, 국내 산업이 외국과의 경쟁에 의해 몰락해 국가의 재정 부담으로 귀결되기 전에 선제적으로 개입한다. 즉, 선제적 개입으로 성장과 고용을 유지함으로써 복지 부담의 위험을 예방하는 효과를 보고자 한다. 이를 통해 성장-복지-일자리의 선순환 경제를 구축할 수 있다.

4부에서 다룰 성장과의 선순환을 지향하는 역량증진형 복지 체제에서는 현금보다 각종 현물형 사회 서비스(출산, 육아, 보육, 돌봄, 교육 서비스 등) 부문의 역량을 확충하는 것이 관건이다. 유럽의 초기 복지국가도 현금 복지 중심으로 시작했지만 사회 서비스 확충으로 전환했다. 기본소득 논의의 취지는 좋지만 그보다 먼저 기본서비스가 갖추어져야 한다는 것이다. 한국의 사회 서비스 부문 일자리 비중은 유럽 국가들에 비해 매우 낮기 때문에 고용 확대의 잠재력이 크다. 이런 사회 서비스는 복지의 일환이면서 일자리를 창출하고 여성 고용률을 높이는 효과까지 갖는 것이다.

I 산업 차원의 글로벌 합종연횡과 한국 기업의 전략

한국은 대내적으로 잠재성장률의 저하와 지역 간, 대기업-중소기업 간, 소득계층 간 불균형과 불평등에 따른 경제사회적 불안정성이 증대하고 있다. 잠재성장률의 추세적 하락(5년마다 1%p씩 하락) 속에 경제의 역동성마저 떨어지고 있다. 1부 5장에서도 논의하고 있는 것처럼, 한국의 1인당 소득이 일본을 넘어섰지만 미국과 비교했을 때에는 한국도 일본과 마찬가지로 미국 대비 70%의 벽을 넘지 못할 수 있다는 우려가 있다. 한국은 또한 세계경제 비중 면에서 2%라는 또 다른 벽에 직면했다. 한국경제와 산업이 이 두 개의 벽을 넘기 위해서는 글로벌 산업 차원의 합종연횡에 참여하고, 이에 대응해 종횡무진 전략으로 돌파구를 찾아야 한다.

개별 국가 차원의 GVC로는 한계가 있기 때문에, 기업들은 타국의 몇 개 기업들만을 파트너로 삼는 합종연횡형 제휴를 추구하고 있다. 에필로그에서 설명하듯 배터리, 반도체 등의 분야에서 전 세계의 기업들 사이에 합종연횡이 진행되고 있다.

이런 상황에서는 기업 간의 역량 공유와 전략적 연계가 중요하다. 한국 기업은 전통적으로 내부 자원에 의존하는 유기적 성장을 해왔으나 이제는 외부와의 연계나 M&A(인수합병)를 통한 비유기적 성장이 중요해지고 있다. 공격적인 M&A 경영이 위험을 가중시킨다는 비판도 있지만, 외부 환경이 전환되는 시기에는 기존 사업 부문의 강점을 살리면서 미래 시장에 필요한 역량을 외부에서 수혈해 시너지 효과를 거둘 수 있다.

이에 따라 한국 대기업의 형태는 종래의 가족 지배하의 다각화된 재벌을 넘어 디지털 기술에 기반해 다양한 합종연횡형 빅블러 big blur 나 플랫폼 기업으로 바뀌어갈 것이다. 종횡무진형 빅블러를 지향하는 기업은 '목표 시장 진입 → 성장 → 확대'의 선형적 모델을 지양하고 다양한 영역에 씨앗을 파종해 사업 간 재조합과 재구성에서 새 기회를 찾는 전략을 추구해야 한다.

| 한국경제의 SWOT 분석 리스크와 돌파구

지난 5년간 경제 분야에서의 문재인 정부의 공과를 따져보면 일본의 무역 규제에 대응한 소부장(소재·부품·장비) 산업 강화, 디지털 공장 확대, 제2의 벤처 붐, 수소경제 추진 등 뉴딜이라는 방향을 설정한 것은 '공'으로 볼 수 있지만, 최저임금과 원전 폐쇄 정책에서의 과속, 공정성 논란 속 정규직화, 임대차3법과 부동산 등 '과'와 연관된 과제들을 다음 정부에 남겨두고 있다. 이 시점에서 한국경제에 대한 간단한 SWOT 분석은 앞으로의 경제 흐름을 예측하는 데 도움이 된다.

1) 강점strength: 기존 주력 업종인 제조업과 신흥 디지털 플랫폼 및 벤처 기업이 공존하는 구조를 갖추었다.

2) 약점weakness: 코로나19 위기 때 와이어링하니스라는 중국산 부품 하나 때문에 자동차 조립이 중단되는 사태에서 볼 수 있는 것처럼, 과도한 세계화라는 약점에 노출된 GVC 구조를 가지고 있다. 또한 첨단 기술은 미국, 일본에 의존하고 시장은 중국에 의존하는 산업 차원의 이중구조와 정규직 대 비정규직이라는 노동 시장의 이중구조를 안고 있다.

3) 기회opportunity: 미중 갈등과 대중 관세 부과 등으로 제조업의 리쇼어링이 가능해지고, 코로나19 및 한일 간 갈등에 따라 IT를 잇는 새로운 성장 엔진으로서 바이오 산업, 소부장 산업이 성장하고 있다.

4) 위협threat: 최저임금의 급격한 인상에 이은 코로나19발 영업 제한으로 자영업자와 중소기업의 상황이 어려워지면서 오히려 대기업이 시장을 주도하는 경향이 더 심화되고, 실물 투자보다 주식, 부동산 등 금융 투자가 가속화되었다. K자 회복에 따른 불평등 및 저출산·고령화 추세가 계속되고 있다.

향후 한국경제는 위에서 파악된 강점은 유지해나가고 약점을 보완하되, 기회는 살리고 위험 요인은 극복해나가야 할 것이다. 그 기본 방향은 역시 디지털화를 활용한 역량 증진이고, 이를 위한 재정 여력이 있다는 것이 한국의 역량증진형 국가의 강점이다. 즉, 자영업을 지원하는 여러 방식에 더해 유연근로시간제, 디지털 공장 도입과 리쇼어링을 패키지로 지원하며, 대기업-중소기업 간 역량 공유 및 정부 지원으로 중소기업의 역량을 강화해야 한다. 역량 및 직무 중심의 보상 체제로 대기업-중소기업 노동자 사이의 이중 구조를 극복해야 한다.

출산, 보육, 육아, 교육 서비스 등 사회 서비스 부문을 강화하는 과제는 그 자체로 일자리 창출에 기여하는 동시에 여성의 취업 여건 개선을 통해 여성 고용률도 향상시키는 효과가 있다. 이러한 정책으로 저출산·고령화에 대응해야 한다. 교육과 의료 서비스의 디지털 원격화가 '지방 소멸'에 대한 대책의 기본 방향이 될 것이다. 이런 환경 변화 속에서 2022년에 출범할 새 정부와 함께 한국경제와 기업이 역량을 높여 위드 코로나 상황에 대응하기 위한 자세한 방안은 4부에서 다룬다. 그리고 이를 요약한 내용은 에필로그에 정리했다.

책의 주제와 이슈들을 간단히 살펴보았지만, 이 책은 경제 전문가 26명의 글을 한데 모은 것이기에 책 전체를 통해 다양하고 깊이 있는 견해들을 만날 수 있다. 각각의 글이 객관적 사실 중심으로 서술되도록 각 부의 편집위원이 노력했으나 개별 필자들의 정치적 스펙트럼은 다양하기 때문에 글에 대한 최종적 판단은 독자의 몫으로 남겨둔다. 모든 글은 해당 필자의 판단과 책임 아래 출판되는 것이며, 이 프로젝트를 지원한 경제추격연구소나 서울대학교 비교경제연구센터의 공식 입장이 아님을 밝힌다.

2022년, 합종연횡의 시대를 맞아 한국 기업과 경제인들의 종횡무진 활약을 기대한다. 이를 위한 전략과 전술을 수립하는 데 이 책이 유용한 도움이 되었으면 하는 바람이다. 2017년판 이후 지금까지 6년 동안 《한국경제 대전망》 시리즈의 출판을 해오며 애쓰신 21세기북스의 김영곤 사장 이하 이남경, 김지영, 이종배 씨께 감사드린다.

2021년 가을
필자들을 대표하여
이근, 류덕현

차례

끝나지 않는 불확실성 속에서도
기회를 찾아야

지만수(한국금융연구원 선임연구위원)

2021년에 코로나 대유행을 극복할 수 있으리라는 기대는 지나친 낙관이었다. 2022년 세계는 코로나 이후의 시대를 준비하고 있다기보다는 코로나와 함께 사는(위드 코로나) 시대를 각오하고 있다. 다양한 변이 바이러스가 각국에서 재유행하고 있으며, 백신 접종에서 앞서갔던 선진국에서는 감염이 통제되지 않고 신흥국의 백신 접종은 속도를 내지 못하고 있다.

코로나의 경제적 악영향도 지속되고 있다. 특히 감염 상황, 백신 접종, 경제 상황, 정책적 대응의 국가 간, 지역 간, 업종 간 불균등uneven이 새로운 문제로 등장했다. 각국에서 제조업의 회복은 국제 원자재 가격 상승이나 물류 비용 급등으로 이어지고 있는 반면, 서비스 업종의 회복은 아직 기약하기 어렵다. 한국과 캐나다 등 일부 국가는 금리를 인상하는 등 경제 정책 정상화에 나서고 있고 미국도 2021년 중 양적완화 규모를 축소할 계획이지만, EU(유럽연합) 등 주요국은 당분간 제로금리와 양적완화를 지속할 전망이다.

　코로나 자체가 이미 리쇼어링, 공급망 안정화, 언택트 경제의 등장 등 새로운 경제적 현상을 낳았지만, 코로나에 대한 각국의 정책적 대응이 장기화되면서 이로 인해 글로벌 경제에는 변화도 나타나고 있다. 특히 코로나 경제위기 대응 과정에서 유례없이 유동성이 확대된 결과 세계적으로 주식과 부동산 등 자산 가격이 상승했다. 몇몇 국가에서는 자산 시장의 버블을 우려하는 목소리도 높다.

　미국의 양적완화 축소는 자산 시장의 불안을 키우며 2022년 세계경제가 직면할 첫 번째 시험이 될 전망이다. 미국 정책 당국은 점진적인 테이퍼링이 진행될 것이라고 밝혔다. 경기 및 고용 회복과 인플레이션이 충분히 확인되기 전에는 금리를 인상하지 않겠다는 입장도 분명히 한다. 그렇지만 시장의 불안이 큰 상황에서는 작은 변수조차도 예기치 못한 변화를 초래할 수 있다.

일본의 경제 상황은 코로나 이전부터 논의되어온 국가부채 규모에 관한 새로운 평가로 이어지고 있다. 특히 코로나로 인한 경제 위기 및 저금리 상황에서는 적극적 재정 정책 등을 통해 성장률을 빠르게 회복시키는 것이 장기적 재정 안정을 달성하는 경로가 될 수 있다는 점이 주목받고 있다.

한편 2021년 미국의 바이든 정부 출범 이래 중국을 견제하는 선진국의 공동 대응 움직임이 뚜렷하게 나타나고 있다. 바이든 정부는 한국, 일본, G7, EU 등과의 연쇄 정상회담을 통해 중국의 국가 주도적 경제 체제가 야기하는 시장 왜곡에 대응하기 위해 선진국들이 동맹 전선을 구축해야 한다고 강조했다. 이미 많은 선진국들이 원칙적으로 미국의 입장에 공감한다는 입장을 표명했다. 중국은 여전히 강력한 제조업 기지로서 성장을 지속하고 수출 시장에서 선전하고 있으나, 중국에 대한 견제가 구체화되기 시작하면 이전과 같이 자유롭게 GVC를 활용하기는 어려워질 가능성이 있다.

중국은 14차 5개년계획 등을 통해 국내 대순환, 공동 부유 등 새로운 발전 전략을 제시하면서 광대한 자국 내 시장을 활용한 안정적 성장 전략을 마련하기 위해 노력하고 있다. 그렇지만 경제 체제나 내정 문제에 대한 외부의 간섭을 수용하지 않겠다는 입장은 분명하다. 결국 미국을 중심으로 한 선진국의 중국 압박이 지속되고 중국이 이에 반발하는 대치 국면이 상당 기간 지속될 전망이다.

중국에 대한 선진국의 견제가 강화되는 것은 그동안 중국으로부터의 강력한 경쟁 압력에 직면해왔던 한국 기업에는 반사적 기회가 될 수도 있다. 마치 1985년 플라자 합의를 통한 일본에 대한 선진국 그룹의 견제가 당시 한국 기업들에 3저 호황이라는 성장 기회로 연결되었던 것처럼 최근 중국에 대한 견제가 한국 기업에 새로운 도약의 기회가 될 수 있다. 이 기회를 활용하기 위한 선제적이고 적극적인 투자 전략을 마련하고 실행할 시점이다.

동시에 한국은 중국, 일본, 대만, 아세안 등과 함께 동아시아 지역에 긴밀한 생산 네트워크를 형성하고 있다. 또한 자유무역과 GVC를 활용해 글로벌 시장을 지속적으로 활용해야 한다. 그런데 선진국의 중국 견제 과정에서 개별 기업에 대한 제재, 투자에 대한 제한, 첨단기술이나 특정 공급망의 블록화 등 새로운 형태의 보호주의가 등장하고 있다. 이러한 새로운 보호주의의 확대는 장기적으로 동아시아 생산 네트워크의 경쟁력을 약화시키고 자유무역 질서를 훼손하며 신흥국 시장의 발전을 저해할 수 있다. 중국 등 국가 주도적 경제 체제가 야기하는 시장 왜곡에 반대하는 한편, GVC를 약화시킬 수 있는 새로운 형태의 보호주의의 대두를 막기 위한 연대와 협력에도 나서야 하는 시점이다.

01

G7 정상회의 이후,
계속되는 미중 사이 줄다리기와 한국의 선택

신원규(숭실대학교 글로벌통상학과 연구교수)

l G7, 중국에 대한 전방위적 압박 구도 형성

2021년, 코로나로 무산되었던 G7 정상회의가 2년 만에 영국 콘월에서 열렸다. 누군가는 선진국 중 선진국이라 할 수 있는 G7 정상들이 현 글로벌 팬데믹에 대한 위기 해법과 전 세계로 확산되는 보호주의에 대한 해결책을 제시하길 희망했겠지만, 현실은 미국의 중국 견제 정책을 주요 선진국이 어디까지 공감하는지 확인하는 자리였다.

G7 정상회의 선언문을 통해 미국이 중국을 얼마나 전 방위로 압박하는지 쉽게 알 수 있다. WTO(세계무역기구) 체제 개혁에 힘을 모

으자는 원론적인 선언보다는, 트럼프 정부에서도 강조되었던 강제 기술 이전, 지식재산권 침해, 노동과 환경 기준 무시, 시장을 왜곡하는 국영기업의 행태, 과잉 생산을 부추기는 산업 보조금에 대한 우려의 소리가 회담문에 가득 차 있다.[1] 나아가 민주주의 가치에 동참하지 않는 국가로 중국을 명시적으로 꼬집어 중국의 비시장경제 정책과 관행, 노동과 인권 문제를 지적하며 중국식 사회주의와 성장 방식은 현 국제경제 질서에 중대한 위협이 된다고 경고했다.

2021년 G7 정상회의는 바이든 정부가 트럼프 정부에 이어 미중 통상 패권 전쟁을 선포하는 자리가 되었다. 2022년에는 효율성이 미덕이던 그간 국제경제 질서 내에서 이념(민주주의)과 가치관(인권, 환경, 노동 등)이라는 다양한 변수까지 고려해야 하는 고차방정식의 국제'정치'경제 질서의 시대가 본격적으로 막을 열었다. 문제는 이러한 가치가 무역에 어떻게 반영되는가인데, 셈법이 복잡하고 기준이 모호하다. 세계 최대 교역국인 미국과 중국의 패권적 갈등 구조에서는 사실상 규범과 글로벌 협력에 기반한 다자주의 국제경제 질서의 복원은 묘연하다. 무엇보다 미중 간에 끼여 미국의 가치 동맹과 중국의 경제 협력 사이에서 전략석 선백을 해야 하는 한국의 입장은 참 곤란하다.

| 국제경제 질서의 위기와 미중 통상 패권 속 한국의 선택

지금껏 글로벌 자유무역 질서의 수호자를 자처하던 미국과 EU 등 선진국이 중국을 압박하는 과정에서 다양한 보호주의적 수단을 동원하고 있다. 중국식 자본주의와 정부 주도 성장을 통제하지 못하는 현 글로벌 통상 체제를 당장 고칠 수 없다면, 미국이 직접 나서겠다는 것이 미중 무역 분쟁의 시작이다. 그리고 그 본질은 양국 간 경제, 정치와 제도, 혁신과 안보 시스템이 충돌하는 패권 전쟁이다. 세계경제의 양대 진영이라 할 수 있는 미국과 중국의 대립이 지속되는 한, 회원국의 총의consensus로 의결이 진행되는 WTO 다자주의 협상의 진척과 예전과 같은 자유주의 국제경제 질서로의 회복이 쉽지 않다. 이러한 통상 환경에서 코로나는 디지털 전환과 친환경 전환이라는 쌍전환의 화두를 던져주었고, 전 세계는 각자도생의 신산업 정책 경쟁 시대를 맞이하고 있다.

다자주의 자유무역 질서가 작동하지 않는 시점에서 실익을 중심으로 입장이 유사한 그룹 간 힘을 합치는 블록화가 진행된다. 그간 기존 자유무역협정을 통해 지역화가 국가별로 강화되었다면, 지금은 그 안에서도 이슈별로 서로 입장을 달리해 이해관계의 복잡성이 심화되는 양상이다. 새로운 통상 의제인 디지털과 친환경 쌍전환 이슈만 하더라도 자국 산업의 이해관계를 우선으로 내세우되, 관련 최첨단 기술 및 생산 협력에 대해서는 개별 협정을 통해 접근하는 국가(그룹)별, 산업별, 통상이슈별 합종연횡책을 구사해야 하는 형국이다. 이에 따라 기업은 자국과 상대 거래국의 다양한 개별 상황을 따져야 하는 그야말로 고난도의 복잡다단한 국제경제 질서 시대를 준비해야 한다. 이러한 시기에는 오답을 줄여가는 위기관리와 변수 간의 새로운 조합의 시너지를 찾는 연계 전술이 경쟁력이 된다.

오늘날 통상 환경의 현실에서는 바이든 미국 대통령이 기술-안보-이념을 연계해 동맹국에 미국의 글로벌 공급망의 연합군으로의 참가를 종용하고 있으며, 자국의 통상 정책과 글로벌 공급망에 대한 참여를 한국 기업에 직접 요청하는 실정이다. 한국의 입장에서는 중국과의 경제 관계나 국내 관련 산업과 일자리 정책을 고려할 때, 이러한 미국의 요청을 반가워할 수만은 없다. 물론 선택받은 기업의 입장에서는 국내 정치적 이해관계에 따른 규제, 노사 문제와 고비용의 인건비 문제로 답답하던 차에 오히려 미국의 러브콜을 반길 수도 있다. 하지만 이들에게도 중국 시장은 아쉽고, 중국산 중간재에 대한 의존도를 줄이기는 쉽지 않은 현실이다. 그렇기 때문에 언제 어떤 분야에서 어떻게 미중 간 선택의 기로에 놓일지 좌불안석이다.

이럴 때일수록 미중 간 충돌하는 영역이 무엇인지 사안별로 구분하고, 국내 산업의 수요를 고려해 신중히 접근하는 혜안이 필요하다. 크게는 미중 간 분쟁에서 나타난 타협이 가능한 영역과 타협이 불가능한 영역을 나누어 접근하는 전략이 필요하다. 이후에는 산업별로 안보 영역과 비╫안보 영역을 구분해 중국의 공급망 투자와 시장을 활용하는 방식이 안전하다. 중국은 미국과 EU가 제기하는 비시장적 관행non-market practices과 국영기업SOEs, state-owned enterprises에 대한 재정의redefining, 보조금 지급(자본 및 투자) 방식에 대한 개혁 요구에 대해서는 자국 시장의 성숙도와 필요에 따라 점진적으로 수용할 수도 있다. 하지만 정부 주도의 산업 정책과 첨단 기술 육성에 대한 중국의 성장 방식, 안보나 인권, 정치 및 거버넌스에 대한 부분은 타협이 어려워 보인다.

여기서 주의할 점은 실용주의를 표방해 겉으로만 미국과의 동맹을 강조하는 표리부동 외교는 위험하다는 점이다. 합의된 공식적이고 공개적인 외교·안보 협력 사안에 대해 정부가 모호한 입장을 취하는 행위는 국제적 신뢰를 잃게 하는 등, 중국과의 갈등의 소지만 남기고 한국 기업의 대외 비즈니스 활동에 도움을 주지 못한다. 기업으로서는 할 수만 있다면 미국의 글로벌 공급망 연대에 참여하고, 국가 차원에서도 미국의 민주주의 가치 동맹에 확실히 편승하는 것이 방책이다.

이러한 기본 입장은 대승적으로 미국과 중국 양쪽 시장에서 국내 산업에 도움이 되는 전략이 될 수 있다. 미 정부의 요청을 받아 미국의 글로벌 공급망에 편입된 한국 기업의 제품은 지금과 같이 불확실한 상황에서 미국에 납품되던 중국산의 대체재가 된다. 한편 중국에 수출되던 미국산 첨단 장비 및 부품에 대한 교역 제재는 중국 내 이에 대한 대체 수입선의 수요 증가로 이어질 수 있다. 그러므로 중국 시장에서 미국과 경합관계에 있던 부품 기업 중, 미중 무역 분쟁과 미국의 글로벌 공급망 재편에 따라 본국으로 생산기지를 옮기거나, 중국 수출이 어렵게 된 기업을 유심히 살펴봐야 한다. 이때 미국 정부 눈에 띄는 국내 기업(삼성, SK 등)은 미국 진출을 우선 고려할 수 있을 것이고, 중국 시장에 진출해 있던 한국의 차상위 기업에는 미국 기업을 대체하거나 중국 내 생산 공급망에 진입하는 기회가 열릴 수 있다. 이러한 기회 요인은 독일과 프랑스 등 EU와 일본의 첨단기술 기업에도 해당된다.

따라서 2022년에는 중국이 더 이상 자체 기술로 감당할 수 없거나, 미국의 제재로 인해 수급이 되지 않는 필요 중간재와 자본재에 대한 한국, 일본, EU의 차상위 기업 간의 중국 진출 경쟁과 투자가 치열해질 것으로 전망된다. 여기서 가격만큼 중요한 것은 미국의 기술을 대체할 수 있는 기술 경쟁력과 대체성이다.

다자주의가 마비되고 미국이 중국을 지속적으로 압박하고 있는 상황을 고려하면, 미중 사이 양자택일의 문제라 보기는 어렵다. 미국에 먼저 진출하는 것이 최선책이 될 수 있다. 왜냐하면 미국의 글로벌 공급망에서 중국을 대체함으로써 발생하는 기회를 활용하는 것도 중요하지만, 글로벌 공급망에 대한 미국의 지속적인 대중국 압박과 미국 수입 시장의 확대는 일정한 방향성이 존재하기 때문이다.

미국의 대중국 압박이 확대되고 심화되는 국면에서 향후 양자 무역 협상이 진행되더라도, 중국에 대한 미국의 수출 확대는 가능하지만 미국과 EU를 대상으로 한 중국의 수출은 지속적으로 다양한 보호주의 국경세의 위험에 빈번히 노출될 수 있다.

이러한 위험은 미국과 EU가 중국에 대한 무역 불균형 문제와 G7에서 논의된 중국 무역의 불공정성이 해소가 될 때까지 지속될 공산이 크다. 예를 들어 미국과 EU가 중국을 '비시장경제non-market economy'로 취급하는 한, 중국을 상대로 한 무역 규제(반덤핑, 상계 관세, 세이프가드)와 소위 최근에 부각되는 공정성을 위시한 국경세(환경세, 노동, 사회)가 중국에 부과될 수 있다. 문제는 한국 기업이 중국의 생산 공장이나 해외직접투자를 통해 미국으로 수출할 때, 중국의 비시장경제적 정책과 제도의 수혜를 받았다는 가정 아래 중국 제품과 동일하게 간주돼 미국의 높은 관세와 제재의 대상이 되는 불상사가 발생하는 경우다.[2] 그렇다면 중국이 비시장경제 관행을 포기하면 되는 것이 아닐까? 하지만 중국은 스스로를 비시장경제로 인정할 수밖에 없을 정도로, 현재로서는 알고도 포기하기가 어려운 상황이다.[3]

물론 여유가 된다면 미국과 중국의 1+1 투자 전략도 방법이다. 단, 당분간 중국을 대상으로 한 해외직접투자는 제3국(미국, EU 등) 수출을 목표로 하기보다 중국 시장만을 대상으로 해야 한다. 재차 언급하지만, 미국의 주요 관심 분야인 기술-안보와 연계된 분야와 미국이 중국을 견제하는 첨단산업의 경우는 투자를 확장하는 데 있어 큰 주의가 필요하다. 정부의 입장과 기업의 입장은 다를 수 있다. 한국 정부가 한미 동맹을 강조할수록 국내 기업의 윈셋win-set은 더 커질 수 있다는 것을 명심해야 한다. 그렇지 않아도 미국은 중국이 한국에 '사드 보복'과 같은 사태를 또 일으키기를 기다리며 미국의 중국경제 때리기의 구실을 찾고 있다는 것을 중국도 인지하고 있다.

'민주주의' 가치를 무역에 투사한 미국이 중국 시장만을 대상으로 하는 국내 기업의 자율적인 투자 결정에 강압적으로 반대할 것이라는 염려는 지나친 기우다. 이러한 애매한 시기에 비안보적 분야와 미국의 글로벌 공급망에 덜 민감한 분야에 투자를 고려해볼 수 있다. 하지만 문제는 투자하고 싶은 분야가 미국과 중국이 경합하는 선도 기술 분야라는 점이다. 이러한 경우는 선발자가 되기보다는 사태를 관망하며 문제가 드러나는 분야를 피해 신중하게 투자하는 것이 후발자의 이득이 될 수 있다. 다시 한번 강조하면, 기업과 경제적 시각에서는 미중 양쪽이 디커플링이 될수록, 양쪽에 투자를 분산해야 위험 분산의 효용이 증가할 수 있고, 글로벌 재편에 있어 후발자의 이익이 증가할 수 있다. 하지만 안보 차원에서 분산 투자라는 것은 모 아니면 도의 극단적 방기abandonment의 위험이 도사리고 있는 위험한 선택임을 명심해야 한다.

┃ 코로나 시대 쌍전환에 따른 글로벌 생산망 재편

코로나의 영향으로 최근에 화두가 되는 디지털과 친환경 쌍전환의 가속화는 소비자 중심의 소통과 혁신을 통한 이익 창출이 가능한 생산망, 즉 생산 공장 자체의 업그레이딩과 스마트화를 예고한다. 그러므로 리쇼어링(국내로 생산 공장 복귀), 니어쇼어링(공급망을 소비 시장 근거리로 배치) 등 글로벌 생산망의 지리적 재편에 대한 논의만큼, 소비 시장과 안정성을 중시하는 라이트쇼어링right-shoring이 중요해질 수 있다. 향후 글로벌 생산망 자체의 고도화는 제조업과 서비스업의 경계를 허무는 방향으로 진행될 공산이 크다. 인공지능 기술 활용, 디지털화 및 생산 공정 전반에 자동화, 모듈화된 부품과 솔루션을 묶어 표준화된 기술을 활용하는 스마트 공장을 예로 들어보자. 맞춤형 생산, 재고 관리, 서비스 업데이트 등이 구독 고객(기업과 개인 소비자 포함)과 환류와 실시간 쌍방향 소통이 진행되면서 제조업과 서비스업 간 구분이 모호해지며, 제조업의 서비스화나 서비스업의 제조화 현상이 나타날 수 있다. 이때 중요한 고려사항이 두 가지 있다. 하나는 유통과 판매, 소비자의 지속적 피드백과 업데이트를 위한 DB 구축이고, 다른 하나는 디지털화 기술이 구현 가능한 하드·소프트 인프라다. 결국 국내 규제와 규범적 조화(표준화)에 대한 문제다. 즉, 해외 진출 기업의 기술 및 서비스와 결합된 제품이 해당 지역에서 운용될 수 있도록 제도적으로 보장을 받을 수 있는지가 고도화된 글로벌 생산망 재편을 앞둔 기업의 주요 고려사항이 될 것이다.[4]

한국은 미중 분쟁과 디지털 및 친환경 전환을 위기가 아닌 기회로 삼아야 한다. 국제 규범이 형성되어가는 과정에 있는 디지털, 친환경 및 사회 분야와 관련된 신통상 의제를 논의할 때, 한국은 수동적으로 임하기보다 미국, EU, 일본의 입장(공동성명 등 WTO 복수국 간 협정 이니셔티브)을 포용하고, 다국적 기업이 활동하고 싶도록 국내 비즈니스 환경을 정비해야 한다. 글로벌 기업에 대한 국제적 조세(최저 글로벌 법인세와 디지털세 등) 협력이 G7에서 G20까지 합의되는 과정에 있다. 각국은 조세 정상화라는 당위성 아래, 디지털세가 커버할 수 없다면 글로벌 법인세를 통해서라도 구글과 같은 디지털 빅테크와 다국적 기업에 세금을 거두어 그 이익을 코로나 위기 대응과 쌍전환의 신산업 정책에 대한 재원으로 충당하고자 할 것이다.

글로벌 법인을 대상으로 하는 두 가지 형태의 국제 공조는 글로벌 법인의 조세 회피를 방지하고 기업을 유치한 국가의 정부 수입을 올려줄 수 있으나, 글로벌 기업과 협력하는 2차 하청 기업이나 소비자에게 조세 부담을 전가하는 것까지 막을 수 있을지는 의문이다. 법인세가 증가하면 글로벌 기업의 제품 가격 상승 또는 소비자 후생 감소라는 시장 왜곡이 우려된다. 이러한 국경세는 성격상 명목적으로 보이는 세율보다 실질적으로 국내와 외국 기업 간 차별받지 않도록 하는 제도적 요인이, 이들의 투자와 현지 활동에 영향을 줄 수 있다. 따라서 다국적 기업의 정당한 비즈니스 활동을 장려하고, 특히 한국이 미중 통상 분쟁으로부터 자유로운 평화 지역 dispute-free zone이 될 수 있도록 하는 것이 2022년 새로운 정부의 중요한 통상 과제가 되어야 한다. 한국이 국내 기업의 주요 활동 무대가 되어야 함은 물론이고, 해외 기업도 중국과 아시아 시장 진출의 교두보로 한국을 활용할 수 있도록, 디지털과 친환경의 개방형 통상 환경을 조성하는 것이 중요하다. 한국이 이러한 역할을 감당하기 위해서는 글로벌 디지털 기업의 데이터 센터나 친환경의 스마트 글로벌 생산 기지를 유치하는 등 많은 해외 기업이 국내에서 활동할 수 있게 제도와 규범을 정비하는 것이 선결 조건이다. 훌륭한 ICT 기업과 관련 인프라가 형성된 한국에서 더 많은 선진국의 기술과 다국적 벤처 기업이 모여, 국내 기업과 협업을 할 수 있는 산업 생태를 만들어줘야 한다.

이와 함께 국내 대기업의 리쇼어링도 가능하고 해외 기업의 유치도 가능한 쌍전환을 주도하는 글로벌 공급망의 원활한 운용을 위해서, 정부도 필요한 산업과 공공 정책을 잘 수립해야 한다. 글로벌 신통상 의제를 선도하고 실행될 수 있도록 정책 수립의 방향을 개방(비차별)과 투명성을 강조한 다자주의와 시장주의 원칙으로 설정하는 것이 좋다. 이러한 측면에서 쌍전환에 대한 정책은 대기업과 중소기업을 구분하는 형태보다는 누구도 배제하지 않는 형태로 범용cross-cutting화하는 것이 적절하다. 또한 산업 정책과 보조금을 지급하는 방식은 매번 WTO 보조금 협정에서 문제가 되는 금전적 기여와 특정성 시비를 고려해, 대상이 특정되는 세제 지원보다는 재정 지원의 형태가 좋고, 재정 지원보다는 인프라에 대해 지원하는 사업이 바람직하다.[5] 특히 인적 자원에 대한 지원은 사회 노동, 복지 및 일자리 정책 전반과 산업 생태계 전반을 지원하는 방식이 요구된다. 이러한 방식은 보조금 협정에서 미국과 EU가 중국의 초과 생산 및 수출이 일으키는 수입국 산업에 대한 피해와, 해당 보조금이 시장 왜곡의 원인이 된다고 문제를 삼는 특정성 및 상용화 근접성 시비에서 보다 자유로울 수 있기 때문이다. 또한 다자주의 통상 체제와 공정성을 강조해야 하는 한국 통상 외교의 정체성과 기업 주도 성장 전략을 추구해야 하는 한국 산업의 입장과 일치하며, 미국과 EU가 WTO 협정을 중심으로 글로벌 규범에 반영하고자 하는 원칙과도 부합한다.

세계 무대에서 활약하려면 그만한 전략이 필요하다. 30년 넘게 세계 정상의 자리에서 군림하는 한국 양궁계를 본받을 만하다. 양궁 대표팀의 비결은 세 가지다. 첫째는 실력을 원칙으로 하는 선발의 공정성과 선수의 경쟁력이며, 둘째는 기세가 높고 실력이 출중한 후배와 노련하고 능숙한 선배의 장점을 살려 상대팀에 따라 다르게 펼치는 팀 전술이고, 셋째는 가능한 시나리오를 예상하고 체계적으로 훈련 환경을 제공하는 코칭팀이다. 이처럼 글로벌 통상팀 코리아도 실력 있고 참신한 아이디어를 가진 중소 벤처와, 국제 경쟁력을 갖춘 대기업이 힘을 합쳐 세계 무대에서 종횡무진 활약할 수 있도록 산업통상 환경을 국내에서부터 마련해주고 그 협력 생태계를 체계적으로 지원하는 방책이 필요하다. 이것이 혼란기 통상 환경과 불확실성이 고조된 기술 패권의 신냉전 상황 속에서도 글로벌 통상에서 한국이 승리하는 전략이고 팀 코리아 모두가 이기는 윈윈 전략이다.

02
선진국의 중국 견제,
한국은 어떻게 활용할 수 있을까

지만수(한국금융연구원 선임연구위원)

Ⅰ 바이든과 EU의 합작으로 중국 견제 시대 개막하다

2021년 바이든 대통령의 취임을 계기로 미중 대결의 양상이 급
변했다. 트럼프 정부 시기에는 미국이 중국에 대해 관세 부과, 투
자 제한, 기업 제재 등 강력한 경제적 제재를 부과하고 중국이 이
에 반발하는 양자 대결의 형태를 보였다. 나아가 미국은 2020년
5월 백악관 보고서를 통해 중국과의 체제 대결을 공식 선언하면
서 군사, 외교, 문화, 교육 등 경제뿐 아니라 비경제적인 역량을
동원해 중국의 부상을 저지하겠다고 선언하는 등 양국 간에 신냉
전 상황을 조성했다.

바이든 정부는 우선 트럼프 정부 시기 형성된 중국 때리기에 대한 미국 내의 정치적 지지를 바탕으로 미중 간 체제 대결이라는 트럼프 정부의 인식을 계승하고 트럼프가 실시한 다양한 대중 제제를 그대로 유지했다. 동시에 동맹을 규합해 중국에 대한 공동 전선을 형성한다는 새로운 방향의 전략을 여기에 추가했다. 바이든 정부는 2021년 4월부터 일본, 한국, G7, EU 등과의 연쇄 정상회담을 열고, 공급망의 안정화, 미래기술 협력, 공정한 무역 질서 회복, 민주주의 동맹 등 다양한 이슈를 매개로 삼아 중국을 타깃으로 하는 선진국 간의 공동 전선을 구축하기 시작했다.

동맹을 회복하고 다자 체제를 활용해 중국과 대결하겠다는 바이든 정부의 전략에 가장 적극적으로 협력한 것은 EU다. 원래 트럼프 정부 시기 유럽은 미중 사이에 어느 한쪽 편을 들기보다는 미중 양자 대결과 거리는 두는 모습을 보였다. 특히 트럼프 정부가 유럽 각국 등 이른바 우방국들을 포함한 모든 나라에 대해 일방적 통상압력을 가하는 것이나, 기존의 자유무역 질서와 규범을 대놓고 무시하면서 그동안 미국과 유럽이 함께 구축해온 국제통상 질서를 훼손하는 데 대해 비판적이었다.

그렇지만 2020년 말 동맹을 중시하겠다고 공언한 바이든이 당선되자 EU는 발 빠르게 움직이기 시작했다. 2020년 12월 EU는 '글로벌 도전에 대한 EU-미국 협력의제'를 통해 중국의 공격적인 도전에 대응하기 위한 미국과 EU의 협력 필요성을 강조했다. 특히 EU-미국 사이에 별도의 '중국 문제에 대한 대화'를 통해 중국 문제에 대한 이견을 조정하고 공동으로 대응하자고 제안했다.

나아가 2021년 2월에 발표한 EU의 신통상 전략에서는 중국의 국가 주도적 경제 체제가 초래하는 시장과 경쟁의 왜곡에 대응하는 것이 중요하다고 강조하면서, 국제통상의 질서를 중국을 견제할 수 있도록 바꾸어나가야 한다고 주장했다. EU 신통상 전략의 최우선 과제는 EU와 미국이 협력해 중국의 국가 주도적 경제 체제를 견제할 수 있는 방향으로 WTO 규범을 개혁하는 것이라는 주장이다. 나아가 회원국 모두의 합의를 강조하는 WTO의 의사결정 구조 때문에 이러한 개혁안이 통과되기 어려울 경우에는, 우선 합의하는 나라들끼리 먼저 새로운 규범을 만들어 적용하고 점진적으로 회원국을 확대하는 이른바 '개방적 복수국 간 협정'을 활성화하자는 제안도 내놓았다. 중국 이슈를 다자 공간으로 가져와 EU의 발언권을 키우는 한편, 기존 WTO의 근본정신을 변화시켜서라도 중국을 견제하겠다고 생각하는 것이다. 즉 EU는 신통상 전략을 통해 기존 미국의 주장보다도 훨씬 근본적이고 강력한 중국 견제 전략을 제시하면서 기꺼이 중국에 대한 공동 전선에 참여했다. 그리고 이러한 EU의 입장 전환은 2021년 6월 G7 및 NATO 정상회담 등을 통해 중국 견제에 대한 폭넓은 공감대가 형성된 바탕이 된다. 물론 중국의 부상을 바라보는 미국과 여타 선진국의 시각이 모든 면에서 일치하는 것은 아니다. 그렇지만 폐쇄적이고 국가 주도적인 중국의 경제 체제가 GVC 내에서의 경쟁 왜곡을 야기하고 있으며, 이에 공동으로 대응하자는 점에서는 선진국 사이에 공감대와 교집합이 형성되었다.

그 공감대는 다시 중국을 견제할 수 있는 국제통상 질서를 구축하기 위한 구체적인 행동으로 나타날 것이다. 2021년 말 개최될 WTO 각료회의는 트럼프 시기 미국의 중국 때리기라는 미중 간의 양자 대결이 선진국 그룹이 공동으로 중국을 견제하는 다자 대결로 바뀌는 출발점이 될 가능성이 크다.

Ⅰ 중국이 GVC를 활용하는 비용 증가

2022년에 중국과 선진국들 사이에 극적인 타협과 화해가 이루어지거나, 중국이 선진국의 압력에 굴복할 가능성은 낮다. 2021년 7월 텐진에서 열린 미중 고위급 회담에서 왕이 외교부장은 중국의 체제에 대한 공격, 중국에 대한 경제 제재, 중국의 내정에 대한 개입을 멈추라는 이른바 세 가지 레드라인을 제시했다. 미국 등 선진국이 공격 대상으로 삼는 중국의 국가 주도적 경제 체제란 바로 중국이 얘기해 온 중국 특색의 사회주의인데, 이는 중국인의 역사적 선택이자 중국의 운명이 걸린 사안이므로 반드시 지켜야 할 핵심 이익이라는 것이다.

사실 1980년대부터 사용되어온 오래된 구호인 중국 특색 사회주의라는 개념을 새삼스럽게 복권시켜 이른바 '중국의 길'의 핵심이라고 의미를 부여하기 시작한 것은 시진핑 정부였다. 중국이 더 이상 서구가 제시하는 길을 따라 걷지 않고 자신만의 길을 개척하겠다는 집권 초기 정치적 선언의 일부였다. 중국은 이에 대해 '시진핑 신시대'의 출범이라는 강력한 정치적 의미도 부여하고 있다.

지금 선진국들은 무역 불균형이나 환율과 같은 일시적인 경제적 변수의 변동이 아니라, 중국이 추구하는 경제 체제가 내포하는 불공정성을 문제 삼고 있다. 반면 시진핑 정부는 그 경제 체제를 유지하는 것이 중국의 '핵심 이익'이라고까지 선언한 상황이다. 특히 2022년은 2023년 3월로 임기가 만료되는 시진핑 국가주석이 집권을 연장할 것인지 아니면 후계구도를 제시할 것인지를 결정하는 정치적으로 매우 중요한 시기다. 외부의 압력에 유연하게 협상하거나 반응할 수 있는 상황이 아니라는 얘기다. 결국 중국에 대한 견제와 중국의 강경한 반발 사이의 대치는 장기화될 수밖에 없다.

2022년 이후까지 이어질 중국과 선진국 사이의 대치는 다양한 형태의 외면적·정치적인 충돌의 양상으로도 나타나겠지만 내면적·경제적으로는 중국이 GVC에 참여하고 이를 활용하는 데 드는 비용을 높이게 된다. 이미 미국과 중국은 상호간에 수출품에 25%의 높은 추가 관세를 부과하고 있다. 중국이 미국 시장을 활용하는 데 드는 비용이 그만큼 높아진 것이다. 그뿐 아니라 중국이 선진국의 자본과 기술을 활용하는 비용도 높아진다. 이미 미국, EU, 독일, 일본, 영국, 호주 등은 외국인 투자에 대한 심사 절차를 도입하면서 중국 기업이 인수합병 등 해외 투자를 통해 선진 기술을 흡수하는 것을 막으려하고 있다. 중국에 대해 지식재산권 보호 및 기술 유출

방지를 강력하게 요구하면서 기술 이전에 대한 정당한 대가를 치를 것도 요구하고 있다. 선진국들과 중국과의 정치적 긴장이 고조되면 외국 기업의 중국에 대한 투자도 위축될 수밖에 없다. 외국의 자본과 기술을 예전처럼 마음껏 활용하고 흡수하기 어려워지면 결국 중국의 산업 고도화나 기술 혁신의 속도도 그만큼 느려지게 된다.

정부가 산업 고도화를 주도하고 기업을 지원하는 국가 주도적 산업 육성 방식에 대해서도 선진국들이 비판과 견제에 나서고 있다. 특히 국유 기업에 대한 지원과 산업 보조금을 통한 정부 주도적 육성을 규제할 수 있는 새로운 통상 기준을 마련하는 데 초점을 맞추고 있다. 한마디로 중국이 국가 주도적 경제 체제를 활용해 GVC 내에서 자국 기업의 경쟁력을 높이지 못하도록 하겠다는 것이다.

이에 대해 중국은 14차 5개년계획(2021~2025년) 등을 통해 자국 내 성장 동력을 적극 발굴하고(국내대순환), 자체 연구개발 능력 강화自立自强를 통해 기술 혁신을 지속하겠다는 대응 전략을 밝히고 있다. 또 중국이 신산업·신기술 분야에서 남보다 먼저 거대 시장을 창출하면 그 시장의 흡인력, 또는 중력장을 이용해 외국의 자본과 기술을 흡수할 수 있을 것이라는 기대도 내비치고 있다(국내외 이중순환, 쌍순환 전략). 그러나 이는 어디까지나 중국 기업들이 예전처럼 자유롭게 GVC를 활용할 수 없고, 선진 기술에 접근할 수 없게 된 상황에서 택하는 차선책일 뿐이다. 기술 자립이나 수입 대체를 촉진하기 위해 중국 정부가 기업을 더 강력하게 지원하겠지만, 이는 선진국의 또 다른 견제를 유발하는 구실을 제공하게 된다. 진퇴양 난인 셈이다.

▮ 삼저호황, 또다시 재현될까

한국 기업들이 기억하는 가장 길고 큰 호황은 1986년부터 1988년 까지 3년간 이어진 이른바 삼저호황이었다. 즉, 국제 금리, 엔화 대비 달러 가치, 유가 이 세 가지가 안정되면서 한국은 외채 부담 과 만성적 경상수지 적자에서 벗어났을 뿐 아니라, 일본 기업들 이 가격 경쟁력을 잃은 사이에 중화학공업을 중심으로 수출 시장 에서 약진했다. 삼저호황을 거치면서 한국의 경제, 산업, 기업의 수준은 한 단계 업그레이드되었다.

삼저호황의 배경에는, 당시 미국의 지위에 도전할 정도로 부상 하던 일본경제를 선진국이 공동으로 견제한 1985년의 플라자 합 의라는 중요한 계기가 있었다. 플라자 합의에 따라 일본은 수년간 급격한 엔화 절상을 용인해야 했다. 글로벌 시장에서 일본 기업의 가격 경쟁력은 그만큼 약화될 수밖에 없었다. 심지어 일본은 수출 자율 규제 등의 방식으로 스스로 글로벌 시장에서 물러서야 했다. 그 빈자리를 한국 기업들이 침투했고 그것이 바로 한국경제가 누 린 삼저호황이었다.

한 세대가 지나 또 한 번 유사한 상황이 나타나고 있다. 2021년 바이든 정부가 등장하면서 트럼프 정부 시기의 미중 양자 대결 국면은 EU와 일본을 포함한 선진국이 공동으로 중국을 견제하는 중국 견제의 국면으로 전환되었다. 2022년은 중국 기업들이 이러한 중국 견제망이 부과하는 경제적 비용을 치르기 시작하는 출발점이 될 전망이다. 마치 당시 급부상하던 일본의 기업들이 플라자 합의를 계기로 글로벌 시장에서 엔고라는 높은 파도에 직면했던 것처럼, 이번에는 급부상하던 중국의 기업들이 다양한 비용을 치르기 시작한 것이다.

그동안 한국 기업은 기존 주력 산업에서 중국의 빠른 추격에 직면하고, 미래 신산업에서도 중국 기업들이 예상을 뛰어넘는 속도로 성장하면서 위기에 직면하고 있었다. 중국의 빠른 추격이야말로 국내 산업이 직면한 가장 큰 위협이라는 평가가 일반적이었다. 지난 수년간 기업들 사이에서 "투자하고 싶어도 투자할 곳이 없다"는 목소리가 나왔던 것도 기존 산업에서 중국의 빠른 설비 증설과 수입 대체 때문에 신규 설비 증설을 결정하기 어렵고, 신산업에서는 중국이 예상보다 빠르게 시장을 형성하고 공격적으로 투자하면서 새로운 사업 공간을 찾기 어려웠기 때문이다.

선진국의 중국 견제는 마치 1980년대 플라자 합의를 통한 일본 견제가 한국에 새로운 기회를 열어준 것과 유사하다. 글로벌 가치 사슬 내에서 중국 기업의 고도화와 추격의 속도는 느려질 것이다. 고도화를 수행하기 위한 자본과 기술을 획득하는 비용도 더 늘어날 것이다. 정부도 기업을 노골적으로 지원하기 어려워질 전망이다. 설사 투자 단계에서 정부의 지원을 받더라도 그렇게 생산한 제품을 가지고 글로벌 시장에 진입하기 위해서는 그 지원에 상응하는 비용을 치르라고 요구받게 될 것이다.

물론 여전히 많은 불확실성이 있다. 중국의 빈자리를 활용하는 기회가 한국이 아닌 동남아 등 더 저비용 국가들로 가게 될 수도 있다. 선진국의 중국 견제가 제도화되는 데 오랜 시간이 걸리면서 이를 틈탄 각국의 보호주의만 강화될 수도 있다. 중국 시장과 생산 기지를 활용하는 기업들에게는 큰 악재가 될 수도 있다. 그렇지만 상황을 좀 더 단순하고 근본적으로 보면, 그동안 국내 산업의 가장 두려운 경쟁 상대는 중국이었는데, 그 중국의 산업을 견제하기 위한 선진국의 합의가 만들어지면서 중국 견제의 시대가 시작되었다. 이제 GVC 내에서 중국이 치러야 할 비용이 늘어나고 중국의 산업 고도화 속도는 느려진다. 그것이 옳은지 그른지를 판단하거나, 최종적으로 누가 승리할 것이냐는 다른 문제다. 그 속에서 열리는 새로운 투자와 시장 개척의 기회를 감지하고 이를 활용하는 것이 국내 기업의 과제다.

03
미국의
코로나19 경제위기는 끝났는가

김형우(어번대학교 경제학과 교수)

▮ 회복세가 확연한 미국경제

2020년 1월 세계보건기구wHo가 코로나19라는 신종 바이러스의 창궐을 경고한 이후 세계는 글로벌 팬데믹에 기인한 새로운 형태의 경제위기를 경험하고 있다. 미국을 포함한 많은 국가들이 경제 봉쇄라는 초강력 행정명령을 내리고, 이로 인해 비필수 부문의 경제 행위가 정지하는 초유의 사태가 발생했다. 실업률이 치솟고 경제성장률이 큰 폭으로 하락하는 가운데 각국 정부들은 위기에 대한 전통적 대응을 넘어서는 혁신적이면서도 창의적인 정책을 도입했다. 이를 반영하듯 2021년 8월 현재 미국의 경제는 확연한 회복 양상을 보여주고 있다.

전년 동기 대비 실질 GDP의 경우 팬데믹이 본격화한 2020년 2분기 -9.1%를 기록한 이후 2020년 4분기까지 계속 마이너스 성장을 했으나, 2021년 들어 회복세로 전환했고 특히 2분기에는 12.2%라는 높은 성장률이 보고되었다. 실질 소비 역시 견조한 상승세를 보이고 있다. 특히 목돈이 들어가는 내구재 소비의 경우 2021년 4월 전년 동기 대비 70.6%의 큰 상승률을 보였으며, 이는 민간의 경기 회복에 대한 기대감을 반영하는 것으로 생각해볼 수 있다. 경제 봉쇄의 영향으로 가장 큰 타격을 입은 서비스 소비 역시 1분기 본격화된 백신 공급에 힘입어 2분기 들어 월평균 14%의 견조한 회복세를 보여주고 있다.

노동 시장도 완연한 회복세를 보이고 있다. 지난 2020년 3월 무려 전년 동기 대비 2000% 넘는 폭발적 증가세를 보였던 신규 실업 급여 신청 건수initial claims 증가율이 꾸준히 하락해오다 지난 3월 이후에는 매월 전년 동기 대비 -70% 수준의 큰 감소세를 보여주고 있다. 2020년 4월 14.8%로 치솟았던 실업률 역시 지속적인 하락세를 보이며 2021년 7월 5.4% 수준으로 내려왔다.

기업 부문에서도 좋은 지표를 확인할 수 있다. 세후 기업이익의 경우 2021년 1분기 2.37조 달러를 상회하는 사상 최고 수준을 보이고 있으며, 민간 부문 실질투자 증가율도 2분기 21%를 기록하며 팬데믹 이전 수준을 회복했다.

최근 10년여 꾸준히 2% 수준을 유지해오던 인플레이션이

2021년 2분기 이후 급격히 상승하고 있는 것은 매우 중요한 현상으로 보인다. 7월 현재 소비자물가지수CPI, Consumer Price Index 인플레이션이 전년 동기 대비 5.3%를 나타내고 있으며, 에너지 및 식품가격을 제외한 Core CPI 인플레도 4.2%의 가파른 상승세를 보이고 있다. 국제 유가 역시 2분기 들어 전년 동기 대비 100%를 오르내리는 높은 상승률을 보이고 있다. 이후에 더 살펴보겠지만 이는 제로금리를 유지하고 있는 연준의 향후 금리 정책에 영향을 미칠 가능성이 있다.

이상에서 살펴본 바와 같이 2021년 8월 현재 미국의 거시경제지표는 미국경제가 회복기에 안착했음을 보여준다. 지난 3월 발표된 「OECD(경제협력개발기구) 경제 전망Economic Outlook, Interim Report」에 따르면 2021년 4분기까지 코로나19 경제위기 이전 수준으로 실질성장률을 회복할 것으로 전망되는 나라는 미국이 유일(+0.2%)하다. 참고로 한국의 경우 -1.7%로 예상이 되고 있으나 이는 전 세계 평균인 -3.0%나 유로 지역 평균 -3.8%에 비해 양호한 편이다.

무엇이 미국경제 회복을 이끌었나

원활한 백신 공급에 따른 경제 재개

미국경제 회복의 일등공신은 무엇보다 원활한 백신 공급으로 경제 제재가 상당히 해소될 수 있었고, 이로 인해 경제가 다시 움직이기 시작했다는 점을 들 수 있다.

미국 질병관리예방센터에 의하면 8월 3일 현재 미국 성인 인구 70%가 한 차례 이상 백신 접종을 마쳤고, 50%는 2차 접종까지 완료한 상태다. 돌파감염이 우려되는 델타변이가 새로운 불확실성으로 등장하고 있지만 이러한 현 보건 상황이 경제 회복의 가장 중요한 요소임은 자명한 일이다. 델타변이가 확산하면서 코로나 신규 확진자와 백신 접종 건수가 함께 증가하는 다소 이례적인 현상이 나타나고 있는데, 이는 백신 접종을 거부하던 이들이 변이 바이러스의 출현에 의한 불안감으로 백신 접종에 나섰음을 의미하는 것으로, 향후 보건 상황이 통제 가능한 양상으로 유지될 수 있음을 시사한다. 따라서 현재의 보건 상황이 회복하고 있는 미국경제의 발목을 잡지는 않을 것으로 조심스럽게 예측해볼 수 있다.

강력한 리더십으로 집행되는 확장적 재정 정책

미국의 경기 회복에 있어 연방정부의 역할은 아무리 강조해도 지나칠 수 없다. 2008년 금융위기 이후 도래한 소위 대침체Great Recession에 대한 적극적 대처를 통해 축적한 학습효과를 바탕으로 선제적이고도 강력한 재정 정책이 시행되었다는 점이 백신 효과와 더불어 경기 회복의 중요한 요인이다.

전염병이라는 외생 요인에 의해 수요와 공급이 동시에 멈춰버리는 어려운 상황에서, 2020년 3월에 코로나 구호법안CARES Act, Coronavirus Aid, Relief, and Economic Security Act이 제정되었고, 이에 기반해

다수의 국민들에게 지급된 긴급재난지원금은 특히 저축 여력이 부족한 경제적 취약계층에 큰 도움을 주었다고 평가된다. 연방정부는 2020년 두 차례, 그리고 올 3월 한 차례 등 총 세 차례의 재난지원금을 지급했으며, 올 7월부터는 자녀세금 크레딧의 일부를 미리 지급하는 정책을 도입하는 등 추가적인 도움을 제공하고 있다.

또한 민주·공화 양당의 초당적 합의를 바탕으로 1.2조 달러 규모의 사회인프라투자 법안The Infrastructure Investment and Jobs Act이 8월 무난히 상원에서 가결된 점도 주목할 만하다. 동 법령에 따르면 연방정부는 향후 5년 동안 2,850억 달러 규모의 교통 관련 사회간접자본과 2,650억 달러 규모의 발전, 수도, 인터넷 관련 투자 등 5,500억 달러의 신규 정부 지출을 포함하는 재정 지출 확대 정책을 계획하고 있다. 이 법안은 민주당이 다수석을 차지하고 있는 하원도 별 어려움 없이 통과될 전망이다.

더 나아가 민주당과 바이든 정부는 필리버스터를 막을 수 있는 예산 조정 절차를 통해 민주당 단독으로 무려 3조 5,000억 달러 규모의 인적 인프라투자 계획Human Infrastructure Plan을 상원에서 통과시키려 하고 있다. 이를 통해 보육을 포함한 교육에 대한 지원과 함께 메디케어를 확대하는 등 의료 관련 복지 정책을 한층 강화해 미국경제의 잠재성장률을 높이려는 바이든 정부의 복안을 엿볼 수 있다.

물론 이러한 공격적인 재정 정책의 시행으로 인해 늘어나게 될 연방정부의 재정 적자에 대한 우려도 무시할 수 없다. 그러나 미국 의회예산처의 올해 7월 「경제전망 보고서」에 따르면 향후 재정 상황이 그렇게 나빠지지는 않을 것으로 파악된다. 2021년에 연방정부 재정 적자가 3조 달러를 기록할 것으로 예상되지만, 이는 2020년 적자 규모에 비해 4% 정도 감소한 수치이며, 증가하는 세수와 줄어드는 지출에 힘입어 2022년 1.15조 달러, 2023년에는 0.79조 달러로 차츰 적자 규모가 줄어들 것으로 예상하고 있다.

다시 시작된 확장적 통화 정책

지난해 코로나19 위기를 맞아 3월초와 중순 두 차례에 걸쳐 연방기금금리FFR, federal funds rate 목표 구간을 150bp 전격 인하함으로써 소위 ZLB Zero Lower Bound(0.00~0.25%) 상태로 다시 복귀했던 연준은 올해 7월 FOMC 회의에서도 제로금리 수준을 유지하도록 만장일치로 의결했다. 800억 달러 규모의 재무성 채권Treasury bond 매입과 400억 달러 규모의 주택저당증권MBS, mortgage backed securities 매입을 포함해서 매달 최소 1,200억 달러 규모로 진행되고 있는 연준의 채권 매입 프로그램은 향후 인플레이션 진행 상황에 따라 매입 규모를 줄일(테이퍼링) 가능성이 강력히 대두되고 있지만 완전히 종료되지는 않을 전망이다.

제롬 파월Jerome Powell 연준 의장은 경제지표가 회복세를 보이고 있음에도 불구하고 정책 방향을 완전히 바꿀 정도의 충분한 진전이 이루어진 것은 아니라고 지적했다. 앞서 언급한 것처럼 지난 6월 5%를 넘는 인플레이션의 출현에도 불구하고 파월 의장은 이러한 물가 상승이 일시적 현상이어서 현재의 확장적 통화 정책 기조를 당분간 계속 유지할 것임을 시사한 바 있다. 인플레이션이 연준의 전통적 목표치인 2%를 훨씬 상회하고 있는 현 시점에서 나온 이러한 언급은 최근 논의되고 있는 평균 인플레이션 목표 정책Average Inflation Targeting과 관련해 이해할 수 있을 것이다. 다시 말해 과도한 인플레이션이 계속 발생하며 확실히 추세로 자리 잡을 가능성이 있는 경우에만 연준이 금리를 인상하는 방향으로 정책을 전환할 가능성이 높다.

인플레이션과 관련해 또 하나 고려해볼 사항은 현재 나타나고 있는 인플레이션이 경기 회복과 맞물려 나타나는 수요견인형Demand-Pull Inflation인지 아니면 팬데믹이 초래한 글로벌 공급망Global Supply Chain 오작동의 영향에 따른 비용인상형 인플레이션Cost-Push Inflation인지를 따져봐야 할 것이다. 수요견인형일 경우 연준은 이자율을 올리고 채권 매입 프로그램의 규모를 줄이는 등 긴축적 통화 정책으로 정책 방향을 조정해야 할 것이지만, 비용인상형 인플레이션일 경우 물가 안정과 경기 침체가 동시에 나타나는 소위 스태그플레이션stagflation이 등장할 가능성이 있어, 통화 정책의 방향을 설정하기가 쉽지 않다. 물가 안정을 위해서는 긴축 정책이 필요하지만 경기 부양을 위해서는 확장 정책을 펴야하기 때문이다. 글로벌 공급망의 오작동 같은 문제는 보통 자체적인 조정 효과를 거쳐 단기적인 효과에 멈추는 것이 일반적이지만, 공급망에서 중요한 역할을 담당하는 신흥경제국이나 개발도상국의 백신 수급 상황이 여전히 좋지 않은 상황에서 이러한 조정 효과를 신속히 기대하기 어려워, 이에 따른 비용 인상 효과가 상당 시간 지속될 가능성도 적지 않다.

현재의 인플레이션은 이 두 가지 요인이 복합적으로 작용하고 있는 것으로 보인다. 그러나 추후 살펴보겠지만 아직은 물가 상승이 제한적일 것으로 예상하는 의견이 다수임을 고려해볼 때 조만간 연준이 채권 매입 프로그램의 축소를 넘어서서 이자율을 인상하는 등 정책 방향을 긴축 쪽으로 완전히 선회할 가능성은 적다고 판단된다. 그럼 다음에서 민간 부문은 향후 미국경제에 대해 어떠한 전망을 하고 있는지 살펴보자.

Ⅰ 민간 부문의 경제 전망

현재 및 향후의 경제 상황에 대한 시장 참여자들의 전망을 살펴보기 위해 우선 필라델피아 연준이 1968년부터 민간 부문 전문가들에 대한 설문조사를 통해 구축해온 「연준 전문가 보고서SPF, Survey of Professional Forecasters」 2분기 보고서를 살펴보도록 하자. 표 1-1에서 볼 수 있듯이 민간 부문은 향후 경기에 대해 상당히 낙관적인 전망을 하고 있는 것으로 여겨진다.

코로나19 백신이 보급되기 시작한 1분기 보고서와 비교해 민간 전문가들은 2분기 들어 경제성장률을 상당 수준 상향 조정했다.

[표 1-1] 연준 전문가 보고서 중간값 예측치(2021년 5월)

	실질 GDP(%)		실업률(%)		고용(천 명/월)	
	전분기 자료	현분기 자료	전분기 자료	현분기 자료	전분기 자료	현분기 자료
2021 2분기	5.0	7.9	6.1	5.8	396.1	570.6
2021 3분기	5.3	7.5	5.7	5.3	445.8	753.0
2021 4분기	4.0	5.0	5.4	4.9	565.8	482.4
2022 1분기	3.7	4.0	5.1	4.7	441.4	372.3
2022 2분기	–	2.6	–	4.5	–	287.0

자료: 필라델피아 연방준비은행

실업률 전망 역시 하향 조정했고 상향 조정된 고용지표 전망에서 볼 수 있듯이 노동 시장도 상당히 개선될 것으로 보고 있다. 이는 백신 수급이 원활히 진행되며 경제가 빠르게 정상화되고 있는 사정을 반영하는 것으로, 미국 실물경제가 2021년 들어 코로나19 경제위기에서 완전히 회복하고 2022년에 성장 국면으로 접어들 것이라는 민간 부문의 낙관적 전망을 반영하는 것이다. 이는 앞서 언급한 OECD의 미국경제 전망과도 궤를 같이 한다.

또 다른 민간 부문 경제 예측 보고서인 「리빙스턴 서베이Livingston Survey」의 6월 보고서도 매우 유사한 낙관적 전망을 보여주고 있다. 매년 두 차례에 걸쳐 집계되는 이 보고서에 따르면 실질 GDP 성장률이 2021년 2분기와 4분기에 각각 연율 7.8%, 6.7%에 달하고 2022년 2분기에 3.7%에 이를 것으로 예측하고 있으며 실업률도 상반기 말 5.7%, 연말에 4.7%, 내년 상반기 말에 4.4%로 하향 조정

될 것으로 예상하고 있다.

여타 거시경제 지표들도 유사한 낙관적 메시지를 보여준다. 10년 만기 재무성 채권T-Note 수익률에서 2년 만기 채권 수익률을 차감한 장단기 이자율 스프레드long-short interest rate spread(이자율 기간 구조)는 민간의 경기 변동에 대한 예측 및 기대를 반영하는 것으로 잘 알려져 있다. 올해 1월 들어 8월 현재까지 이 스프레드가 1~1.5% 사이에서 안정적으로 움직이고 있는데, 기간 구조의 이러한 움직임은 시장이 경기 과열이나 침체가 아닌 안정적인 경제성장을 기대하고 있음을 나타낸다.

리스크 프리미엄의 지표로 사용되는 무디스 Baa 회사채 수익률과 무위험 자산인 10년 만기 재무성 채권 수익률의 차이도 작년 3월 23일 4.31%로 급등했으나 그 이후 급속히 하락세를 보이며 2021년 8월 현재 2% 아래로 떨어진 상태인데, 이는 1980년 중반 이후 장기 평균인 2.33%에 못 미치는 수준으로 시장 참여자들의 낙관론을 엿볼 수 있다. 우량 기업 관련 무디스 Aaa 회사채 대비 스프레드도 작년 3월 20일 3.20%로 치솟은 이후 꾸준한 하락 추세를 보이며 8월 현재 1.2% 수준에서 등락하며 장기 평균값인 1.36%를 하회하고 있다. 다시 말해서 코로나19로 촉발된 기업 관련 리스크가 빠른 속도로 해소되고 있는 것으로 보인다.

이제까지 살펴본 바와 같이 민간 부문의 경제 전망이 상당히 낙관적인 것을 알 수 있다. 그렇다면 혹시 민간 부문이 낙관적 전망을 넘어 경기 과열에 따른 높은 인플레이션을 우려하고 있지는 않은

[표 1-2] 인플레이션 예측치(%)

	연준 전문가 보고서		리빙스턴 서베이		미국 의회예산처	
	소비자 물가지수	근원 소비자 물가지수	소비자 물가지수	근원 소비자 물가지수	소비자 물가지수	근원 소비자 물가지수
2020-2021	3.0	2.1	3.3	6.0	3.3	2.5
2021-2022	2.3	2.2	2.5	2.8	2.5	2.5
2022-2023	2.3	2.3	-	-	2.3	2.5

지 살펴볼 필요가 있다. 앞서 언급한 바와 같이 국제 시장에서 최근 원유 가격이 빠른 속도로 상승하는 등 원자재 가격 상승률이 예사롭지 않은 상황하에서, 소비자물가 인플레이션도 최근 5%를 넘어섰다. 학계에서는 높은 기대물가expected inflation가 기업의 합리적 의사결정을 통해 현실로 실현할 수 있음이 종종 지적되므로, 이쯤에서 인플레이션 전망을 한 번 점검해볼 필요가 있다.

[표 1-2]에서 볼 수 있는 바와 같이 아직은 민간 부문과 공공 부문 모두 안정적인 물가를 예측하고 있다. 2021년의 다소 높은 CPI 인플레이션은 경기 침체 이후 나타나는 보복소비에 따른 수요견인형 인플레이션을 주로 반영하는 것으로 보이고, 2021년 예측되는 상당히 높은 생산자물가PPI, producer price index 인플레이션은 글로벌 공급망 붕괴와 맞물린 비용 인상 인플레이션에 기인하는 것으로 보이지만, 2022년 안정적 수준으로 복귀하는 것으로 예상된다. 다시 말해서 소비자물가로의 상당한 이전pass through 효과를 보일만

큼 지속적 효과는 없을 것으로 전망된다.

10년 만기 재무성 채권 수익률과 동기 TIPS Treasury Inflation Protected Securities 수익률의 차이인 소위 브레이크이븐break-even 인플레이션도 시장의 예상 인플레이션을 추정하는 데 유용한데, 팬데믹으로 2020년 3월 1% 아래로 떨어졌던 이후 8월 현재 2% 초반에서 안정적으로 움직이고 있다. 따라서 현 상황에서 경기 과열에 따른 높은 인플레이션이 예상되지는 않은 것으로 보이며, 이에 비춰볼 때 시장도 안정적인 경제로의 회복을 예상하는 파월 연준 의장에 동의하는 것으로 생각된다.

▎ 미국경제, 안정적 성장세나 불확실성도 여전히 존재한다

이상에서 살펴본 바와 같이 미국경제는 코로나19 경제위기에서 회복해 안정 성장 기조로 접어들고 있는 것으로 생각된다. 그러나 여기에는 아직 상당한 불확실성이 여전히 존재하고 있음을 간과해서는 안 될 것이다.

우선 변이 바이러스로 인해 보건 상황이 통제가 어려워질 경우 미국경제는 작년 초 팬데믹 상황으로 돌아가게 될 것이고 또다시 심각한 경제위기를 겪게 될 수 있음은 자명한 일이다. 현재 바이든 정부가 강하게 밀어붙이고 있는 야심찬 경기 부양 정책들이 정치적 이유로 좌초할 가능성도 배제할 수 없다. 그럴 경우 정책 관련 불확실성이 커질 것이고 이는 민간 소비와 투자에 큰 저해 요소로 작용할 수 있다.

그러나 무엇보다 가장 큰 잠재적 문제는 인플레이션이다. 인도 중앙은행 총재를 역임한 바 있는 라구람 라잔Raghuram Rajan 시카고 대학교 교수가 한 칼럼Project Syndicate에서 지적했듯이 현재 경제 상황은 주가와 채권 가격이 모두 높은(높은 주가와 낮은 이자율) 비정상적 상황이다. 예를 들어 10년 만기 재무성 채권 이자율은 8월 현재 1.29%에 불과한데 현재 인플레이션을 고려해볼 때 실질 이자율이 마이너스인 상황이다. 동시에 미국 주가는 사상 최고치를 연일 경신한 바 있다. 이러한 현상은 최근의 높은 인플레이션이 일시적인 것이라는 파월 연준 의장의 판단에 대한 신뢰와 함께 양적완화가 지속될 것이라는 믿음에 바탕하고 있을 가능성이 크다. 라잔 교수는 만일 그러한 믿음이 틀릴 경우 어떤 상황이 전개될 것인가라는 우려 섞인 질문을 던진다. 연준이 테이퍼링을 가시화할 경우 주식 시장을 비롯한 자산 시장이 크게 요동을 치는 등 이러한 우려가 현실화할 가능성이 더 커질 것이다.

정부부채와 관련한 문제가 있을 수도 있다. 현재 미국 재무성 증권의 평균 만기는 5.8년에 불과하다. 만약 인플레이션으로 정책 이자율이 아닌 시장 이자율이 상승할 경우 미국 국채의 상환 연장roll over 비용이 증가하고 이로 인해 공적 부채가 크게 증가할 수 있음을 의미한다. 더구나 연준이 최근 채권 매입 프로그램을 위해 초과지준overnight excess reserves을 이용하고 있는데 이는 부채의 만기를 더욱 단축하는 효과가 있다.

"인플레이션을 실제로 관측했을 때는 이미 늦었다"는 말이 있다. 다시 말해 인플레이션에 대한 대처는 선제적이어야 한다. 연준에 대한 시장의 믿음대로 인플레이션이 잘 통제되고 중앙정부가 리더십을 발휘해 정책적 불확실성을 잘 제거한다면 회복기를 맞이한 미국경제는 견조한 성장 국면으로 접어들 수 있을 것으로 생각된다. 물론 방역 상황이 안정적으로 유지된다는 조건에서의 이야기다.

04

코로나19 이후
일본경제 전망

이강국(리쓰메이칸대학 경제학부 교수)

┃ 팬데믹의 충격에 빠진 일본경제

코로나19의 충격으로 일본경제는 2020년 -4.7%의 실질경제성
장률을 기록했다. 이미 2019년 0% 성장을 기록한 이후 2020년
에는 팬데믹과 경제 봉쇄로 인해 엄청난 경제위기에 빠졌던 것이
다. 특히 민간 소비 성장률은 -5.9%를 기록했고 비주거 투자 성
장률도 -6%를 기록했다. 2020년 중반 이후 일본경제는 회복세
를 보였다. 2020년 2분기 경제성장률이 전기 대비 -8.1%를 기
록했지만 3분기에는 5.3%로 반전되었다. 그러나 이후의 회복세
는 상대적으로 느리다. 일본의 경제성장률은 2020년 4분기 전기

[그림 1-1] 일본의 경제성장률과 그 구성 요소

(전기 대비, %)

2015년   2016년   2017년   2018년   2019년   2020년   2021년
1-3월   1-3월   1-3월   1-3월   1-3월   1-3월   1-3월

— 실질 GDP 성장률   — 민간 소비 성장률
— 민간 주거 투자 성장률   — 민간 비주거 투자 성장률

자료: 일본 내각부

대비 2.8%로 낮아졌고 2021년 1분기에는 코로나19의 재확산을 배경으로 소비와 투자가 마이너스를 기록하며 다시 -0.9%를 기록했다. 2분기 경제성장률은 1분기보다는 개선되어서 전기 대비 0.3%였다. 일본 정부는 최근 연율로 환산한 분기 경제성장률도 발표하는데 이에 따르면 2021년 1분기의 연율 환산 경제성장률은 -3.7%, 2분기의 연율 환산 성장률은 1.3%였다.

　이러한 일본경제의 회복은 다른 선진국들에 비해 느린 편이다. 2021년 들어 세계경제는 백신 접종과 경제 재개를 배경으로 이전의 예상보다 빠른 회복세를 보이고 있다. 2021년 7월 IMF(국제통화기금)가 발표한 세계경제 전망에 따르면 2021년 전 세계의 경제 성장률이 6%를 기록하고 선진국은 5.6%가 될 전망이다. 특히 정부가 적극적인 재정 확장을 실시했고 백신 접종과 경제 활동의 재개가 상대적으로 빠르게 이루어진 미국이 선진국들 중에서 회복세가 가장 빠르다. 미국은 2020년에도 경제성장률이 −3.5%로서 다른 선진국들에 비해 상대적으로 높았다. 2021년에는 무려 7%, 2022년에도 4.9%의 경제성장률이 전망되고 있다. 그러나 일본은 2021년 경제성장률은 2.8%, 2022년은 3%로 전망된다.

| 코로나19의 재확산과 느린 경제 회복

최근 일본의 경제 회복 둔화는 먼저 코로나19의 재확산과 관련이 크다. 일본은 미국이나 유럽에 비해 코로나19 확산이 제한적이었지만 2021년 들어서 유행이 계속 나타나고 있다. 따라서 경제 활동의 완전한 재개가 쉽지 않으며 서비스업이 커다란 타격을 받고 있는 현실이다. 일본은 2021년 1월 코로나19의 3차 확산이 나타났고 5월에는 4차 확산이 나타났다.

코로나19의 재확산에 대응해 일본 정부는 2021년 1월 도쿄와 오사카 등 주요 지역에 긴급사태를 선언했고, 4월에 또다시 긴급사태 선언을 했다. 또한 올림픽 개최를 앞두고 다시 7월 12일에도 수도권을 중심으로 긴급사태를 선언했다. 그러나 올림픽이 개최된 7월 말 이후 오히려 코로나19 확진자가 급속히 증가해 우려가 높아졌다. 7월 31일에는 도쿄의 확진자 수가 4,000명이 넘었고 전국의 확진자 수도 1만 2,000명을 넘어 최대를 기록했다. 7월 이후에는 특히 전염력이 높은 델타변이의 확산으로 5차 유행이 현실화된 것이다. 정부는 8월에도 오사카부를 포함해 긴급사태 지역을 확대했지만 되풀이되는 긴급사태 선언의 효과에 대해 의문이 제기되고 있다.

특히 변이 바이러스의 확산에도 불구하고 백신 접종의 속도는 느려서 8월 1일 현재 전체 인구의 약 39.9%가 1차 접종을 완료했으며 2차까지 완료한 인구의 비중은 29.3%에 불과했다. 이는 미국이나 유럽에 비해 낮은 수준인데, 대규모 접종을 위한 예약 시스템의 미비 등 행정력의 문제와 백신 확보의 한계를 드러낸 것이다.

코로나19에 대응해 일본 정부도 적극적인 재정 지출을 실시했다. IMF에 따르면 2021년 6월까지 일본 정부의 코로나19 대응 재정 지출은 GDP의 약 16.5%에 달했다. 이는 유럽 국가들보다는 높은 수준이었으며 이로 인해 2020년 경제 불황의 정도는 코로나19로 큰 타격을 입은 유럽에 비해 낮았다. 그러나 미국은 코로나19에 대응한 재정 지출이 GDP의 25.4%에 달해서 일본보다 훨씬 높았다. 이러한 재정 확장 수준의 차이가 2021년 일본의 경제 회복이 미국에 비해서 느린 또 하나의 이유라고 할 수 있다.

일본경제는 미국이나 유럽에 비교해 총수요의 확장과 호황의 정도가 미약해 인플레이션 압력이 낮은 것도 특징적이다. 미국은 3월 이후 소비자물가 상승률이 급등해 6월에는 전년 대비 5.4%를 기록해 경기 과열을 우려하는 목소리도 제기되고 있다. 이는 코로나19 이후 함께 총수요의 진작을 추진하는 '고압경제'라 불리는 미국 정부의 강력한 재정 확장으로 산출갭이 급속히 줄어들었기 때문이다. 유럽도 2021년 초 1~2%로 인플레가 회복되었지만 일본은 2021년 초에도 디플레이션을 기록해서 총수요의 부족이 심각하다는 것을 보여준다.

▌코로나19 이후 일본경제 성장 전망

단기적으로 일본경제의 전망은 얼마나 빨리 백신이 보급되고 치료제가 도입되어 코로나19가 종언을 고할지에 달려 있다고 할수 있다. 또한 팬데믹으로 노동자들과 자영업자들이 일자리와 소득에서 입은 타격이 장기적으로 경제에 얼마나 큰 악영향을 미칠 것인지도 중요하다. 최근의 여러 거시경제학 연구들은 경제위기의 단기적 충격이 장기 실업의 증가나 기업의 신기술 도입 투자의 둔화 등을 통해 장기적으로도 생산성과 경제성장에 영향을 미칠 수 있다고 강조한다. 이른바 불황의 이력 효과가 존재한다는 것이다. 따라서 각국 정부는 적극적인 재정 확장을 통해 위기의 상흔이 주는 악영향을 최소화하기 위해 노력했다. 일본 정부도 이에 따라 적극적인 재정 지출을 수행했고 경제가 완전히 회복될 때까지 재정 확장 기조를 계속해야 할 것이다.

중장기적으로는 역시 생산성과 인구 변화가 일본경제의 미래에 중요한 영향을 미칠 것이다. 1990년대 이후 일본의 오랜 불황과 경제 정체를 가져온 중요한 원인 중 하나도 생산성의 정체였다. 물론 당시 불황은 버블의 붕괴로 국민소득의 약 세 배나 되는 자산가치가 사라져 이른바 대차대조표 불황이 심각해졌다는 사실과 관련이 크다. 또한 이러한 충격에 대해 정부의 거시경제 정책이 일관되게 확장적이지 못했다는 한계도 지적된다. 그러나 총수요 둔화와 정보기술 투자의 정체 등을 배경으로 일본경제의 총요소생산성 상승률이 낮아졌다. 특히 첨단 산업 부문이 앞선 미국에 비해 낮아서 장기적인 성장의 둔화로 이어졌다. 따라서 일본경제는 앞으로 생산성을 촉진하기 위해 인공지능이나 로봇, 바이오기술 등의 신기술 도입을 적극적으로 시도해야 할 것이다. 정부의 공공 투자도 과거에 비해 정체되었는데 기초기술 개발과 교육, 혁신의 촉진을 위한 정부의 공공 투자를 확충할 필요가 있다.

또한 기술 혁신과 생산성을 높이기 위해서도 총수요의 확장과 임금 상승이 중요한 요인임을 잊지 말아야 한다. 이를 위해 노동 시장의 완전 고용을 지속하고 이중 노동 시장의 격차를 해소해 거시경제 전체에서 노동자의 협상력과 임금을 높이기 위한 정책이 추진되어야 한다. 마지막으로 일본에서는 1995년 이후에는 생산 가능 인구가 감소하기 시작했고, 2010년 이후에는 전체 인구가 감소하고 있는데, 인구 감소와 출산율 하락이 장기적으로 경제의 잠재 성장률을 하락시키는 요인이 되고 있다. 이러한 문제에 대응하기 위해 2차 아베노믹스에서 추진되었듯이 육아에 대한 정부 지원과 비정규직 청년 노동자들에 대한 처우를 개선하기 위한 노력이 더 필요할 것이다. 동시에 최근 꾸준히 증가하고 있는 이주 노동자의 확대를 촉진하는 것도 인구 감소로 인한 성장 둔화의 중요한 대응책이라 할 수 있다.

┃ 일본의 국가부채와 재정은 지속가능할 것인가

한편 코로나19와 심각한 경제위기는 일본 재정의 지속가능성에 관해 커다란 질문을 던지고 있다. 일본은 1990년대 이후 장기 불황으로 인한 세수 감소와 고령화의 진전으로 인한 사회복지 지출 증가로 재정 적자가 누적되었고 국가부채 비율도 전 세계에서 가장 높은 수준이기 때문이다. 다른 선진국과 마찬가지로 일본도 적극적인 재정 확장으로 2020년 재정 적자와 국가부채 비율이 크게 높아졌다. IMF에 따르면 2020년 일본의 재정 적자는 GDP 의 12.6%를 기록했고 일반정부부채 비율도 2019년 약 235%에서 2020년 256%까지 높아질 전망이다. 그러나 재정 확장으로 이력 효과가 최소화되고 향후 경제 재개로 불황이 극복되고 성장이 촉진된다면 부채 비율은 더 이상 높아지지 않을 것이다. 실제

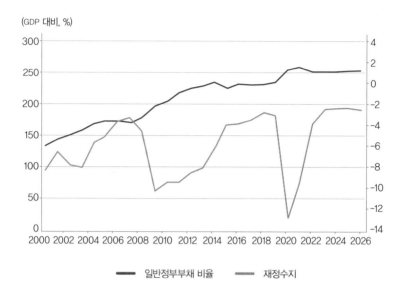

[그림 1-2] 일본의 재정 적자와 국가부채 비율

(GDP 대비, %)

일반정부부채 비율 ── 재정수지

로 IMF는 향후 경제 회복과 재정 적자 감소로 일본의 국가부채 비율이 2022년 약 254%, 그리고 2026년에도 255%로 안정화될 것이라 전망한다.

특히 2013년 이후 아베노믹스의 경험은 명목 경제성장률이 국채 금리보다 높다면 기초재정수지가 크게 적자가 아니라면 GDP 대비 국가부채 비율이 높아지지 않는다는 것을 잘 보여준다. 일본의 GDP 대비 일반정부부채 비율은 1990년 약 63%에서 2013년 230%까지 지속적으로 높아졌지만 아베노믹스 이후 안정화되어 2018년 약 233%를 기록했다. 이러한 변화는 1990년 이후 장기 불황기와 반대로 2013년 이후 성장률이 금리보다 높아진 현실과 관계가 깊다. 아베 정부 이후 명목 GDP와 세수 증가로 기초재정수지 적자 비율이 감소했고 장기 금리 하락으로 이자 부담도 낮아졌기 때문에 재정의 국채 의존도가 감소하고 재정 상황이 안정화된 것이다. 물론 앞으로 인플레 상승을 반영해 금리가 높아진다면 재정에도 부담이 될 수 있다. 그러나 일본은행은 양적완화와 수익률 곡선 통제 등의 비전통적 통화 정책을 지속해 장기 금리는 당분간 낮게 유지될 것이며 인플레의 상승 압력도 제한적일 것으로 보인다.

일본 정부가 2021년 7월 발표한 중장기 경제재정 시산은 베이스라인 케이스에서 2023년에서 2030년까지 실질 경제성장률을 약 1~2%대로 전망하며 생산성이 높아지는 성장 실현 케이스는 약 1.8~2.2%대의 성장을 전망한다. 일본 정부는 GDP 대비 기초재정수지가 베이스라인 케이스에서는 2023년에서 2030년까지 −0.9~2%대를 유지하겠지만 성장 실현 케이스에서는 기초재정수지 적자가 줄어들어 2025년 이후에는 흑자로 전환할 것이라고 전망한다. 따라서 GDP 대비 국가와 지방정부의 공채 잔고 비율도 베이스라인 케이스는 향후 10년간 안정화되겠지만, 성장 실현 케이스에서는 2021년 약 211%에서 2030년 약 168%로 40%p 하락할 것으로 전망한다. 이러한 일본 정부의 전망은 낙관적으로 보이지만 이 결과는 생산성 상승을 통해 경제성장률을 높이는 것이 재정에도 중요하다는 것을 잘 보여준다. 결국 코로나19 이후 일본 재정의 지속가능성은 단기적으로 얼마나 빨리 경제가 회복될 것인가

에 달려 있다. 또한 중장기적으로는 생산적인 재정 지출로 생산성
과 출산율을 높이고 적극적인 통화 정책에 기초해 성장률이 금리
보다 높은 환경을 계속 만들어내는 것이 중요할 것이다.

05
한국경제가 직면한 두 가지 벽, 70%와 2%

이근(서울대학교 경제학부 교수), **최병권**(경제추격연구소 연구위원)

▎추격지수란 무엇인가

1인당 GDP 즉, 1인당 소득 수준 및 그 증가율은 특정 국가의 주어진 기간 동안의 경제적 성과를 보여주는 지표다. 그러나 소득이나 그 증가율 지표만으로는 한국이 미국의 1인당 소득 대비 몇 %의 수준에 도달했는지, 또한 그 격차가 어느 정도 줄어들고 있는지 등은 보여주지 못한다. 따라서 최상위 선진국과의 소득 격차 정도와 그 변화를 보여주기 위해서는 두 가지가 필요하다. 첫째, 각국의 1인당 소득이 최상위 국가와 얼마나 차이가 있는지를 보여주어야 한다. 둘째, 그 차이가 얼마나 줄어들거나 확대되었는지 변화율을 보여주어야 한다. 이 두 가지가 추격지수catch-up index와 추격속도지수catch-up speed index다.

한편 각국의 경제 성과를 평가함에 있어서 소득 수준의 차이뿐 아니라 그 나라의 상대적인 경제 규모도 중요하다. 1인당 소득으로 표현되는 소득 수준은 한 국가 내 국민 개개인의 후생 수준을 대표한다. 전 세계 총생산 대비 각국의 경상 GDP가 차지하는 비중으로 표현되는 각국의 경제 규모는 해당 국가의 경제적 위상, 즉 경제력을 대표한다. 국가의 경제 성과는 1인당 소득 수준뿐만 아니라 그 국가의 경제력도 함께 고려해야 현실 경제를 설명하는 데 보다 적절하다.

따라서 경제추격연구소에서 개발한 추격지수는 1인당 소득 수준 이외에도 경제 규모를 기초로 해서 전 세계에서 경제 비중이 가장 큰 나라인 미국 대비 각 나라의 경제 비중과, 그 비중이 얼마나 빠르게 확대되는지 변화율을 모두 지수화해 국가 성장의 다양한 면모를 다각도에서 정확하게 포착하는 목적을 갖고 있다.

지금부터 2021년 4월에 발표된 IMF 세계경제 통계(2021, 2022년 예상치 포함)를 사용해 도출된 추격지수 중심으로 코로나 충격 이후 한국과 주요국의 추격-추월-추락에 대해 분석하고 전망을 제시한다.

▎ 한국경제의 추격과 추월

2021년 한국의 미국 대비 1인당 소득 다시 70% 밑으로 하락 전망

2020년 한국의 1인당 실질 소득은 4만 2,298달러(2017년 PPP 기준)로 2019년 4만 2,765달러에서 소폭 하락했다. 이런 예외적 하락은 코로나의 영향을 반영한 것이다(경상가격 기준 1인당 소득도 2019년 3만 1,846달러, 2020년에는 3만 1,497달러로 하락했다). 그러나 그림 1-3에서 보듯이, 이 1인당 실질 소득을 미국의 소득 수준과 비교하면, 미국 대비 70.4% 수준으로 역대 최고 수준이다(2019년에는 68.3%). 20년 전인 2000년에 이 비율이 45.9%였음을 고려하면 한국경제는 최근까지 추격을 잘하고 있다고 하겠다. 이를 (소득 수준으로) 추격지수화하면, 2019년 67.3점에서 2020년 69.4점으로, 순위상으로도 26위에서 24위로 상승해 역대 최고 순위를 기록했다(80쪽, 표 1-3). 이렇게 1인당 실질 소득의 감소에도 불구하고 추격지수나 순위가 상승한 것은 다른 나라들이 상대적으로 좋지 못했기 때문으로, 국가 간의 상대적 성과를 보여주는 추격지수의 속성을 잘 보여주고 있다.

한편 IMF의 예상치를 보면 한국의 1인당 실질 국민소득(2017년 PPP 기준)은 2021년 4만 3,780달러로 코로나 이전인 2019년 수준을 이제 넘어서고, 2022년에는 4만 4,982달러다(경상 가격 기준 1인당 소득도 2021년과 2022년에는 각각 3만 4,866달러, 3만 6,369달러가 될 것으로 예상되어, 2019년 수준을 넘어선다). 그러나 미국경제가 더 빠른 회복세를 보임에 따라, 미국 대비 한국의 1인당 소득 비율은 2020년의 70%에서 다시 하락해 2021년 68.8%, 2022년에는 68.7%로 2년 연속 소폭 하락이 예상된다. 즉 2022년 미국의 1인당 실질 소득 예상은 6만 5,451달러로 2021년 6만 3,594달러에서 상승할 것으로 예상되었다. 이에 따라 한국의 (소득 수준) 추격지수도 2021년 67.9점으로 하락하고 순위도 1단계 하락해 25위가 예상된다. 이렇게 미국 대비 1인당 소득이 2년 연속 하락하는 경우는 처음 있는 일이라, 2020년의 70%가 상한선이었고 이를 넘는 것이 쉽지 않은, 일종의 벽이 아닌가 하는 생각을 갖게 한다.

한국과 일본을 비교해보면, 그림 1-3에서 보듯이 한국은 이미 2018년부터 일본을 실질 소득 면에서 추월했다.[1] 일본 대비 한국의 소득은 2020년에 105.6%였고, 2021년 105.5%, 2022년 105.2%를 각각 기록할 것으로 예상된다.

최근 한국의 추격속도 급속 정체, '선진도상국' 함정에 빠졌나

그림 1-3을 보면 한국과 일본은 미국 대비 70% 내외 수준에 아직도 머무르는 반면, 독일과 대만은 모두 85%대를 넘어섰기에 이 그룹과의 격차는 아직 좁혀지지 않고 있다. 특히 대만은 2020년부터 독일을 추월한 것으로 나타났는데, 한국도 일단 같은 제조업 강국인 독일 추월을 목표로 삼는 것이 적절해 보인다. 일본 추월이 추격 1.0이었다면 독일 추월은 추격 2.0이라고 할 수 있으며, 최소한 미국 대비 80% 수준을 달성하는 것이 적절해 보인다. 그러

[그림 1-3] 주요국의 미국 대비 1인당 실질 소득 비율 변화

(미국의 1인당 소득수준 대비 %(PPP$))

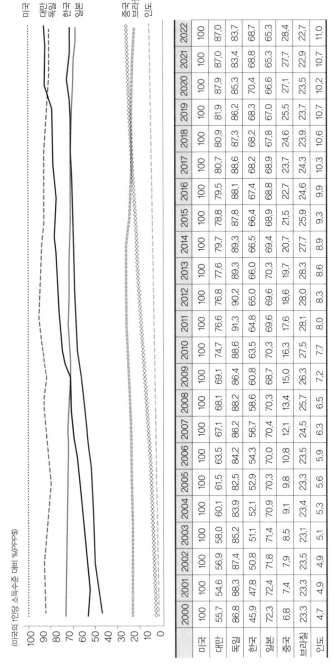

	2000	2001	2002	2003	2004	2005	2006	2007	2008	2009	2010	2011	2012	2013	2014	2015	2016	2017	2018	2019	2020	2021	2022
미국	100	100	100	100	100	100	100	100	100	100	100	100	100	100	100	100	100	100	100	100	100	100	100
대만	55.7	54.6	56.9	58.0	60.1	61.5	63.5	67.1	68.1	69.1	74.7	76.6	76.8	77.6	79.7	78.8	79.5	80.7	80.9	81.9	87.9	87.0	87.0
독일	86.8	88.3	87.4	85.2	83.9	82.5	84.2	86.2	88.2	86.4	88.6	91.3	90.2	89.3	89.3	87.8	88.1	88.6	87.3	86.2	85.3	83.4	83.7
한국	45.9	47.8	50.8	51.1	52.1	52.9	54.3	56.7	58.6	60.8	63.5	64.8	65.0	66.0	66.5	66.4	67.4	68.2	68.2	68.3	70.4	68.8	68.7
일본	72.3	72.4	71.8	71.4	70.9	70.3	70.0	70.4	70.3	68.7	70.3	69.6	69.6	70.3	69.4	68.9	68.8	68.9	67.8	67.0	66.6	65.3	65.3
중국	6.8	7.4	7.9	8.5	9.1	9.8	10.8	12.1	13.4	15.0	16.3	17.6	18.6	19.7	20.7	21.5	22.7	23.7	24.6	25.5	27.1	27.7	28.4
브라질	23.3	23.3	23.5	23.1	23.4	23.3	23.5	24.5	25.7	26.3	27.5	28.1	28.0	28.3	27.7	25.9	24.6	24.3	23.9	23.7	23.5	22.9	22.7
인도	4.7	4.9	4.9	5.1	5.3	5.6	5.9	6.3	6.5	7.2	7.7	8.0	8.3	8.6	8.9	9.3	9.9	10.3	10.6	10.7	10.2	10.7	11.0

자료: IMF

※2021, 2022년은 예상치

나 한국이 이 추격 2.0을 달성하는 것은 향후 20년 내에는 어려워 보인다. 그 이유는 한국의 추격속도가 최근 정체되었기 때문이다. 그림 1-3을 보면, 한국의 1인당 소득은 2009년에 미국 대비 60%에 도달하고, 최근 70% 부근에 도달해, 과거 10년간 추세로는 1년에 1%p씩 따라잡았는데, 최근 5년 추세는 1%p 따라잡는 데 5년 이상 걸리고 있다. 예를 들어 2016년에 67.4%였는데, 2021년 예상이 68.8%다. 반면에 중국은 최근 7년 추세를 보면, 1인당 소득 면에서 미국과의 격차를 1년에 1%p씩 줄여가고 있다. 한국의 이러한 최근 추세를 연장하면, 미국 대비 현재 70% 부근에서 80%에 도달하는데, 빨리 잡아도 50년 걸린다는 이야기여서 사실상 일본처럼 70% 부근에서 정체될 수 있다는 예상이다. 실제로 그림 1-3의 한국 곡선의 기울기만 보아도 점점 더 평평해져서 추격의 모멘텀이 소진되고 있음이 보인다. 즉 일종의 '선진도상국' 함정에 빠지고 있다고 할 수 있다. 과거 일본이 미국에 가장 근접했던 시기는 2001년 72.4%로 그 이후 20년 동안 이 이하 수준에서 맴돌다가 최근 65% 수준까지 떨어진 것을 고려하면, 한국도 20년 시차를 두고, 2020년에 70%로 피크를 찍은 후 이 벽을 돌파하지 못하고 정체될 수 있다는 예상이 가능하다. 실제로 한국이 노령화 등에서 일본을 일정 시차를 두고 그대로 답습하고 있어서, 이런 추세가 1인당 소득 추세에서도 나타나는 것은 놀라운 일이 아니다.

한국 GDP 규모 순위 15년만에서 다시 10위로 복귀

반면에 2020년이 한국이 가지는 긍정적 의미는 세계경제에서 차지하는 한국경제 규모가 다시 10위에 복귀했다는 것이다. 즉, 2005년 세계경제에서 비중이 2%를 달성해 순위가 처음으로 10위에 도달했으나, 그 후 다시 추락 특히 2008~2009년 글로벌 금융위기 때에는 비중이 1.6%까지 떨어지면서 15위까지 추락했으나, 그 후 점진적으로 회복해 다시 2020년에 2%를 회복했다. 이는 좋은 소식이다. 이 2% 벽을 다시 넘어서는 데 20년이 걸린 것이다.

한편 이 2%를 기준으로 한 한국과 각국의 순위를 보면, 한국은 미국, 중국, 일본, 독일, 영국, 인도, 프랑스, 캐나다, 이탈리아에 이어서 10위를 차지했다. 지난 글로벌 금융위기는 한국경제의 위상을 추락시키는 것으로 작용했으나, 이번 코로나 위기는 오히려 상대적 규모로 본 위상을 높이는 것으로 작용한 것은 두 위기의 성격이 많이 다름을 시사한다. 즉 이번 위기는 대면 활동이 중요한 서비스 경제 중심의 선진국이 더 위기였고, 서비스보다 제조업이 강한 한국은 상대적으로 선방했던 것이다. 그 사이 한국을 규모 면에서 추월했던 러시아와 브라질은 다시 한국 밑으로 내려와서 각각 11위, 13위가 되었다. 2000년대 중반에 한국을 추월했던 인도, 러시아, 브라질 중 인도만이 3.3%를 넘어서 세계 여섯 번째 대국을 유지하고 있다.

┃ 미국과 중국의 추격과 추월

코로나 이후 중국의 미국 추격 재점화

세계 상위 100개 국가의 GDP 합계 대비 미국의 GDP 비중은 2000년대 초반에 30%를 넘었으나, 그 이후 20% 초반 정도까지 추락했다가 회복해 2020년에는 25.1%를 유지했고, 2021년에는 24.5%, 2022년에는 24.3%가 될 것으로 예상된다. 한편 중국의 세계경제에서의 비중은 2000년 3.6%에서 약 다섯 배 상승하며 2020년 17.6%에 도달했다. 이후 2021년 18%에 이를 것으로 예상된다.

이제 중국과 미국의 상대적 수준, 즉 언제 중국이 미국을 추월할 것인가를 추산해 보자. 2020년에 중국만이 플러스의 성장을 기록함에 따라 중국은 미국의 70.3% 수준에 도달했다. 이는 5년 전인 2015년에 60% 정도였던 것에 비하면 엄청나게 빠른 속도의 추격이다. IMF의 예상치로 계산하면 2021년 73.4%, 2022년 75.0%로 코로나 이후 추격을 다시 가속화하고 있다(그림 1-4).

여기서 최근 5년 동안 60%에서 70%도달하는 데(10%p 줄이는 데) 걸리는 추세를 연장하면, 남은 30%p를 줄이기 위해서는 15년이 걸릴 것으로 예상된다. 즉, 중국이 미국을 2035년에 추월한다는 계산이 나온다. 한편 2021년과 2022년의 예상치를 포함해 2015년부터의 2022년까지 7년의 추격 추세(60%에서 75%에 도달하는 추세)를 이용해도 중국은 2034년에 미국을 추월할 것으로 예상된다. 어떤

[그림 1-4] 미국 GDP 대비 중국의 크기

	2000	2001	2002	2003	2004	2005	2006	2007	2008	2009	2010	2011	2012	2013	2014	2015	2016	2017	2018	2019	2020	2021	2022
미국	100	100	100	100	100	100	100	100	100	100	100	100	100	100	100	100	100	100	100	100	100	100	100
중국	11.8	12.6	13.4	14.5	16.0	17.6	19.9	24.6	31.1	35.2	40.2	48.2	52.7	57.3	60.0	60.9	59.9	62.8	67.2	66.9	70.3	73.4	75.0
일본	48.5	41.3	38.2	39.4	40.1	37.1	33.3	31.7	34.7	36.6	38.4	40.1	38.7	31.1	27.9	24.4	26.7	25.2	24.4	24.0	24.1	23.7	23.6
독일	19.0	18.4	19.0	21.8	23.0	21.8	21.7	23.7	25.5	23.6	22.7	24.1	21.8	22.2	22.2	18.4	18.5	18.8	19.2	18.0	18.2	19.0	19.2
러시아	2.7	3.1	3.4	4.0	5.2	6.3	7.7	9.6	12.1	9.1	10.9	13.2	13.5	13.6	11.7	7.4	6.8	8.1	8.0	7.9	7.0	7.5	7.4

※ 2021, 2022년은 예상치임.

자료: IMF

추세를 이용하든 대체로 2035년 부근에 중국이 미국을 추월할 것으로 예측된다. 이러한 예상은 2020년에 우리가 추산한 2040년보다 5년 앞당겨진 것으로, 여기에는 코로나의 영향도 적지 않다고 보여진다.

미국이 영국보다 경제 규모가 커진 시기가 1872년임을 고려하면, 만일 2030년대의 중간인 2035년에 중국의 경제 규모가 미국을 추월한다면, 160여 년 만에 세계 1등 국가가 바뀌는 셈이다. 그러나 미국이 영국보다 경제 규모가 커졌음에도 불구하고, 실제로 미국의 정치 및 경제적 힘이 영국을 넘어서 완전히 세계 1등으로 바뀌게 된 것은 1944년 이후다. 이를 고려하면 중국이 실제로 막강한 제일 대국이 되기까지는 엄청나게 긴 세월이 필요할 것이다. 따라서 당분간은 미국과 중국 두 나라의 양강 체제가 유지될 것으로 예상할 수 있다. 단순히 경제 규모의 순위가 바뀐다고 해서 중국이 바로 세계 1등 국가가 된다고 볼 수는 없다. 미국을 압도할 수 있을 정도로 차이가 나야만 팍스 차이나Pax China로 나아갈 수 있는데, 그러기 위해서는 더 많은 시간이 필요하다. 그럼에도 불구하고 이런 추세가 계속된다면 트럼프 이후 미국이 중국의 경제적 팽창을 저지하기는 어려워 보인다. 향후 미중 갈등의 핵심은 각자의 GVC 구축이지만 미중의 전면적 디커플링은 불가능하다. 대신 반도체 등 첨단 분야 GVC에서 미국이 중국에 의존하지 않는 GVC를 구축하는 부분적 디커플링일 것이고 이런 시나리오하에서라면 중국은 감속은 할 수 있지만 일정 속도의 경제적 성장과 추격은 유지할 것으로 예상된다.

중국, 2030년대 중반에 선진국 진입 예상

중국의 1인당 실질 소득은(2017년 PPP 기준), 2020년 1만 6,297달러로, 한국과 달리 코로나에도 불구하고 플러스 성장을 기록했다. 향후 예상치는 2021년 1만 7,624달러로, 이는 미국 대비 27.7% 수준이다. 세계은행의 공식적 정의에 따르면 중진국 함정은 미국 대비 1인당 소득이 20~40%의 박스권에 오래 머무는 것이다. 이 정의에 따르면 중국은 중진국 함정의 한가운데에 위치하고 있어 아직 벗어나지 못하고 있는 셈이다. 물론 브라질이 2012년에 미국의 28%까지 추격했다가 2021년 22%대로 다시 추락한 것을 비교하면(그림 1-3) 중국은 성공적 추격이라고 볼 수 있고, 중국이 이 함정에 빠질 것으로 보기는 어렵다. 그러면 중국은 언제 미국 대비 40%에 도달해 이 함정을 벗어날 수 있을까?

중국은 2014년에 미국 대비 소득 수준이 20.7%였고, 2021년에 27.7%로 예상된다. 이는 7년만에서 7%p를 추격하는 것으로, 1년에 1%p씩 미국과의 격차를 줄이고 있다고 볼 수 있다. 이 추세를 단순 연장하면 향후 13년, 즉 2034년에야 미국 대비 40% 수준을 넘어서 고소득국에 도달할 것으로 예상할 수 있다. 한국이 미국 대비 40%에 도달한 것이 OECD 가입 직전인 1990년대 중반임을 고려하면, 한국보다 40년 이상 늦은 것이다. 결국 2035년 부근이 되면 중국은 규모 면에서 미국을 추월하고, 1인당 소득 면에서도 선진국이 된다고 예상된다. 2030년대 중반이 중국으로서는 중요한 시기라고 볼 수 있다. 이런 예상은 중국이 최근 추세와 같이, 1인당 소득 수준 면에서는 미국을 1년에 1%p씩 따라잡고, 경제 규모 면에서는 미국을 1년에 0.5%p씩 따라잡는 추격 성과를 보여주는 것을 전제로 한다.

▌미국 대비 70%, 세계경제 대비 2%라는 벽

국가 간의 추격, 추월, 및 추락은 상대적 게임이다. 자국보다 경쟁국이 더 발전하면 추격의 격차는 좁혀지지 않는다. 한국이 현상을 유지해도 경쟁국이 추락하면 한국의 추격지수는 상승한다. 코로나 이후 상황은 한국과 중국에는 후자에 가깝다. 코로나로 일시적으로 더 타격을 받은 미국에 비해, 상대적으로 빠른 V자 회복을 한 중국은 대미국 추격을 재점화하고 있다. 또한 2020년 한국의 1인당 실질 소득은 감소했음에도 한국의 대미 추격, 대일 추월은 계속되었다. 그러나 2021년과 2022년 미국경제가 회복됨에 따라 한국의 미국 추격은 다시 후퇴해 미국 대비 70% 밑으로 떨어질 것으로 예상된다. 최근 5년 동안의 추세로 보면, 한국의 1인당 소득은 5년에 1%p씩 미국을 추격하고 있는데, 이 추세대로라면, 미국과 같은 수준이 되는 데 150년 걸린다. 이런 미국 대비 70% 벽을 넘지 못하는 추격 정체, 즉 선진도상국 함정의 바

[표 1-3] 주요 15개국 추격지수(2019~2022)

국가	추격지수						소득수준 추격지수									경제규모 추격지수								
	지수			국가 순위			1인당 GDP(2017 PPP$)			지수			국가 순위			경상 GDP 비중(%)			지수			국가 순위		
	2020	2021	2022	2020	2021	2022	2020	2021	2022	2020	2021	2022	2020	2021	2022	2020	2021	2022	2020	2021	2022	2020	2021	2022
미국	100.0	100.0	100.0	1	1	1	60,114	63,594	65,451	100.0	100.0	100.0	7	8	8	25.1	24.5	24.3	100.0	100.0	100.0	1	1	1
중국	47.6	49.5	50.7	10	10	10	16,297	17,624	18,564	24.8	25.6	26.3	61	61	61	17.6	18.0	18.3	70.3	73.4	75.0	2	2	2
일본	44.8	43.9	43.9	15	16	15	40,048	41,507	42,731	65.6	64.3	64.3	26	26	26	3.0	5.8	5.7	24.0	23.6	23.5	3	3	3
독일	51.5	50.9	51.1	8	9	9	51,260	53,024	54,776	84.8	82.9	83.2	16	15	15	4.6	4.7	4.7	18.1	19.0	19.1	4	4	4
영국	40.7	40.9	41.5	23	22	21	41,820	43,839	45,852	68.6	68.0	69.2	25	24	23	3.2	3.4	3.4	12.9	13.7	13.8	5	5	5
프랑스	42.1	42.3	42.7	20	19	19	43,664	46,076	47,886	71.8	71.7	72.4	23	22	21	3.1	3.2	3.2	12.3	12.9	13.0	7	7	7
이탈리아	36.1	35.8	36.1	28	28	27	38,734	40,381	41,872	63.3	62.4	63.0	29	28	28	2.3	2.3	2.3	8.9	9.2	9.2	8	8	8
한국	38.6	37.9	37.8	25	25	25	42,298	43,780	44,982	69.4	67.9	67.8	24	25	25	2.0	2.0	1.9	7.7	7.9	7.8	10	10	10
러시아	24.6	24.5	24.6	43	43	42	26,450	27,450	28,500	42.2	41.5	42.0	46	48	49	1.8	1.8	1.8	7.0	7.4	7.3	11	11	11
브라질	13.9	13.6	13.6	61	62	62	14,140	14,563	14,845	21.1	20.7	20.5	62	62	62	1.7	1.6	1.7	6.8	6.5	6.7	12	13	13
멕시코	16.5	16.4	16.3	55	54	55	18,134	18,867	19,263	28.0	27.6	27.4	28	58	58	1.3	1.3	1.3	5.1	5.2	5.1	15	15	16
인도네시아	10.9	10.8	11.0	63	63	64	11,586	11,993	12,569	16.7	16.5	16.9	70	72	72	1.3	1.3	1.3	5.0	5.0	5.1	16	16	15
대만	45.3	44.9	45.0	14	14	14	52,823	55,298	56,946	87.5	86.6	86.6	13	13	12	0.8	0.8	0.8	3.1	3.2	3.3	21	21	24
말레이시아	21.5	21.5	21.9	48	49	48	25,976	27,315	28,592	41.4	41.3	42.1	48	49	48	0.4	0.4	0.4	1.5	1.6	1.6	40	37	35
남아공	8.9	8.6	8.4	72	74	75	11,406	11,583	11,634	16.4	15.8	15.5	71	73	73	0.4	0.3	0.3	1.4	1.3	1.3	42	42	42

※ 2021, 2022년은 예상치

자료: IMF

탕에는 김세직 교수가 추산한 5년에 1%p씩의 잠재성장율 하락 경향이 놓여 있다. 또한 한국이 차지하는 세계경제에서의 비중 면에서도 지난 20년 동안 그 비중이 2%를 넘지 못했는데, 이것도 또 하나의 벽으로 작용하고 있는 것으로 보인다.

전반적으로 코로나19 영향 속에서 각국의 경제성장 성과는 그동안 각국이 구축해온 디지털 인프라가 잘 작동해 비대면으로 각종 경제 활동을 얼마나 잘 지원할 수 있는가에 영향을 받았다. 그러나 아직 게임이 끝난 것은 아니다. 이번 코로나 사태를 계기로 디지털 전환을 가속화 및 고도화하고 전 사회적으로 확충해 미래 사회에 얼마나 잘 대응하는가에 따라서 향후 각국의 추격, 추월과 추락 과정은 또 한 번의 변화를 맞이하게 될 것이다.

또한 코로나 충격에도 불구하고 G7 국가가 세계경제에서 차지하는 경제 비중은 상승 내지 유지되었다. 반면 신흥국, 개도국 중 브라질 등 많은 나라는 경제 회복을 하지 못하면서 세계경제에서의 비중도 하락하고 있다. 이에 따라 신흥국 및 개도국의 대선진국 추격은 퇴보하면서 코로나19 이후 세계경제의 양극화는 심화되고 있다. 즉, 글로벌 차원의 K자 회복이 진행되고 있는 중이다.

한국경제 거시 전망 및 금융 시장의 포인트

경제 정상화 과정의 불확실성

김주형(서울대학교 경제학부 객원교수)

2022년 한국경제는 코로나19에서 비롯된 경제적 위기로부터의 탈출이라는 큰 흐름을 이어나갈 전망이다. 한국은 2021년 두 번째 분기에 이미 위기 직전 분기, 즉 2019년 4분기 수준의 GDP 수준을 회복한 것으로 추산된다. 이는 세계경제 10위권 국가 중 미국 다음으로 빠른 편이다. 한국 정부의 거시경제 정책 기조도 일방적 경제 활성화에서 벗어나 소폭의 금리 인상과 재정의 제한적 확대로 수정될 것으로 보인다. 경기 회복세는 완만해질 전망이다. IMF는 2021년 7월 말, 세계경제 성장률이 2021년에 6.0%, 2022년에 4.9%의 견조한 수준을 보이는 가운데 한국경제 성장률을 2021년 4.3%와 2022년 3.4%로 전망했다. 세계경제 회복 흐름과 내수 확대를 위한 노력 등으로 물가의 상승 압력은 다소 높아지지만, 국제수지는 흑자 기조를 지속할 것으로 예상된다.

경제 전망 자체의 안정성은 높지 않다. 우선 코로나19의 영향이 언제까지 이어질지가 불확실하다. '변이 바이러스'들의 출현과 기존 백신의 효과 지속성, 그리고 치료제의 등장 여부 등이 주요 변수가 될 것이다. 점차 나아지기는 하겠지만, 2022년까지도 세계경제는 물론 한국경제가 코로나 바이러스 영향권을 완전히 벗어나기는 어려워 보인다. 또한 위기 대응 과정에서 대규모의 유동성 공급과 재정 확장으로 자산 가격 급등, 재정 건전성 악화, 인플레 조짐 등이 초래되었다. 과잉 유동성을 서서히 거두어들이는 소위 '테이퍼링' 전 단계는 2021년 하반기에 이미 시작되었다. 2022년까지 금융과 재정의 긴축이 본격화하지 않을 수는 있으나, 테이퍼링 초기 국면의 정책 효과와 긴축 본격화에 대한 전망만으로도 경기 흐름과 자산 시장은 큰 영향을 받게 될 것이다.

2022년 거시경제의 위험 요인 중에서 가장 우려되는 것이 미국의 강력한 달러 유동성 환수로 심각한 글로벌 안전 자산 선호 현상이 발생하고, 일부 국가들이 금융위기에 빠져들 수 있다는 점이다.

만일 그런 상황이 오더라도 짧은 기간 원화 환율이 급등락할 수는 있어도, 한국경제가 외환위기나 금융위기에 빠질 가능성은 낮아 보인다. 한국은 대외 순채권국이면서 막대한 경상수지 흑자국이고 기업부채도 걱정할 정도가 아니기 때문이다. 다만 가계부채와 정부 재정 적자의 급증이 걱정이다. 2022년에 바로 해결해야 하는 문제는 아니나, 적절한 정책 대응이 수반되지 않는다면 중장기적으로 한국경제의 최대 불안 요인이 되리라는 점에 유의해야 한다.

　2022년 자산 시장에서는 테이퍼링에 따른 유동성 축소가 가장 큰 불확실성으로 작용할 것이다. 주식 시장이 때때로 충격을 받고, 채권 시장이 약세를 보이기도 할 것이다. 하지만 그 기간이 오래 지속되지 않을 가능성이 크다. 미국을 비롯한 주요국들의 테이퍼링이 시중 유동성을 축소하는 요인임은 분명하나, 그 목적이 기대인플레이션 약화를 통한 경제의 지속 성장 달성이라는 점에서, 기본적으로 '절제된' 유동성 축소 정책이라고 할 수 있다. 2008년 글로벌 금융위기 때 풀린 과잉 유동성을 흡수한 2013년의 테이퍼링 경험을 돌이켜보면 잘 '기획된' 유동성 축소는 자산 시장에 간간히 충격을 주기는 했으나 장기적으로는 긍정적이었다는 점을 알 수 있다. 이는 한국 자산 시장에서도 마찬가지였다.

원화의 달러화 환율은 상승 요인이 더 큰 것으로 보인다. 달러화 대비 원화 가치가 하락 압력을 받으리라는 것이다. 미국의 경기 회복 속도가 유럽이나 일본, 중국 등에 비해 빠르기 때문에 통화 정책의 긴축 전환 속도도 빠를 것으로 예상된다. 미국이 금융 완화에서 벗어나 긴축으로 전환하면서 미국 시장금리가 상승하고 달러는 여타 통화에 대해 강세를 보일 것이다. 투자 자산의 미국 회귀 현상이 나타나면서 국내 주식 시장에 부정적인 영향을 끼치고 원화 환율에 상승 요인으로 작용할 것이다.

2021년 주택 가격이 고공행진을 멈추지 않는 것은 세제와 대출 규제 등 하락 압박 요인이 많지만 공급 부족이 여전히 이 모든 요인들을 압도하고 있기 때문으로 보인다. 시장에 나올 매물이나 신규 공급 주택이 부족하다는 게 드러나니 집값이 너무 비싸다고 느끼면서도 가격 상승 기대는 낮아지지 않았고, 내 집 마련이 더 힘들어질지도 모른다는 조바심으로 인해 주택 수요를 부추기는 악순환이 지속되었다. 세금 효과가 본격화하고, 금리 인상과 함께 시장이 원하는 만큼 주택이 공급된다면 집값 안정을 기대할 수 있겠지만,

2022년에도 집값의 안정은 어려울지 모른다.

2022년에는 거시경제 정책 중 재정 정책의 근간을 뒤흔들 '기본소득' 이슈가 뜨거운 정책 의제가 될 가능성이 높다. 일부 유력 대선 후보들이 점화시킨 기본소득 관련 정책들은 그 스펙트럼이 넓고 아직은 구체성이 부족해 보인다. 인공지능, 사물인터넷 등 새로운 기술의 발전으로 일자리가 대규모로 사라지는 시대는 아직 오지 않았고, 재원 마련을 위한 광범위한 조세와 정부 지출 구조 개혁도 쉽지 않아 보인다는 점에서 장기 과제로 논의되는 것이 바람직하다는 생각이다.

01

한국경제의
거시적 방향은 어디로

하준경(한양대학교 ERICA 경제학부 교수)

2022년 한국의 거시경제는 코로나19 위기로부터의 회복이라는 큰 흐름을 이어나갈 전망이다. 그러나 K자형의 불균형적 회복, 미국 바이든 정부의 확장적 재정 정책, 인플레이션 가능성, 금리 인상 압력 등 대내외적 불확실성 요인들이 산재해 있다. 한국의 재정 정책과 통화 정책이 이 요인들에 어떻게 대응하느냐에 따라 거시경제의 흐름은 크게 영향을 받게 될 것이다.

┃ 민간 소비의 부진과 K자형 회복

IMF는 한국의 2021년 경제성장률 전망치를 4.3%로 상향 조정했으며, 2022년에도 3.4%의 성장률을 예상하고 있다.[1] 세계경제 성장률이 2021년 6.0%, 2022년 4.9%로 견조한 수준을 보일 것으로 예상되는 데 따른 자연스러운 결과다.

그러나 한국의 경제 구조를 보면, 애초에 부진했던 민간 소비의 침체 상황은 쉽게 극복되기 어려운 모습이다. 국민계정 통계를 보면, 국내총생산에서 민간 소비가 차지하는 비중은 2019년 4사분기에 48.1%였는데, 이 값은 2020년 1분기에 45.5%로 바닥을 찍은 후 2021년 2분기에 46.5%를 기록하고 있다. 수출 수요의 경우 이미 코로나 이전 수준을 회복했으나 민간 소비는 아직 과거 수준을 회복하지 못하고 있다.

건설 투자도 상대적으로 부진한 추세를 지속하고 있다. 민간 소비가 충분히 회복되지 못한다면 내수의 전반적 부족이 고착화될 우려가 있다. 즉, 큰 흐름을 보면 한국경제의 회복은 주요 선진국들의 확장적 재정 정책에 힘입은 세계경제의 회복을 기반으로 하는 수출 중심의 회복이라는 특징이 강하며, 내수만 놓고 보면 코로나19의 충격이 지속적으로 영향을 미치는 모양새다.

이러한 불균등 회복은 코로나19의 타격을 크게 받은 서비스업과 영세자영업 등의 부진, 그리고 이를 만회하기 위한 정부의 이전지출이 다른 나라에 비해 작다는 사실 등과 관련이 있다. IMF의 통

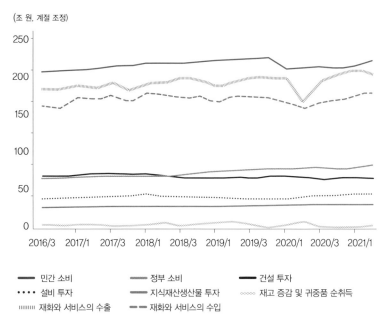

[그림 2-1] **국내총생산 주요 항목의 분기별 추이**

(조 원, 계절 조정)

——— 민간 소비	——— 정부 소비	——— 건설 투자
•••• 설비 투자	——— 지식재산생산물 투자	∞∞∞ 재고 증감 및 귀중품 순취득
ⅢⅢⅢ 재화와 서비스의 수출	- - - 재화와 서비스의 수입	

자료: 한국은행경제통계시스템

계에 따르면, 한국의 경우 재정 적자가 2020년에 GDP 대비 2.2%, 2021년에 2.9%로 추정되는데, 이는 선진국(10.9%와 9.9%)은 물론 신흥국(9.7%와 7.1%)보다도 작은 수준이다. 이것은 손실 보상이든 매출 지원이든 정부의 코로나 대응 재정 지출이 내수 피해를 메우기에는 불충분했다는 것을 의미하며, 이에 따라 민간 소비 회복이 부진할 수밖에 없었다.

민간 소비의 부진은 과거의 정책 기조를 따를 경우 2022년에도 지속될 가능성이 있다. 코로나19 백신의 보급으로 일상생활이 정상화되더라도 그동안 늘어난 부채의 유예 기간이 끝나게 되면 소상공인들은 흑자가 발생해도 그것을 부채 원리금을 갚는 데 써야 하므로 소비나 투자를 하기 어려운 상황이 된다. 이를 흔히 부채 후유증debt hangover이라고 하는데, 정부부채보다 민간부채로 위기를 버텨온 경제에서 이러한 문제가 나타나기 쉽다. 만약 정부가 재정 건전화를 위해 국채를 적극 상환하는 등 사실상 재정 긴축 기조로 전환할 경우 민간 부문의 부채 후유증은 상당 기간 지속될 수도 있다.

민간의 부채 문제는 사실 코로나19가 없었더라도 심각한 수준이었다. 지난 10년 내 최고 수준으로 부풀어오른 신용 사이클, 레버리지 확대로 인한 민간부채, 특히 가계부채의 누적으로 금융 부문 불확실성은 커지고 있었는데, 코로나19는 이 상황을 잠시 멈추면서 문제를 더 누적시켰다. 글로벌 금융위기 이후 장기간 가계부채 조정을 회피해온 한국의 경우 민간의 부채 문제는 더 심각하다고 할 수 있다.

▎ 미국의 고압경제 전략과 인플레이션 불확실성

한국의 거시경제 흐름에 영향을 줄 수 있는 또 다른 중요한 요인은 미국의 변화된 거시경제 정책 기조다. 과거 2008년 글로벌 금융위기에서 회복될 때에는 미국 등 선진국이 재정 정책보다는 양적완화 등 과감한 통화 정책에 주로 의존했다. EU의 경우에는 재정 건전화를 서두르다가 남유럽 경제가 다시 침체에 빠지는 일이 생기기까지 했다.

그러나 현재 미국 바이든 정부는 과감한 재정 확대를 거시경제 정책의 중심에 놓고 있어 과거의 통화 정책 중심 대응 기조와는 차별화된 모습을 보인다. 이 기조는 2022년에도 계속될 것이며, 한국의 거시경제도 그 영향을 받게 될 것이다.

바이든 정부의 거시경제 정책 기조는 재닛 옐런Janet Yellen 재무장관의 고압경제high pressure economy 전략으로 요약된다. 고압경제는 확장적 재정 정책을 통해 총수요 압력을 지속적으로 높이는 전략인데, 일정 정도 인플레이션과 명목 시장금리 상승도 용인한다. 명목 시장금리 상승을 용인하는 것은 총수요 압력이 너무 커져서 발생하는 부작용들을 막기 위한 것이다. 그렇다고 해도 실질금리, 즉 명목금리에서 기대 인플레이션율을 차감한 값을 낮게 유지하는 기조는 견지할 것이다. 명목금리 조정도 급격한 상승보다는 채권 매입(양적완화) 규모의 점진적 축소 등의 단계를 조심스럽게 밟아나감으로써 충격을 줄이려는 노력을 해나갈 것으로 보인다.

고압경제 전략은 바이든 정부의 재난지원금 지급뿐만 아니라 '미국 일자리 계획'(2조 2,500억 달러), '미국 가족 계획'(1조 7,000억 달러) 등 약 4조 달러의 과감한 인프라 투자 계획을 통해서도 드러나고 있다. 2021년 8월 현재 미국 공화당의 반대에도 불구하고 바이든 대통령과 민주당은 도로, 다리, 철도, 수로, 광대역 전력망 등 공화당도 수용하는 항목들로 좁혀서 1조 달러의 절충안을 마련했다.

여기서 신규 지출은 5년간 5,500억 달러이며, 나머지 3조 5,000억 달러는 상원의 예산 조정 절차를 이용해 독자적으로 처리할 계획이라고 한다.

이러한 재정 우위의 경제 정책은 지난 글로벌 금융위기 회복기의 정책 기조에 비해 인플레이션을 가져올 가능성이 크다. 재정 정책, 특히 수용적 통화 정책과 결합된 재정 정책은 돈이 필요한 사람들 손에 보다 직접적으로 돈을 전달할 수 있기 때문에 총수요를 늘리고 실물경제를 활성화하는 데 더 즉각적인 효과를 가져올 수 있다.

즉, 바이든 정부의 거시 정책은 미국의 총수요를 확대시킴으로써 세계적으로 경제성장률을 높이면서 동시에 인플레이션 기대, 그리고 명목 시장금리도 상승시키는 흐름을 가져올 가능성이 있다. 인플레이션은 적절히 통제가 된다면, 부채의 실질 가치를 낮추는 효과도 가져올 수 있다는 면에서 꼭 부정적으로만 볼 일은 아니지만 과거에 비해 물가 관련 불확실성이 커진 것은 사실이다.

그림 2-2를 보면 미국의 인플레이션율과 한국의 인플레이션율은 장기적으로 비슷한 방향으로 움직여왔다. 최근의 인플레이션은 원자재 가격 상승, 공급망 훼손에 따른 병목현상 등 공급측 요인과 함께 코로나19로부터의 회복에 따른 반등 효과를 동시에 반영하고 있어 일시적 성격이 크다고 볼 수 있지만, 고압경제 전략과 그에 따른 인플레이션 기대의 변화는 인플레이션이 단기적으로 끝나지 않고 일정 수준 이상으로 유지될 가능성도 시사한다.

특히 코로나 변이 바이러스의 확산은 인플레이션과 관련해서도

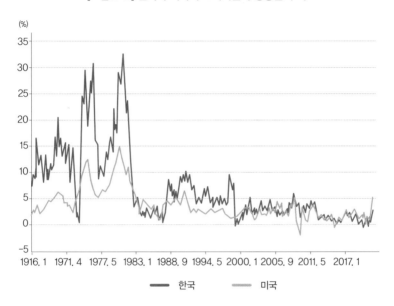

[그림 2-2] 한국과 미국의 소비자물가 상승률 추이

※소비자물가지수 전년 동월 대비 증가율, 미국은 전 도시, 한국은 전국 기준.

자료: 미국 연방준비제도 경제통계 데이터베이스(FRED), 한국은행경제통계시스템

변수로 작용할 수 있다. 즉, 백신 보급이 원활한 선진국들과 그렇지 못한 아시아 신흥국 사이의 회복 격차가 확대될 경우, 글로벌 공급 망 측면에서 신흥국으로부터의 공급은 차질을 빚는 가운데 선진국들의 수요 확대는 지속될 수 있다. 이러한 수급 불균형은 인플레이션의 지속성을 높이는 리스크 요인이 되며, 만약 공급 차질이 장기화돼 세계적으로 문제가 될 경우에는 스태그플레이션이 발생할 가능성도 배제할 수 없게 된다. 경기 침체와 인플레이션이 동시에 발생하는 스태그플레이션을 막으려면 전 세계적으로 백신 보급이 원

활히 이루어지도록 해야 할 것이다.

▎환경 변화에 대응한 한국의 거시경제 정책 조합

코로나19로부터의 회복과 미국의 정책 기조 변화를 배경으로 한 금리 상승 압력, 그리고 인플레이션 압력은 한국의 금리와 인플레이션에도 영향을 줄 것이며, 이는 한국 거시경제 환경의 불확실성을 키울 것이다. 한국이 어떤 정책 조합으로 대응하느냐에 따라 거시경제 성과는 크게 달라질 수 있다. 몇 가지 시나리오를 살펴보자.

우선 한국이 금리를 계속 낮게 유지하면서 소극적 재정 정책 또는 재정 건전화 정책을 쓰는 경우를 생각해볼 수 있다. 초저금리와 재정 건전화의 조합은 원래 환율 전쟁에 적합한 기조다. 이 경우 환율이 상승(원화 가치 하락)하고, 인플레이션 및 자산 가격 상승 압력은 더욱 커질 것이다. 수출을 중심으로 경제성장 추세를 유지할 수는 있겠지만 내수가 부진한 가운데 가계부채 문제가 더 심각해질 수 있다. 경제의 불균형이 확대되면서 자산 시장 불안은 더 커질 수 있다. 이러한 정책 기조는 궁극적으로 일본식 장기 침체로 갈 위험을 키운다. 어떻게든 자산 가격 거품을 유지하는 방향으로 정책을 펼 경우에는 청년층을 중심으로 가계부채가 늘어나는 상황을 지속시킬 가능성이 있는데, 과도한 가계부채는 원리금 상환 부담을 늘려 소비를 제약하고 초저출산을 벗어날 수 없게 하는 등 경제 불균형을 심화시킬 수 있다.

다음 시나리오로는 초저금리를 유지하면서 재정을 확대하는 전략이다. 이 전략은 총수요 압력을 증가시키므로 장기간 유지하기는 쉽지 않다. 결국 미국의 고압경제처럼 금리 상승 용인과 재정 확대의 정책 조합으로 이행하게 될 가능성이 크다.

다음으로 미국처럼 명목 시장금리 상승을 용인하면서 재정을 확대하는 시나리오를 생각해볼 수 있다. 이 방식은 가계부채와 자산 시장의 팽창을 어느 정도 조절하면서 총수요를 유지함으로써 경제의 불균형을 조정하는 데 비교적 유리하다고 볼 수 있다.

또 다른 시나리오는 미국의 양적완화 축소에 따라 금리 상승을 용인하면서 동시에 재정 건전화 또는 재정 긴축을 시도하는 상황이다. 이 경우에는 가계부채 및 자산 시장의 조정이 어느 정도 있을 수 있으나 동시에 총수요도 위축될 수 있다.

종합하면 미국의 고압경제 전략에 대한 한국의 대응이라는 관점에서 볼 때, 금리 상승을 일정 정도 용인하면서 재정을 확대하는 것이 거시경제의 불확실성을 줄이는 바람직한 전략이 된다. 한국은 미국과 달리 양적완화 축소라는 금리 인상 전 단계를 밟을 수 없고, 또 가계부채와 부동산 문제가 사회 문제로까지 발전하는 등의 특징이 있어 한국은행의 금리 인상은 불가피해 보인다. 그러나 금리 상승이 실제로 어느 정도까지 이루어질 수 있을 것인지, 그리고 이로 인한 문제점들을 보완하기 위한 재정 확대가 얼마나 과감하게 이루어질 수 있을지는 매우 불확실하다.

한국의 기존 정책 기조에 비추어보면, 금리 조정은 통화 완화 정도가 너무 심해지지 않게 하는 정도에 그치고, 재정 정책도 과감한 확대보다는 제한적인 확대에 그칠 수 있다. 이때 정책 금융 등 한국이 즐겨 사용하던 정책 수단들이 동원될 가능성이 크다.

즉, 부채 후유증이 현실화될 경우 정책 금융기관을 동원한 부채의 장기 저리 대환 등 준재정 정책이 활용되기 쉽다. 이러한 정책들이 부채 후유증을 완화하는 데 도움이 되겠지만 충분한 규모의 손실 보상이라는 소상공인들의 요구에는 미치지 못할 가능성이 크다. 따라서 내수와 민간 소비의 회복은 2022년에도 중요한 과제로 남을 것이다. 한국이 이 과제에 대응해 어떤 거시경제 정책 조합을 활용하게 될 것인지는 2022년의 대통령 선거 결과에 따라 일정 정도 좌우될 수 있다.

여러 가능성을 종합해보면 2022년의 한국경제 성장 흐름은 2021년의 회복 기조를 계속 이어나갈 것이다. 세계경제 회복 흐름과 내수 확대를 위한 노력 등이 맞물려 물가 상승 압력은 지속되겠지만 세계 공급망 복구 속도에 따라 이 압력이 상쇄되거나 반대로 가중될 수도 있으므로 물가와 관련한 전반적 불확실성은 크다. 국제수지는 세계경제의 회복세가 유지되는 한 흑자 기조를 지속할 것이다. 환율은 달러 유동성 흐름과 미국의 거시 정책 기조가 어떻게 변하느냐가 중요한 변수이므로 미국의 통화 정책 조정 속도와 재정 정책, 한국의 대응 등에 좌우될 것이다.

02

정부부채와
가계부채의 변주곡

류덕현(중앙대학교 경제학부 교수)

| 정부부채와 가계부채는 계속 증가할 것인가

코로나 바이러스로 인한 경제위기가 언제쯤 완벽하게 회복할 것
인지 파악하는 것은 경제 분석과 정책 입안의 관점에서 중요하
다. 하지만 그에 못지않게 재정 당국의 관점에서도 경제 회복과
국민 삶의 질 개선을 위해 필요한 소요 재원 조달과 관련해 중요
한 문제가 있다. 바로 국가 재정 적자를 어느 정도의 국채를 발행
해 메울 것인가 하는 문제다. 또한 내 집 마련을 위해 필요한 자
금 조달, 자영업을 비롯한 소상공인들의 사업체 운영을 위한 자
금 조달, 그리고 가계 유지를 위한 자금 조달 등 가계부채의 규모

등도 중요하다. 즉, 정부와 가계 부문이 현재의 어려운 상황을 극복하고 정상적인 상황으로 되돌아가기 위해 필요한 부채 규모가 어느 정도 될 것인가를 예측하는 것은 매우 중요하다.

한국의 정부부채와 가계부채 규모는 코로나 위기 이전과 비교해서 추세 면에서는 크게 달라질 것 같지는 않다. 가계부채는 2021년 8월말 현재 1,850조 원으로 GDP 대비 100%에 육박하는 수준으로 증가하고 있는 추세다. 이는 작년부터 불어닥친 부동산 가격 상승에 대한 주택담보대출의 증가 및 소상공인 사업자 대출 등에 의해 지속적으로 증가한 것으로 보인다. 정부부채 또한 마찬가지일 것으로 전망된다. 내년도 예산 편성은 600조 원이 넘을 것으로 전망되는데 필요한 재정 소요에 비해 세입은 그보다 적게 걷힐 것으로 전망되어 부족한 부분은 국채 발행을 통해 조달할 수밖에 없어 내년도 정부부채 수준(D1 기준)은 2021년도 2차 추경안 기준 GDP 대비 47.2%보다 조금 더 증가한 수준이 될 것이다.

전통적으로 가계 부문의 부채가 정부부채로 연결되는 경로는 경제위기를 통한 메커니즘이다. 또 다른 경로는 정부가 응당 해야 할 재정 지출을 최소화하고 민간이 이를 대신해 민간 부문의 부채가 늘어나는 경우다.

따라서 정부부채와 가계부채의 현황과 전망을 기존의 경제위기 후 민간 부문에서 정부 부문으로 부채가 전이되는 과정을 다양한 각도에서 살펴보면 흥미로운 상호 관련성을 살펴볼 수 있다.

I 가계부채가 정부부채로 전이되는 메커니즘 1: 경제위기

경제위기를 겪은 나라들의 위기 원인을 살펴보면 대체로 대외적 요인의 급속한 변동에 의한 위기(1980년대 북유럽 3국 경제위기), 기업 부실과 그에 맞물린 금융 부실 및 외환위기에 의한 위기(1997년 동아시아 외환위기), 부동산발 가계부채와 금융 시스템의 붕괴에 의한 위기(2008년 글로벌 금융위기), 그리고 재정 상황 악화로 인한 위기(2010년 유럽 재정위기) 등으로 구분될 수 있다. 이들 대부분의 경제위기는 일단 그 원인이 어느 지점에서 발화되었든 가계와 기업 등 민간 부문의 부채가 정부 부문으로 이전될 가능성이 매우 높다는 것을 보여주었다. 즉, 이자율 상승, 경기 둔화 등과 같은 경제에 부정적인 충격이 발생할 경우 민간은 부채 디레버리징을 통해 부담을 줄이려고 노력하게 되고, 이때 금융기관이 민간의 지불 능력에 대한 신뢰가 있고 정부의 금융기관 감독 기능이 문제가 없을 경우 큰 어려움 없이 위기를 극복할 수 있다. 하지만 금융기관의 민간 부문에 대한 대출제도가 부적절하게 운용되어 민간 부문의 채무 상환이 문제가 될 경우에는 결과적으로 금융위기를 동반한 경제위기를 겪을 가능성이 커지게 된다. 그 과정에서 부실한 금융기관에 대한 정부의 공적 자금 투입을 통한 개입과 경제위기 대응 확장적 재정 지출이 수반되는데 이 과정이 바로 민간부채가 정부부채로 전이되는 대표적 경로다.

과거 역사적으로 존재했던 여러 경제위기에서 이를 다양하게 확인할 수 있다. 북유럽 3국(핀란드·노르웨이·스웨덴)의 경제위기에는 장기간 저금리 기조와 이자 비용에 대한 과도한 세제 혜택 등이 있었으며, 동아시아 외환위기에는 기업의 과도한 차입에 기반한 과잉 투자와 도덕적 해이 그리고 금융기관의 부실 운용과 금융 감독 기능의 미숙한 운용 등이 있었다. 또한 2008년 글로벌 금융위기 역시 금융기관의 부실한 대출 제도와 금융 감독 기능 미비 등이 주요 원인이 되었다. 이때 민간 부문의 과다한 부채와 금융기관의 부실로 인한 금융위기 발생은 정부의 공적자금 투입을 수반하며 이 과정에서 정부부채가 급증하게 된다. 또한 이렇게 급증한 정부부채로 인한 재정 위기 가능성도 커지게 된다. 즉, 높아진 정부부채로 인해 위기에 대응할 재정 여력이 부족하고 낮아진 국가신용등급으로 인한 외국 자본의 이탈, 신용 경색 등은 재정 위기 가능성을 높이는 것이다. 2010년 유럽발 재정 위기가 이러한 모습을 일부 반영하기도 한다.

따라서 민간 부문의 부실로 인해 경제위기가 발생하고 이를 대처하는 과정에서 정부부채가 급증하는 것이 전통적 경로가 되는 셈이다.

┃ 가계부채가 정부부채로 전이되는 메커니즘 2: 분야별 재원 배분의 차이

정부가 국민 후생 복지를 위한 지출을 소홀히 하고 이를 민간 부문이 대신하도록 할 경우 역시 가계부채는 크고 정부부채는 작은 경우가 생길 수 있다. 많은 개발도상국에서는 경제개발에 동원할 자원이 부족해 국내외 부채를 통해 자본을 조달하기 때문에 정부부채 수준이 높다. 하지만 의료, 교육, 복지 등에도 소홀히 할 수 없어 이에 대한 지출 역시 정부가 주도하는 경우가 많아 정부부채가 증가하는 원인이 되기도 한다. 하지만 이러한 통상적인 경우에 예외가 되는 대표적인 나라가 바로 한국이다.

한국은 경제개발 초기에도 한정된 재원을 도로, 철도, 항만, 공항 등 수송 분야 인프라와 산업단지 조성 등 수출 주도 성장 전략을 충실하게 뒷받침할 수 있는 쪽으로 집중 투자했다. 또한 수출 대기업들에 대한 각종 조세와 재정적 지원을 쏟아부은 반면 국민의 삶과 밀접한 관련을 갖는 보육, 의료, 주거, 교육 등에 대해서는 등한시해 국민 스스로가 이를 해결할 수밖에 없는 쪽으로 재원 배분이 이루어져 왔다. 이른바 '경제 중시-복지 경시'의 재원 배분을 가져오게 되었으며 그 결과 화려한 재정 건전성을 유지할 수 있었던 것이다. 예를 들면, 한국의 공공임대주택 비중이 2020년 현재 9.2%로 OECD 국가들 중 아홉 번째로 낮고 국공립 병원 비중은 6.2%, 국공립 학교 비중은 55.2%로 OECD 국가들 중 최저 수준이다. 한

[그림 2-3] 정부부채 비율과 가계부채 비율

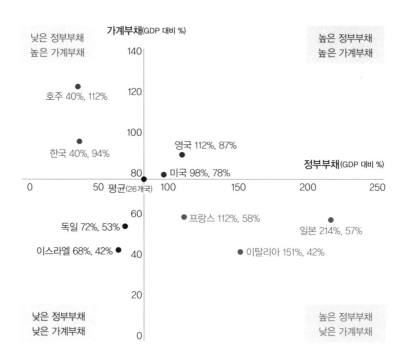

※횡축과 종축은 각각 OECD 26개국의 GDP 대비 정부부채(일반정부 기준)의 평균(86%)와 가계부채
　(76%) 평균을 중심축으로 하고 있음.

국과 비슷한 국가는 호주로, 공공임대주택 비중이 4.5%로 매우 낮
고 가계부채 비율은 112%로 매우 높은 편이다. 이처럼 정부의 재
정은 튼튼한 반면 민간 부문 특히 가계 부문 부채가 많아진 것은
앞서 말한 정부 재정의 재원 배분 경향성이 반영되어온 것이라고
할 수 있다.

　OECD 국가들을 대상으로 이러한 점을 확인하기 위해 정부부

채와 가계부채의 상호 관계를 조사해보았다. 그림 2-3은 2019년도 기준 정부부채와 가계부채의 GDP 대비 비율을 조사한 것이다. OECD 국가 정부부채 비율 평균 86%와 가계부채 비율 평균 76%를 기준으로 네 개의 그룹으로 조사해보았다. 여기서 한국과 호주는 '낮은 정부부채, 높은 가계부채'의 조합에 해당하고 일본, 프랑스, 이탈리아 등은 '높은 정부부채, 낮은 가계부채' 조합으로, 영국과 미국은 '높은 정부부채, 높은 가계부채' 조합으로, 그리고 마지막으로 독일, 이스라엘 등은 '낮은 정부부채, 낮은 가계부채' 조합으로 각각 구분된다. 물론 정부부채에는 가계 부문을 포함한 민간 부문에 의해 발생했던 경제위기에 정부 재정이 대응한 결과로 크게 증가한 부분이 포함되어 있어 앞서 상정한 인과관계가 명확하게 성립하는지는 추가적인 분석이 필요하다. 하지만 의료-공공주택-공공교육 등에 대한 재정 지출 분담 주체의 비중 여하에 따라 정부부채와 민간부채의 높고 낮음이 결정되는 과정을 고려한다면 단순하게 정부부채가 낮다고 해서, 즉 재정 건전성이 우수하다고 해서 반드시 좋은 것은 아니다. 이것은 정부와 공공이 제공했어야 할 기본적인 서비스를 민간에게 맡겨온 결과라는 것을 잊지 말아야 한다. 즉, 우리 국민들은 각자도생의 삶을 살아온 것이다.

▎가계부채발 재정 위기 가능성 체크리스트

한국경제가 과연 가계부채가 정부부채로 전이되거나 혹은 급격한 재정 지출의 증가로 재정 위기가 발생해 경제위기로 전이될 가능성은 없는지에 대해서 따져보는 것이 중요하다. 이를 위해 여러 방면에서 체크리스트를 작성해 적용하는 것이 도움이 될 것이다.

가장 먼저 고려할 것은 급격한 대외적 환경 변화가 한국경제에 심대한 영향을 미칠 가능성이다. 물론 코로나19 팬데믹 상황이 언제 끝날지 모르는 상황이지만 백신 접종, 치료제 개발 등으로 2022년에는 충분히 회복될 것이므로 한국경제에 큰 영향을 미치는 대외 환경 변화는 크지 않을 것이다. 또한 한국은 대외 순채권국이면서 막대한 경상수지 흑자국이므로 이러한 요인들 역시 정부부채의 증가가 있다 하더라도 큰 문제는 되지 않을 것으로 전망된다.

두 번째로 고려할 것은 기업부채의 급증과 이에 대한 금융 부문의 부실화 등에 따른 경제위기의 가능성이다. IMF의 2020년 「한국 금융 부문 평가 프로그램FSAP」 보고서에 따르면 국내 비금융 분야 기업의 부채 규모는 GDP 대비 약 100%에 이른 것으로 분석되었다. 그런데 이는 G5 국가인 미국, 일본, 독일, 영국, 프랑스의 평균치보다 약간 높은 수치이지만 상환 능력을 나타내는 DSR(소득 대비 원금 상환 비율) 등은 이들 선진국보다 더 낮다. 2021년 전국경제인연합회 보고서인 「민간부채 현황 및 국제 비교 한국 vs. G5」에 따르면 한국 기업의 DSR 비율은 2020년 39.7%로 G5 국가들 평균 42.7%보다 낮은 것으로 조사되었으며 2016년 대비 DSR 증가폭도 3.7%p로 G5 국가들의 6.6%p보다 현저하게 낮아 상환 능력 측면에서 우수한 것으로 조사되었다. 따라서 기업부채의 규모는 크지만 실제 상환 능력 면에서는 크게 우려할 만한 상황이 아닌 것으로 보인다.

세 번째로는 가계부채의 급증과 금융 시스템 붕괴로 인한 금융위기의 발생 가능성에 대한 점검이다. 국내 가계부채는 최근 부동산 가격의 급등으로 인해 주요 선진국보다 빠른 속도로 증가했다. 코로나19 대응 과정에서 이러한 가계부채 확대는 세계적인 추세였으며 일부 불가피한 측면이 있다.

하지만 과도한 가계부채 누적은 잠재적 리스크가 될 가능성이 있다. 이런 측면에서 대출 규모의 총액 규제뿐만 아니라 가계의 상환 능력 심사 중심의 관리 체계가 필요하다. 아울러 비은행권 및 비주택담보대출 등 금융 시스템상의 취약 부분에 대한 관리 체계를 정비해야 할 뿐만 아니라 근본적으로 주거 문제 해결을 위한 금융 지원책도 동시에 전개해야 한다. 부채 문제에 있어 가장 취약한 부분으로 간주되고 있는 가계부채 문제를 연착륙시키는 정책적 노력이 필요하다.

마지막으로 재정 부문 자체의 부채 증가에 의한 재정 위기 가능성을 점검할 필요가 있다. 국내 정부부채는 수차례의 경제위기를 극복하기 위한 과정에서 크게 증가했을 뿐만 아니라 경제 환경의 변화로 인한 세수 기반 약화 및 코로나 위기 대응 및 사회 안전 망 확충 등 재정 지출 소요 증대로 지속적으로 증가해오고 있다. 고령화가 본격적으로 도래하기까지는 몇 년의 시간이 남았지만 금방 일본과 같은 초고령사회가 될 것이라는 점, 정치 우위의 정책 결정 과정에서의 지출 증대 경향 등을 고려하면 정부부채가 앞으로도 계속 늘어날 것으로 전망된다. 하지만 2020년 국가채무비율 43.9% 중에서 금융성 채무는 17.0%이고 적자성 채무는 26.9%임을 볼 때 실제 조세 수입 등으로 상환해야 할 진성 국가채무비율은 여전히 30% 미만에 머물고 있다.

이외에도 10년 이상 장기물의 비중 증가를 통한 국가채무의 만기 구조가 보다 장기화되고 있다는 점, 국가채무의 단기 채무 비중이 2020년 현재 7.0%로 선진국 평균 21.7%보다 낮다는 점, 국채에 대한 외국인 보유 비중이 크지 않다는 점(2020년 기준 15.9%) 등은 국가신용도 하락을 방지하고 해외 자본의 이탈 가능성을 낮추는 요인이다. 따라서 한국의 경우 재정 위기에 의한 경제위기의 가능성은 낮다고 할 수 있다.

❙ 2022년 정부부채와 가계부채 전망

2022년은 여러모로 한국경제에 큰 전환점이 되는 해다. 2021년 4.0%대의 성장을 넘어서 코로나19 극복과 경제 회복이 완전히 될 수 있을지 가늠할 수 있는 해다. 코로나19 팬데믹으로 인해 소득 창출 기회가 저하되어 삶의 기반이 붕괴될 위험에 처해 있는 국민들을 적극적으로 보호해야 한다. 따라서 재정 지출이 이전보다 빠르게 늘어나는 것은 응당 당연해 보인다. 위기적 상황에서 기업부채나 가계부채 문제를 재정이 대응해서 정부부채가 늘어나는 것은 어쩔 수 없다. 이러한 위기 대응을 정부가 적극적으로 하기 위해서는 정부부채 역시 지속가능한 수준에서 관리되어야 함은 물론이다.

지금은 대통령 선거를 앞두고 향후 한국 사회를 어떠한 비전과 목표를 가지고 변화시킬 것인가에 대해 백가쟁명식의 논쟁과 정책이 제시되고 있다. 현 정부의 정책을 이어받는 정부가 탄생하든 반대하는 정부가 탄생하든 '집과 사다리'로 표현되는 자산과 소득의 격차 해소 및 공정 사회 추구와 복지 확대 정책을 외면하기는 어려울 것이다. 즉, 국민 스스로가 많은 부담을 감당하고 있는 교육, 의료, 주거복지 등에 대한 공공성을 확대하는 과정에서 재정 수입만으로 해결할 수가 없다면 어느 정도 정부부채의 증가는 불가피할 것이다. 4차 산업혁명으로 인한 새로운 산업 환경 조성 및 기후 변화에 대응한 전환적 정책 대응도 정부부채를 증가시키는 요인이다. 매년 1%씩 늘어나는 고령화 비율에 대해 사회복지 지출이 GDP 대비 1%씩 늘어나는 것은 말할 것도 없다.

정부가 해야 할 일을 마땅히 할 때 가계와 기업 부문은 각자의 소명대로 살아갈 수 있다. 기업의 체질을 튼튼하게 하고 국민의 기본적인 삶을 안정화시켜야 정부도 튼튼해질 수 있다. 정부부채와 가계부채 안정화의 지름길이 바로 여기에 있다.

03

자산 시장,
3년 연속 상승할 것인가

송홍선(자본시장연구원 선임연구위원)

┃ 한국 주식, 2년간 주요국 대비 가장 많이 올라

코로나 팬데믹이 자산 가치를 끌어올리고 있다. 그것도 2년째 전 세계 거의 모든 금융 자산의 가치가 오르고 있다. 실물경제는 코로나 위기로 위축되어 있음에도 대규모 유동성 공급이 자산 시장을 끌어올리고 있는 것이다. 그럼 어떤 자산이 제일 많이 올랐을까. 영광스럽게도 한국 주식이 47%로 가장 많이 올랐고, 미국, 일본, 유럽, 중국 순이다. 2020년에는 한국이 가장 많이 올랐고 2021년에는 미국, 유럽의 성과가 더 좋다. 국가별 차이는 유동성보다 방역 정책이 설명력이 높다. 2020년 한국의 수익률은

K방역에 대한 시장의 평가를 반영한 것이며, 2021년 미국, 유럽의 높은 수익률은 높은 백신 접종율과 확보율이 경기 회복에 대한 기대로 나타난 것이다. 유가와 부동산은 실물경제가 붕괴된 2020년 동안 상당한 마이너스 수익률을 보였지만, 경기 회복 기대를 타고 2021년에는 주식보다 높은 수익률을 기록 중이다. 채권은 제로금리 정책으로 2020년 동안 높은 수익률을 보였으나 경기 회복과 시장금리가 빠르게 오르면서 2021년에는 마이너스 성과를 보이고 있다. 마지막으로 중국 주식은 국가주의 방역으로 실물경제 충격은 크지 않았으나, 선진국보다 온건한 통화 재정 정책 스탠스를 유지함에 따라 주식 시장의 변동성도 크지 않았다.

지난 2년의 자산 시장 성과는 정상적인 경제에서 자산 시장 성과를 좌우하는 경기(순환), 기업 실적, 유동성으로 설명되지 않는다. 코로나 이전의 글로벌 경제는 경기 순환 후반부late cycle에서 하강을 준비하고 있었는데, 코로나 경제위기로 기존 경기 순환은 단절되고, 위기 관리자로서 정부에 의한 새로운 경기 순환이 만들어졌다. 앞으로 수년간 글로벌 경제는 실물과 자산 시장 충격이 나타나는 국면(1국면), 정부의 재정통화 정책으로 유동성이 공급되며 자산 시장이 반등하는 국면(2국면), 경제가 구조조정과 유동성에 반응해 경기가 회복되는 국면(3국면), 마지막으로 자생적인 경기 회복에 대응해 유동성을 회수하는 국면(4국면) 등으로 전개될 것이다. 팬데믹 위기의 특징은 시장 충격(1국면)이 한 달 정도로 매우 짧았다는 것

[표 2-1] 2020년 이후 주요 금융 자산의 수익률(%)

자산 유형	지표	2020~2021년 7월	2020년	2021년 1~7월
미국 주식	S&P500	34.9	15.3	18.8
유럽 주식	유로스톡스	10.4	−4.0	15.2
한국 주식	코스피	47.2	32.1	8.8
일본 주식	니케이	17.6	18.3	0.1
중국 주식	상해종합지수	10.1	12.6	−3.0
소매 채권	REITs	11.6	16.8	−4.3
소매 부동산	미국채 20년물 ETF	14.3	−10	27.6
환율	원·달러 환율	−0.9	−6.0	5.5
유가	서부텍사스산원유(WTI)	20.9	−20.7	55.3

※REITs는 미국 NAREIT 지수 기준

자료: 야후 파이낸스, 미국 연방준비제도 경제통계 데이터베이스, 한국은행

이다. 비전통적 통화 정책의 길을 연 2008년 위기 당시 충격이 일년 반 지속된 것과 대비된다. 글로벌 정책 거버넌스가 효과적으로 작동하며 한 달 만에 제로금리가 되고 1년 남짓 기간에 미국 GDP의 27%가 재정으로 풀리는 등 유동성 공급의 신속성, 충분성, 글로벌 공조성이 작동한 결과로 보인다. 그 결과 글로벌 경제는 충격 한 달 만에 제2국면에 진입했으며, 2021년에 들어서면서 신속하게 제3국면에 진입한 것으로 보인다.

2022년 자산 시장, 골디락스 가능할까

그렇다면 2022년은 어떻게 전개될까? 자산 시장에 참여하는 투자자로서는 3년 연속으로 안정적인 상승세가 이어지기를 바랄 것이다. 그러나 2022년은 경기와 인플레, 글로벌 불균형의 딜레마 속에서 제3국면이 연장될 가능성보다는 통화 정책과 방역 정책 등에서의 이벤트들이 자산 시장의 흐름에 중대한 영향을 미치는 제4국면에 진입할 것으로 예상되는 등, 지난 2년에 비해 정책 리스크policy risk가 큰 해가 될 것으로 판단된다. 위드 코로나로의 방역 정책 전환이나 테이퍼링 등 유동성 축소는 경기와 자산 시장 전반의 모멘텀에 영향을 미칠 것이며, 원화 환율의 순환적인 상승 압력도 국내 투자자의 해외 투자와 외국인 투자자의 국내 투자 기대수익률에 영향을 주며 지난 2년에 비해 자산 시장의 상승세를 제한할 가능성이 있다.

리스크 요인 1: '위드 코로나'로의 전환

팬데믹 이후 경제는 방역 정책에 연동되어 있다. 2020년은 이동 제한 정도, 2021년은 백신 접종율과 확보율에 따라 나라별 경제 회복 속도가 달랐다(그림 2-4, 2-5). 특히 2021년 상반기는 GDP가 팬데믹 이전 수준으로 회복되었고, 기업 실적도 빠르게 회복해 미국은 전년 동기 대비 100% 내외의 이익 폭등세를 보였다. 그런데 하반기 이후 경제는 변이 바이러스의 부정적 영향이 계속되고, 물가 목표치를 상회하는 인플레이션 압력이 지속되는 등 경기 회복의 '질'이 악화되는 모습을 보이면서 자산 시장의 모멘텀까지 약화되는 양상이다. 이런 와중에 사실상 경제 활동의 정상화를 의미하는 '위드 코로나'로의 전환 가능성은 2022년 경제와 자산 시장에 또 다른 불확실성 요인이 될 것이다.

경제 활동의 정상화는 그 자체로 경제에 긍정 요인이라고 할 수 있지만, 전환 과정에서 나타날 수 있는 불확실성 요인을 고려하면 위드 코로나로의 전환이 2021년 하반기에 약화된 경기 회복 동력을 끌어올리며 경제를 골디락스로 인도할지, 반대로 경기 회복 둔화(더블딥)와 인플레이션을 가속화할지는 단정하기 어렵다. 경제 활동 정상화로 억눌렸던 서비스 부문의 회복과 고용 확대 가능성은 위드 코로나의 긍정적인 측면이다. 그렇지만 경제 활동의 정상화는 그간 내수 경기를 떠받치던 경기 부양책의 축소, 재난지원금 등 이전소득의 감소, 그간 유예되었던 가계부채 부담의 현실화, 자산 시장을 떠받치던 유동성 축소와 금리 인상 등을 의미한다. 내수 시장 및 자산 시장을 위축하게 하는 이러한 요인들은 경제 활동 정상화에 따른 펜트업pent-up 소비와 자영업 영업 재개 등 경기 회복 모멘텀을 상쇄할 수 있다. 특히 가계부채의 부실화 위험이 상존하고 있는 한국의 경우 금융 비용 유예 정책 종결에 따른 가계채무 위험을 관리하는 것이 중요해 보인다.

[그림 2-4] 팬데믹 기간 구글 이동성 지수 변동률 추이

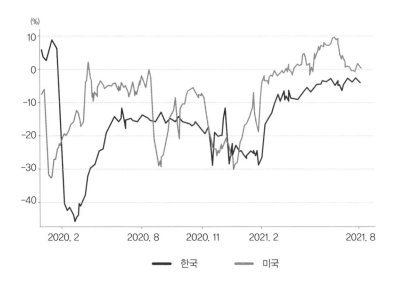

※변동률은 2020년 1월 3일부터 2월 6일까지 5주간 이동량(식당, 카페, 쇼핑몰, 테마파크, 박물관, 도서관, 영화관) 대비 해당 기간 변화율의 7일 이동평균값임.

자료: 월드인데이터

[그림 2-5] 한국과 미국의 GDP 회복 경로(실질 GDP, 2019=100 기준)

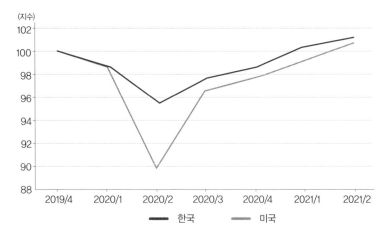

위드 코로나로 전환하는 과정에서 예상되는 글로벌 차원의 리스크로는 공급망 차질이 있다. 위드 코로나 정책은 백신 접종율과 확보율이 높은 선진국이 선택할 수 있는 옵션이며 그렇지 못한 신흥국은 2022년에도 방역과 이동 제한 등 기존 방역 모델을 반복할 것이기 때문이다. 선후진국 간 정책과 경제 활동의 비대칭적 정상화로 2022년 글로벌 경제가 K자 모양으로 불균형하게 회복할 경우, 글로벌 경제는 심각한 공급망 병목현상에 부딪칠 수 있다. 특히 베트남, 중국 등 글로벌 공급망 사슬에 깊이 연관된 아시아 신흥국들이 여기에 해당할 경우 공급 측 인플레이션 압력이 2021년에 이어 2022년에도 지속되며 선진국 경제의 회복까지 제한할 수 있으며 자산 시장에도 부정적인 요인이 될 것이다.

이렇게 볼 때 팬데믹 위기 초기 단계에서의 신속한 글로벌 경제 정책 공조가 지금까지 위기관리와 경제적 성과에 중요한 영향을 미쳤듯이, 2022년에는 백신 국가이기주의를 글로벌 차원에서 관리하는 것이 인도주의 차원을 넘어 글로벌 경제와 자산 시장의 안정적 성장에 중요한 필요조건이 될 것이다.

┃ 리스크 요인 2: 통화 정책의 긴축 전환

기대 이상의 경기 회복과 기업 실적 개선으로 강한 상승세를 보이던 글로벌 자산 시장은 2021년부터 인플레이션 우려가 현실화하며 테이퍼링과 금리 인상에 대한 경계감이 강화되기 시작했다. 2021년이 과잉 유동성이 줄어드는 4국면을 준비하는 한 해였다면, 2022년은 통화 정책의 긴축 이벤트가 실제 발생하는 해가 될 것이다. 2021년 4월 파월 의장의 인플레이션의 일시성과 테이퍼링 시기상조 언급에도 불구하고, 현재 컨센서스는 2021년 하반기에 연준이 테이퍼링을 공식화하고 연말을 전후해 실행한다는 것이다. 구체적인 시점은 이미 조건을 충족한 인플레 지표보다 회복이 더딘 고용지표 추이가 결정할 것이며, 연방실업수당 지급 중지, 개학에 따른 교육 서비스 재개 등에 따른 고용 시장의 회복 여부가 변수가 될 것이다. 한국은 이미 2021년 8월 금리 인상으로 기조 전환을 시작한 상태이며, 이처럼 통화정책을 정상화하는 흐름은 2022년에도 지속될 것이다.

미국의 테이퍼링은 팬데믹 이후 전 세계로 풀려나갔던 달러 유동성이 축소되는 신호탄이라는 점에서 글로벌 자산 시장의 흐름에 중대한 영향을 미친다. 그럼에도 테이퍼링은 그 목적이 경기의 냉각이 아니라 기대 인플레이션 약화를 통한 경제의 골디락스 달성이라는 점에서, 기본적으로 '절제된' 유동성 축소 정책이라고 할 수 있다. 그렇기 때문에 테이퍼링이 자산 시장에 일방향의 하방 리스크로만 작용하지는 않는다. 실제 2013년 테이퍼링 경험을 보면 충격은 일시적이고 장기 반응은 긍정적이었다. 일시적 충격을 주었던 테이퍼 텐트럼taper tantrum은 시장과 연준 간 소통 부족이 비용화한 것이며 전체적인 주가 흐름은 부정적이지 않았다. 테이퍼링 발

[그림 2-6] 2013년 미국 테이퍼링과 주가지수 추이

(포인트)   (국채 수익률)

테이퍼링 종료

연준, 테이퍼링 첫 언급

테이퍼링 첫 실행

2013. 2   2013. 6   2013. 10   2014. 2   2014. 6   2014. 10

━━ S&P500(왼쪽 축)   ━━ 한국 코스피(왼쪽 축)   ━━ 미국채10년(오른쪽 축)

표 직후 한 달 동안 S&P500은 5% 내외의 조정이 있었지만, 실제 실행될 때까지 7개월 동안 주가는 11% 상승했으며 금리도 0.9%p 가량 상승했다. 실행 후 테이퍼링 종료 시점인 2014년 10월까지 주가는 추가적으로 5% 상승했고 금리는 0.6%p 하락했다. 테이퍼 링 예고가 있었던 2013년 한 해 동안 미국 주가는 26% 올랐고, 실 행했던 2014년 동안 12% 상승했다. 전체적으로 테이퍼링이 물가 안정을 위해 초유동성을 적정 유동성으로 정상화시키는 과정으로 이해되었기 때문에 자산 시장에는 긍정적으로 작용했다고 볼 수 있다. 국내의 경우에는 코스피 지수가 횡보하며 하락 국면에서 테

이퍼링 충격을 받음으로써 미국보다 일시 충격이 크게 나타났지만 이후에는 회복하는 모습이었다. 결국 테이퍼링은 자산 시장에 변동성을 가져오는 요인이기는 하지만 시장 흐름을 바꾸는 정책 리스크는 아닌 것이다. 다만 지금의 글로벌 경기 회복 속도가 글로벌 금융위기 때와는 비교할 수 없을 정도로 빠르다는 점은 테이퍼링 속도와 이후 전개될 금리 인상 사이클로의 진입 시점과 관련해 추가적인 부담이 될 수 있다.

▎리스크 요인: 환율 변동과 글로벌 자산 배분

2022년은 IMF 관점처럼 백신 접종에 따라 선진국과 신흥국 간 불균형 성장이 심화할 것으로 전망됨에 따라 원화 가치의 움직임에도 주의를 기울일 필요가 있다. 동학개미 등 해외 투자의 경우 투자 시점보다 원화 환율이 하락하면 환차손으로 기대수익률이 낮아질 수 있을 것이며, 외국인의 국내 투자의 경우에도 원화 환율이 상승하면 기대수익률이 낮아져 국내 자산 순매수를 약화시키는 요인으로 작용할 수 있다. 실제 팬데믹 이후 원달러 환율은 2020년에 6% 상승(원화가치 하락)해서 동학개미 등 국내 투자자의 원화 기준 해외 투자 수익률에 마이너스 요인으로 작용하고, 외국인 투자자의 국내 주식 순매수를 약화시키는 요인을 작용했다. 2021년은 7월까지는 소폭 하락했으나, 하반기 들어 미국의 빠른

[그림 2-7] 팬데믹 전후 주요 환율 변동 추이(2019년 1월 2일=100 기준)

※달러인덱스는 100 이상이면 기준 시점 대비 강세, 위안화와 원화는 100 이상이면 약세, 100 이하면 강세를 의미한다.

경기 회복과 테이퍼링 예상 등으로 달러 강세 기조가 강화되며 위안화와 함께 원화 환율은 빠르게 상승하고 있다. 기간 전체로는 그림 2-7에서 보듯이 원화 가치는 2019년 초보다 소폭 약세를 보이고 있다.

원화 환율이 기본적으로는 국내 경기(경상수지)와 국제 금융 시장에서 달러 움직임에 의해 결정된다고 볼 때, 2022년 원화 환율은 하락(원화 가치 상승) 요인보다 상승 요인이 우세한 것으로 전망된다. 상승 요인으로는 다음의 네 가지를 들 수 있다.

첫째, 미국의 통화 정책 긴축 전환 속도가 유럽이나 일본, 중국에 비해 빠를 것으로 예상된다. 이것은 경기가 회복하는 속도의 차이

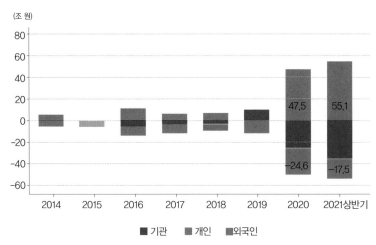

[그림 2-8] 팬데믹 전후 외국인 주식 투자(순매수) 추이

(조 원)

■ 기관　■ 개인　■ 외국인

※ 코스피 기준 순매수 금액

자료: 한국거래소

때문이다. 유럽은 경기 회복 속도가 느려 완화적 통화 정책을 한국
이나 미국보다 길게 유지할 가능성이 커서 유로화 가치의 상승은
시간이 필요해 보인다.

둘째, 실물경제 흐름에서 미국이 가장 빠른 회복세를 타고 있고,
유럽은 2022년 중에서 코로나19 이전 수준으로 회복 가능성이 있
고, 중국은 2021년 하반기의 경기 둔화 추세가 2022년 동안 반등
할 모멘텀은 확인되지 않고 있다. IMF나 OECD도 2022년 중국 성
장률을 6% 아래로 보고 있다.

셋째, 주지하듯이 원화 환율은 위안화 환율과 동조화가 강하다.
실제로 팬데믹 이후 원·달러 환율은 달러인덱스 움직임보다 위안
화·달러 움직임에 민감하게 반응하고 있다. 2022년 중국경제가

둔화세를 지속할 전망이 있어 위안화가 강세 흐름을 보일 가능성은 낮아지고 있다.

넷째, 수급 면에서 외국인 주식 투자자의 이탈 지속(2020년 25조 원, 2021년 7월 말 17조 원)이 원·달러 환율의 상승 압력으로 작용할 수 있다. 팬데믹 이후 외국인은 국내 주식 시장에서 순매도를 지속하고 있으며, 글로벌 금리 인상 우려에 따른 안전자산 선호와 원화 환율 상승에 따른 달러 기준 기대수익률 하락 등으로 외국인 주식 투자의 추세적 유입 가능성은 커 보이지 않는다.

반면 원화 환율 하락 요인은 한국의 선진국 진입이다. IBRD(국제부흥개발은행)가 한국을 선진국으로 분류 변경한 것이나 G7 정상회의 참석 등 국제사회에 높아진 위상이 '코리아 디스카운트'를 완화해 원화 가치의 상승 요인으로 작용할 수 있다. 또한 경제적 요인으로는 IMF가 최근 한국의 2022년 성장 전망을 2.8%에서 잠재성장률을 웃도는 수준인 3.4%로 크게 상향한 것은 국제 사회에서 팬데믹 이후의 한국경제의 성장 잠재력을 평가한 것으로 긍정적으로 작용할 수 있을 것이다.

04

변화를 모색하는
부동산 시장

장종회(매경비즈 대표)

▎고개 숙인 규제책, 가속 페달 밟는 지방 부동산

문재인 정부 후반으로 접어든 2021년 국내 부동산 시장은 4년
가까이 융단폭격에 가깝게 쏟아냈던 규제책의 부작용이 폭발한
시기였다고 해도 과언이 아니다. 수요 억제를 위해 대출과 다주
택에 대한 규제를 겹겹이 펼쳤지만 치솟는 집값은 잡히지 않았고
결국 당국이 고개를 숙이는 처지로 몰렸다. 7월 들어 재건축 아
파트값 상승을 막겠다며 도입한 실거주 의무제를 철회하자마자
재건축의 대명사로 불리는 은마아파트 등에서 전세 매물이 흘러
나와 일부 전셋값이 주저앉는 현상까지 나타났으니 당국으로서

는 할 말이 없게 됐다. 문재인 정부에서 4년 가까이 펼친 주택 수요 억제에 초점을 맞춘 규제 일변도 부동산 정책의 한계가 여실히 드러난 셈이다. 규제책을 섣불리 추진하던 당국도 한 발을 빼는 모양새다. 폐지를 앞뒀던 임대사업자 제도는 아파트가 아닌 경우 종전처럼 유지하는 방향으로 바꾸었고, 신규 계약에도 임대차법을 적용하려던 방안도 부작용 우려가 일자 접었다. 주택담보대출 억제책 역시 무주택자에 한해 소득 기준을 완화하는 쪽으로 틀었다.

분위기가 이렇게 바뀌니 2021년 하반기 이후 2022년까지 부동산 시장에 큰 하락이 나타나기 어려울 것이라는 관측이 우세해졌다. 5~6년 뒤에 3기 신도시 입주가 본격화하면 일시에 많은 물량이 시장에 쏟아지며 하락세가 보일 가능성이 크지만 그 사이 단기적으로는 공급 부족이 풀리기 어렵기 때문이다. 실제로 2021년 8월 들어서 주택 공급이 헛바퀴를 돌린다는 소식이 전해지자 신혼부부들까지 영끌 매수에 가세해 집값 상승률이 더 높아지기도 했다. 세금 부담이 늘어난 다주택자들도 집값이 급등하고 전월세 가격까지 뜀박질을 하니 버티기에 들어간 듯하다.

그동안 집값이 폭등한 곳은 서울과 수도권에 집중돼 있었지만 이제는 지방 도시들까지 속속 반등 여력을 키우고 있다. 주택 수급이 긴박해진 여파다. 서울과 수도권의 집값 상승이 가속도를 붙이는 과정에서 상대적으로 소외돼 2~3년간 침체를 겪던 곳들이 살아나는 형국이다. 청주, 충주 등을 비롯한 지방 도시 집값 상승에서 그런 여지가 엿보인다. 조정 대상 지역으로 지정된 곳들은 잠시 숨 고르기에 들어갔지만 전반적으로 지방 주택 시장 상승세는 이어질 가능성이 높다.

2022년에는 대선 이슈가 부동산 시장에 어떻게 반영되느냐가 가장 큰 변수가 될 것으로 예상된다. 대선은 시장에 상승 압력으로 작용할 공산이 크다. 여당이 대권을 다시 잡게 될 경우 부동산 정책 기조는 큰 틀에서 그대로 유지될 터다. 그래도 소외됐던 지방의 상승 가능성을 감안하면 최소한 집값이 큰 폭으로 하락하기는 어려워 보인다. 야당이 대권을 잡는다면 부동산 규제책이 대폭 완화될 것이란 기대감이 팽배하다. 조정 대상 지역 해제 등이 이뤄진다면 상승하는 방향으로 집값 변동폭이 커질 수 있다.

이래저래 2022년에 부동산 시장은 수도권 외곽과 지방을 중심으로 변화 모색기에 접어들 전망이다. 수년 전부터 들썩이다 상승세를 탄 구리, 시흥, 남양주, 안성 등처럼 열기가 외곽으로 퍼지고 있는 만큼 꿈틀대는 지방 시장을 유의해야 할 시점이다. 2021년 상반기 지방 아파트의 30%는 외지인이 사들였다. 지방 도시 중에서도 규제 지역에 포함되지 않는 곳을 위주로 주택 매수가 결정되는 점을 감안하면 소외지역으로 옮겨가는 수요 추세는 더 확연해질 전망이다.

▍중과세로는 집값 상승을 억제할 수 없다

최근 수년 새 부동산 관련 세금은 폭발적으로 늘었다. 당국이 부동산 적폐 청산과 집값 잡기를 목표로 다주택자 부담을 늘렸지만 현실에서는 다주택자는 물론 1주택자에 대한 세금마저 나날이 증가해 증세 방편이라는 볼멘소리가 터져 나온다. 당국이 종합부동산세 징수를 강화하는 동시에 공시지가를 시세에 근접하게 현실화하기로 한 뒤 재산세는 급격히 늘었다. 1주택자 양도세 비과세 조건이 더 까다롭게 바뀌어 장기보유 비과세 이점이 대폭 줄었다. 다주택자가 집을 팔고 최종적으로 남은 한 채에 대해 양도세 혜택을 받으려면 2년 경과 후 매도라는 조건이 추가됐는데 결과적으로 매물을 묶는 부작용을 냈다. 매물 잠김 비판이 거세지니 1주택자 장기 보유 공제를 다주택에서 1주택으로 전환된 시점부터 기산하기로 하면서 다주택 매물화를 유도하고 나섰다. 하지만 당국 계산대로 주택 소유자가 새로운 부담을 피해서 1주택 장기 보유 이점을 누리려고 하루라도 빨리 다주택을 해소하려고 할지는 미지수다. 다주택에서 1주택으로 전환한 당사자가 남은 주택 소유를 이어간다면 별다른 추가적인 타격을 입히지 못하고 오히려 남은 한 채를 매물로 내놓는 시기를 늦추는 효과만 낼 뿐이기 때문이다.

주택 매수 심리가 여전히 강하다는 점도 부담이다. 2021년 하반기에 주택 가격이 올라갈 것이라고 내다보는 수요자들이 60%를 웃돈다는 조사도 나왔다. 단기간 급등한 집값에 대한 부담감이 커진 상태지만 공급 확충이 단기간 이뤄지기 어렵다는 것을 감지한 매수자들이 여전히 많다는 방증이다. 3기 신도시 공급이 예고되어 있지만 입주하기까지는 4~5년 이상 걸린다는 점이 한계다. 서울에서 민간 주택 공급의 열쇠로 작용하는 재건축과 재개발은 여전히 규제의 덫이 강해 크게 풀리기 힘들고 임대 아파트는 애초에 공급 부족이어서 매수 심리를 가라앉히기 어려운 형편이다.

가구수가 꾸준히 늘어나는 점도 매수를 부추기는 수요 측 요인이다. 인구는 전반적으로 감소 추세로 돌아서겠지만 가구수가 늘면서 주택 수요는 계속 우상향 곡선을 그리게 될 것으로 관측된다. 이는 수도권에 국한된 게 아니고 전국적으로 나타나는 현상이다. 결국 집값 안정을 위해서는 단기적으로 시장에 매물을 늘리도록 하는 정책이 긴요한데 다주택자 중과세로만 막기가 버겁다는 얘기다. 특히 양도소득세는 집을 팔지 않으면 물지 않는 세금인 만큼 중과세한다고 해도 매물화를 압박하는 요인으로는 부족하다. 차라리 일시적인 양도세 완화를 통해 인센티브를 주는 게 매물을 내놓도록 유도하는 효과가 크다는 지적도 많은데, 주택 투자 이득에 대한 부정적 시각이 두터운 상황에서 주택 당국이 당장 취하기는 어려운 선택지다.

❙ 영향력 줄어든 금리, 따로 노는 대출 시장

글로벌 금융위기 이후 각국이 양적완화 정책과 함께 저금리 정책을 확대하면서 부동산 시장의 주요 변수 가운데 하나인 금리의 영향력이 많이 줄었다. 오랜 기간 저금리가 이어져 금리 변수는 주택 수요자들의 머릿속에 남아 있지 않은 듯 보일 정도다. 코로나19 사태가 터진 이후 유동성 공급이 확대되고 미국을 중심으로 경기가 풀리면서 물가 상승 압력마저 커져 금리 인상 가능성이 높아진 마당이다. 2021년 들어 1월에 0.6%였던 소비자물가 상승률은 5월에 이어 7월에도 2.6%로 치솟아 당국을 곤혹스럽게 만들었다. 체감물가를 나타내는 생활물가지수는 5월 3.3%를 찍은 뒤 7월에는 3.4%로 더 올라 고공행진 중이다. 거기에 가계부채가 사상 최고치에 달하면서 위기감도 커져 금리 인상 압력이 한층 거세졌다. 결국 당국은 8월 26일 기준금리를 0.25% 올렸다. 미국이 테이퍼링을 언제 어떻게 하느냐, 물가 상승이 얼마나 빨리 진행되느냐 등에 따라 추가적인 인상 가능성도 흘러나온다. 다만 전문가들 가운데는 경기 회복이 더딘 상황에서 기준금리가 파격적으로 인상되기는 쉽지 않다고 보는 이가 많다. 특히 코로나 4차 대유행이 예상보다 길어져 2021년 상반기 끝 무렵 부풀던 경기 반등 기대감이 사라진 마당이다. 내수도 악화하면서 이중침체(더블딥) 가능성이 고개를 들었고 향후 성장률도 당초 예상보다 낮아질 수 있다는 우려.

그래서인지 부동산 시장에서는 2021년 하반기에 금리 인상이 불가피하더라도 점진적인 변화에 그칠 것이라고 예측하는 쪽에 무게가 실린다. 그런 시각대로라면 금리 인상이 주택 수요를 누르는 큰 변수로 작용하기는 어렵다. 물론 당국이 물가 상승 부담을 떨치기 위해 빠른 속도로 금리 인상을 단행한다면 부동산 시장에도 큰 여파가 미칠 수 있지만 가능성이 크진 않다. 2022년 3월 대선이 코앞인 데다 재난지원금 등 재정이 많이 풀려 금리가 올라도 통화긴축 효과가 얼마나 될지 미지수다. 새 대통령이 취임하는 2022년 5월 이후에는 경제 살리기 경향도 뚜렷해질 전망이다. 당국이 2022년 상반기에 추가 금리 인상을 곧바로 이어가기 쉽지 않은 여건이 될 것이란 얘기다.

지난 2021년 7월 현재 국내 주택대출분의 평균 금리는 2.7% 안팎으로 제법 높아졌다. 가계대출이 과도하게 늘어나는 과정에서 대출 금리도 슬금슬금 상승한 것이다. 정부가 시중은행에 대출금 가산 금리를 올리도록 압박한 결과이기도 하다. 2021년 하반기에는 토지보상 자금 20조 원 가량이 시중에 풀리니 시장 내 유동성은 더 크게 늘어난다. 반면 은행이 단기 자금 조달을 위해 발행하는 CD(양도성 예금증서) 유통 수익률(금리)은 바닥을 기고 있다. 은행들이 낮은 비용으로 자금을 조달할 수 있는데도 대출 금리는 높여 격차는 커졌고, 이런 괴리는 이어질 가능성이 높다. 낮아진 조달 금리에 비해 대출 금리가 많이 높아진 만큼 다소간 기준금리 인상이 이뤄져도 시장에 당장 큰 충격을 미치진 않을 것이란 관측이다. 물론

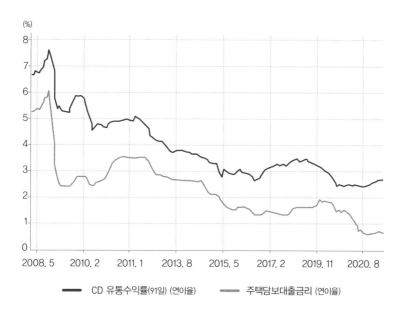

[그림 2-9] 주택담보대출 금리와 CD 유통 수익률 추이

(%)

CD 유통수익률(91일) (연이율)　　　주택담보대출금리 (연이율)

금리가 상승 추세로 방향을 튼다는 것 자체로 주택 수요자들에게 심리적 충격파가 작용할 가능성도 있다.

전국 인구는 지난 2019년 외국인 178만 명을 포함해 5,178만 명으로 전년보다 15만 명 늘었다. 서울 인구가 964만 명으로 한 해 전보다 3만 4,000명가량 줄었고 경기도는 1,330만 명을 넘어서며 19만 8,000명 늘었다. 인천광역시도 1년 새 1만 6,000명이 증가해 295만 명에 달했다. 서울, 경기, 인천을 아우른 수도권 인구가 전국의 50%인 2,589만 명이다.

주택 수요와 직결되는 가구수는 2,089만 가구로 전년보다 39만여 가구가 증가해 인구수 증가분을 앞질렀다. 인구가 줄어든 서울에서도 6만 2,000가구가 늘어 404만 4,000가구에 달했다. 경기도는 16만 4,000가구가 증가해 509만 8,000가구, 인천도 2만 8,000가구가 늘어 115만 가구가 됐다. 이 가운데 1인 가구는 614만 8,000가구로 30.2%, 2인 가구는 566만 3,000가구로 27.8%에 달했다. 1~2인 가구가 절반을 훨씬 웃돈 것이다. 국내에서는 시기별로 등락이 있지만 대략 연간 25만 가구가 늘어나 그만큼의 집이 필요한데 가구 증가가 주로 수도권에서 이뤄지니 수도권 주택 부족이 단기간에 풀리긴 어려워 보인다.

주택수는 1,812만 7,000호로 아파트 비중이 62.3%에 달했다. 전체 주택수의 45.9%가 수도권에 분포하는데 비해 인구의 절반 이상이 수도권에 거주하니 집이 부족할 수밖에 없는 실정이다. 국토 전체에서 차지하는 면적이 8분의 1 정도에 불과한 서울과 수도권이 심한 인구밀집에 시달리는 것은 당연하다. 전국적으로 20년 이상 노후 주택 비중은 48%에 달하고 30년 이상 된 주택은 18.2%다. 서울은 조금 낮아 20년 이상 주택이 45.4%이고 30년 이상 된 주택이 18.7%지만 전반적으로 절반 가까운 주택이 노후화해 새 집 선호 현상이 높을 수밖에 없다. 결국 재건축·재개발을 통한 도심 주택 공급을 넓혀야 할 필요성은 다분하다. 하지만 현실에서는 민간 재건축·재개발에 대한 규제책이 여전해 공급 부족이 지속되는 형편이다.

인구나 가구수 변동과 다른 차원에서 수도권의 단기적 주택 공급 부족도 엿보인다. 전국 아파트 입주량은 2018년 46만 3,000가

[표 2-2] 인구 및 가구 추이

연도	인구(천 명)		가구(천 가구)		
		증감		증감	증감률
2010	49,711	–	17,964	–	–
2015	51,069	2.7	19,561	1,597	8.9
2016	51,270	0.4	19,838	277	1.4
2017	51,423	0.3	20,168	330	1.7
2018	51,630	0.4	20,500	332	1.6
2019	51,779	0.3	20,891	392	1.9

자료: 통계청

[그림 2-10] 아파트 입주량 추이

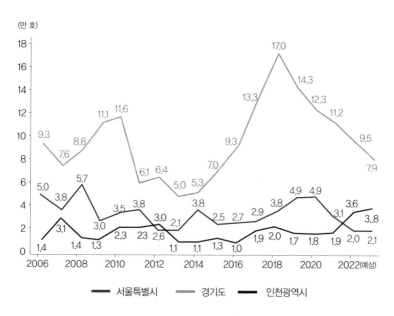

자료: 국토교통부, 부동산114, KB국민은행

구로 정점을 찍고 2019년 41만 8,000가구, 2020년 36만 가구, 2021년 28만 4,000가구(예상)로 계속 떨어지는 추세다. 2022년과 2023년에도 27만 가구대에 그칠 것으로 관측돼 공급 부족은 조금 더 이어질 수 있다. 특히 경기도 지역의 아파트 입주 물량 감소는 확연하다. 경기도에서는 2018년 17만 가구가 입주해 꼭지를 찍은 뒤 2019년 14만 3,000가구, 2020년 12만 3,000가구, 2021년 11만 2,000가구(예상)로 줄었고 2022년과 2023년에는 9만 5,000가구와 7만 9,000가구로 더 줄 것으로 예상된다. 서울은 2018년 3만 8,000가구, 2019년과 2020년 각각 4만 9,000가구로 늘어났다가 2021년 3만 1,000가구(예상)로 줄고 2022년과 2023년에 2만~2만 1,000가구로 더 감소할 전망이다.

| 하락 변수 압도하는 상승 요인들

현재 집값을 잡겠다는 주택 당국의 의지는 처절하기까지 하다. 문재인 정부가 들어선 뒤 평균 두 달에 한 번 꼴로 규제책을 쏟아부은 것이 이를 말해준다. 그럼 실제로 부동산 시장 안정에는 어떤 조건이 필요할까. 일단 수급의 균형이 필수다. 수요를 줄이든지 공급을 늘려서 간극이 크게 벌어지지 않는 게 중요하다. 수요가 지나치게 많다든가 공급이 부족해지면 집값은 불안해질 수밖에 없다. 당국이 금리, 대출 규제, 건축 허가 등 다양한 정책 도구를 활용하는 것도 따지고 보면 모두 수요와 공급을 맞추려는 방편이다. 지난 4년여 기간은 한층 빡빡해진 대출 등 수요 억제를 위한 규제책에 무게가 쏠렸다. 그럼에도 불구하고 집값이 급등하면서 이제는 그 부담감이 매우 커진 상태다. 거기에 전 세계적인 인플레이션 우려가 증폭되면서 임박한 금리 인상, 코로나19 사태 지속에 따른 경기 침체 등 집값을 아래쪽으로 누르는 요인이 늘었다.

하락 압박 요소가 많아졌는데도 집값 고공행진은 왜 멈추지 않을까. 간단히 말하자면 이 모든 하락 변수를 공급 부족이라는 요소가 압도하고 있어서다. 단기간 시장에 나올 매물이나 신규 공급 주택이 부족하다는 게 드러나니 집값이 너무 비싸졌다고 느끼면서도 가격 상승 기대는 줄어들지 않고 주택 수요를 부추기는 악순환을 반복하는 모양새다. 소비 침체로 상권이 깨지고 자영업자들이 직격탄을 맞았지만 이들이 주택 매수 주도 세력은 아니었던 터라 집값 하락을 이끌지 못했다. 현재 주택 매수는 코로나19 사태에도 불구하고 소득에 큰 타격을 입지 않았거나 부동산 상승세에 편승하지 못하면 미래가 없다고 생각하는 다양한 계층의 수요 폭증에 힘입었다. 그 과정에서 코로나19 사태로 유동성 확대가 이어진 것도 한몫을 했다.

경기 침체는 외환위기나 금융위기 때처럼 극단적으로 흐르지만 않는다면 공급 부족이라는 변수를 이기지 못한다. 인플레이션 우려를 잠재우기 위해 금리 인상이 이뤄지더라도 충격이 과도하지만

[그림 2-11] 미분양 주택수 추이

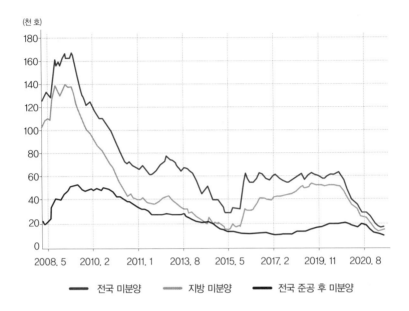

(천 호)

전국 미분양   지방 미분양   전국 준공 후 미분양

자료: 국토교통부, 부동산114, KB국민은행

않다면 집값이 크게 눌리지 않을 것이라는 관측이 우세하다. 광역 교통망 확충이 추진되는 만큼 GTX 등 철도 인프라가 더 넓게 깔리는 머지않은 미래에는 수도권 외곽에 살면서 서울을 오가며 일하는 게 한층 편해진다. 앞으로 수도권 외곽과 지방 도시에서 분산 효과가 나타나며 해당 지역 집값을 떠받칠 가능성이 높아진다는 얘기다. 지방 주택 시장이 견조해지면 서울과 수도권의 높아진 집값도 한꺼번에 큰 폭으로 하락하지는 않을 것으로 예상된다. 당분간 아파트 입주 물량이 적은 데다 전국적으로 미분양도 줄어드는 추세라는 게 이런 예측을 뒷받침한다.

용인의 경우 인구는 103만 명에 달하는데 2021년 입주 가구수가 3,000가구에 불과하고 2022년에도 2,000가구에 그칠 것으로 보인다. 집값 불안이 나타날 수밖에 없는 조건이다. 인구가 340만 명에 달하는 경남에서도 2022년 입주 가구수가 6,600가구에 그치니 가격 상승 압력이 불가피하다. 물론 대구처럼 지역에 따라서는 흐름이 다른 곳도 존재한다. 대구는 벌써 미분양 우려가 고개를 들었지만 미분양 감소세를 감안하면 지방 도시들의 가격 폭락은 현재로서는 기우에 그칠 공산이 크다. 실제로 2021년 6월 전국 집값은 5월에 비해 1.31% 올랐다. 서울이 1.01%, 수도권이 1.63%, 광역시 5곳이 각각 1% 올랐고, 지방도 0.77% 상승세를 보였다. 이전과 달리 광역시들과 지방의 상승폭 확대가 눈에 띈다. 이런 추세는 2021년 하반기는 물론이고 2022년에도 이어질 것으로 전망된다.

05

기본소득 정책,
무엇으로 재원을 마련할 것인가

우석진(명지대학교 경제학과 교수)

I 소득주도성장 정책의 실패

코로나19 이전에도 소득 불평등과 자산 불평등은 확대해왔다. 많은 보고서와 논문들이 그런 경향을 지적해왔다. 대표적인 저작으로 토마 피케티Thomas Piketty의 《21세기 자본》과 장하성 전 교수의 《한국 자본주의》를 들 수 있다. 상위 10%, 아니 1%나 0.1%의 고소득 계층의 소득과 저소득 계층의 임금 격차는 점차 확대되어 있었다. 소득의 재분배가 아니라, 이른바 소득의 1차 배분 자체가 문제라는 지적이다. 정부가 과세를 통해 소득을 다시 나눠주는 재분배 기능도 미약하지만, 그보다도 노동자 간 기술 습득의 격차, 정규직과 비정규직 간의 격차, 성별 간의 격차로 인해 재분배 이전의 노동과 자본 간의 소득 배분에서부터 큰 차이가 발생한다는 것이다.

촛불 정신으로 탄생했다는 문재인 정부는 이러한 문제를 해결하겠다고 하면서 소득주도성장의 깃발을 들고 경제 정책을 폈다. 소득주도성장은 가계 소득을 증대하는 동시에 가계 지출을 줄여 내수를 신장함으로써 경제성장을 달성하겠다는 것이다. 주요 정책 수단으로서는 최저임금 인상을 이용했다. 최저임금은 문재인 대통령 임기 초인 2017년에는 6,470원이었고, 임기말인 2022년 최저임금은 9,160원으로 결정되어 연간 7% 인상하는 데 그쳤다. 임기 초에 16.4% 올리며 시작했던 기세를 생각해보면 초라한 실적이다.

하지만 최저임금 인상으로 인한 부작용은 막대했다. 한국경제가 연 3% 성장을 하는 경우 일자리 30만 개가 순증하면 평균적인 실적으로 볼 수 있다. 최저임금이 급격하게 인상된 2018년 7월에는 전년 동월 대비 일자리가 5,000여 개 증가에 그친 바 있다. 일자리 감소에 놀란 정부는 일자리 안정 자금을 동원하고 질 낮고 고용 기간 짧은 재정 일자리 창출에 전력투구했다. 성과지표로서의 일자리 개수는 늘어났지만 그게 별 의미 없는 일이라는 것은 정책 당국도 알아차렸다. 결국에는 최저임금 인상을 멈출 수밖에 없었고, 박근혜 정부에서 4년 동안 평균 7.4% 인상한 것보다 낮은 성적표를 받아들 수밖에 없었다.

┃ 기본소득 정책과 이를 위한 재원 마련

이런 상황에서 새롭게 등장한 의제가 기본소득이다. 예를 들면 이재명 경기도지사는 모든 국민에게 연간 100만 원을 지급하겠다고 공약한 바 있다. 거기에 청년에게는 추가로 100만 원을 더 지급하겠다고 공약을 내걸었다. 싫든 좋든, 실현 가능성이 있든 불가능하든, 최소 몇 개월 길게는 몇 년 동안 대한민국에서 기본소득과 관련된 논쟁을 피할 길은 없어 보인다.

문제는 재원이다. 1인당 100만 원씩 전 국민에게 준다면 5,000만 명으로만 계산해도 연간 50조 원의 재원이 필요하다. 기본소득은 기존의 비효율적이고 효과가 떨어질 뿐 아니라 전달 체계가 복잡해 중간에 누수되는 예산이 많은 경우 장점을 발휘한다. 그렇기 때문에 기존 제도 중 효율성이 떨어지는 프로그램과 현금성 지원들을 정리해 예산을 마련하고 추가로 필요한 예산은 다른 정부 프로그램에 대한 구조조정을 통해 어느 정도 마련할 수 있다. 하지만 현재 논의되고 있는 기본소득안은 이것과는 다르다. 기존 복지 프로그램은 그대로 놓아둔 채로 새로운 재원을 마련해 기본소득을 제공하겠다는 것이다.

정책의 관점에서 보면 재원 마련의 정석은 아동수당, 양육수당, 노령연금, 근로장려금, 자녀장려금 같은 현금성 수당을 정리하고, 이를 기본 재원으로 해서 기본소득을 실시하는 것이다. 현재 시행되고 있는 선별적 현금 수당은 선별 과정에서 많은 행정비용이 소요될 뿐만 아니라 수혜자의 유인 구조에도 부정적인 영향을 줄 수가 있기 때문이다. 대다수의 수당은 일을 하지 않은 경우에 보조금을 지급하는 구조를 가지고 있기 때문에 노동 공급에 친화적이지 못하다. 근로장려금 같은 경우에는 일한 경우에 좀 더 많은 금액을 지급하는 구조이기 때문에 노동 공급 친화적인 정책이긴 하지만, 일부 소득 구간에서는 부정적인 유인 구조가 상존하는 것도 사실이다. 기본소득은 노동 공급 여부와 무관하게 보조금을 지급하기 때문에 노동 공급에 대해서 비교적 중립적이다. 그런 측면에서 기본소득은 기존 복지 체계를 대체하는 순기능을 가지고 있다.

현재 논의되고 있는 기본소득에 대한 재원 마련 대책은 크게 보면 네 가지로 분류할 수 있다. 첫째, 세수의 자연 증가분을 이용할 수 있다. 경제가 성장함에 따라서 소비, 생산, 고용 등 경제 활동이 증가하기 때문에 이를 과세표준으로 하는 조세의 경우 세법의 변화 없이도 자연적으로 증가하는 경향이 있다. 이렇게 자연적으로 증가한 세수를 기본소득의 재원으로 사용할 수 있다. 둘째, 비과세·감면을 축소하는 것이다. 국내 세제에는 기준과세 체계를 그대로 과세하지 않고 특정한 조건을 만족하는 경우에 다양한 비과세 및 감면의 혜택을 제공하고 있다. 세 부담 감면을 통해 경제적 궁핍을 완화해주고, 특정 경제 활동을 장려할 필요가 있기 때문이다. 현재 제시되는 기본소득의 경우, 비과세·감면을 대략 25조 원 정도 축소해 이를 기본소득의 재원으로 사용하겠다는 것이다. 셋째, 추가적으로 증세하는 것이다. 대표적으로는 국토보유세와 탄소세를 들고 있다. 증세 방안을 통해 기존의 복지 프로그램을 건드리지 않고 추가 세수를 통해 기본소득을 시행함으로써 기존 복지 수혜자로부터의 반발을 최소화하려는 전략이다. 넷째, 재정 지출의 우선순위를 조정하거나 지출 구조조정을 통해서 재원을 마련하겠다는 계획이다.

┃ 조세 지출, 줄일 수 있을까

여기에서는 위 재원 조달 방안 중 조세 정책을 통한 방안의 현실성을 검토해보자. 먼저, 비과세 감면을 통한 조세 지출에 대해서 살펴보자. 조세 지출이란 일반적으로 경제 발전 촉진이나 소득 재분배 등과 같은 정책 목적 달성을 위해 납세 의무자가 납부해야 할 세금을 감면해주는 것을 의미한다.[1] 조세 체계상 일반적인 원칙을 기준조세 제도로 정의하고, 이 기준에서 벗어난 납세자의 세 부담 경감을 조세 지출로 정의한다. 조세특례제한법에는 조세 지출을 조세 감면, 비과세, 소득공제, 세액공제, 우대세율 적용, 과세 이연 등으로 설명하고 있다. 좀 더 구체적으로는 직접 감면과 간접 감면으로 구분할 수 있다. 직접 감면에는 비과세, 저율 과세, 소득공제, 세액공제, 세액 감면으로 구분할 수 있다. 간접 감면은 과세 이연, 이월 과세 등으로 구분할 수 있다.

조세 지출 규모가 커지면 재정 운영에 문제가 발생하기 때문에

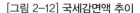

[그림 2-12] 국세감면액 추이

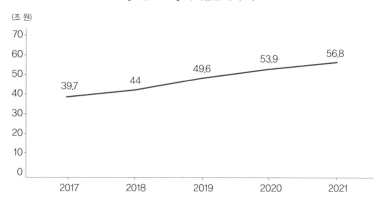

자료: 국회예산정책처, 「2021 대한민국 조세」, 2021

국내 법제에서는 국세감면율 한도제와 조세 지출 성과관리 제도를 통해서 조세 지출이 급증하는 것을 경계하고 있다. 국세감면율이란 조세 지출 총액을 감면 이전의 국세 수입으로 나눈 비율로 정의한다. 조세 지출 규모와 관련해서는 매해 국세감면율이 직전 3년 국세감면율 평균에 0.5%p를 초과하지 않도록 노력할 의무를 기획재정부 장관에게 부여하고 있다. 2010년 이후에는 국세감면율이 법정 한도를 하회했다. 최근에는 사회복지 및 산업 분야를 중심으로 조세 지출이 급증해 2019년부터는 국세감면율이 법정 한도를 초과하고 있다.

가장 최근 자료인 2021년도 조세 지출 예산서에 따르면, 2021년 조세 지출 규모는 대략 56조 8,000억 원으로 전년 대비 2조 9,000억 원 정도 증가했다. 문재인 정부 시작 연도인 2017년의 조세 지출 규모가 39조 7,000억 원이었던 것을 고려하면 굉장히 큰 폭으로 증가하고 있음을 알 수 있다.

분야별로 살펴보면, 가장 많이 증가한 부분은 19조 2,000억 원에 해당하는 사회복지 분야다. 특히 근로장려금이 1조 원대에서 4조 원대로 큰 폭으로 증가했다. 최저임금 인상으로 인한 부작용을 줄이고자 한 정책의 부작용이다. 그다음으로 증가한 분야는 15조 4,000억 원을 차지하는 산업·중소기업 및 에너지다. 특히 중소기업과 연구개발, 고용과 관련된 조세 지출이 크다.

위의 조세 지출의 내용으로부터 쉽게 유추해볼 수 있듯이 최근 조세 지출의 대다수는 서민, 취약계층, 중소기업, 고용, 연구개발과 관련된 것들이 많다. 쉽사리 조세 지출을 줄이기가 어렵다. 전통적으로 기획재정부에서 가장 줄이고 싶어 하는 항목은 신용카드 등 사용 금액에 대한 소득공제 부분이다. 3년에 한 번씩 돌아오는 조세 심층평가를 통해 일몰시키고 싶어 한다. 하지만 납세자인 근로소득자의 강한 반발에 부딪혀 매번 좌절하고 있다. 중소기업 특별세액감면도 흑자 중소기업의 세부담을 별 이유 없이 줄여주고 있지만, 중소기업의 영세성을 이유로 폐지하기 어려운 항목 중 하나다. 조세 지출 항목을 가만히 쳐다보고 있으면, 뺄 항목이 하나도 없음을 금방 알 수 있다. 특히 박근혜 정부를 거치면서 기존에 있던 대기업이 주로 받았던 임시투자세액공제 같은 조세 지출 같은 것들은 폐지되었고, 연구개발 혹은 고용과 관련해 세제 혜택을 주는 통합투자세액공제 같은 것으로 바뀌었다. 심지어 2022년 세제 개편안에는 반도체, 배터리, 백신 개발과 같은 분야의 대기업에까지도 세액 공제를 제공하는 내용이 포함되어 있다.

이러한 상황에서 어느 항목을 없애거나 줄일 것인지 좀 더 구체적으로 제시하지 않는 한, 조세 지출 감소를 통해 어떻게 25조 원의 재원을 마련한다는 것인지 이해하기 어렵다. 더군다나 조세 지출 항목 하나하나에는 이익단체들과 정치 세력이 결탁되어 있어 폐지의 필요성이 입증되더라도 입법 과정에서 좌절되는 것이 보통이다. 조세 지출 항목 수호에는 여야가 없다. 현실적으로 불가능한 제안이다.

| 국토보유세, 납세자의 동의가 전제되어야

다음 검토 항목은 신규 세목 신설을 통해 추가 세수를 얻는 것이다. 대표적인 세제가 국토보유세다. 국토보유세 도입이 필요한 이유로는 토지 보유가 불균등하다는 것과 한국의 보유세 부담이 낮다는 것이 있다. 그런 이유로 국내에서는 토지에 대한 투기가 만연해 생산적인 분야로 자원이 흘러 들어가지 않는다는 것이다. 더 나아가서 토지는 매우 희소한 자원이기 때문에 발생한 지대를 조세를 통해 흡수해야 한다는 지대론도 존재한다. 일견 들어보면 합리적으로 들린다.

현재까지 발표된 국토보유세의 특징은 개인 혹은 법인별로 토지를 합산한다는 것이다. 기존 종합부동산세의 경우 합산 배제 토지가 있었지만, 국토보유세에는 예외 없이 합산한다. 이렇게 합산된 토지에 대해서 누진세율로 과세한다.

여기에는 여러 가지 기술적인 문제들이 있다. 먼저 기존 보유세 체계하에서는 토지를 크게 종합합산과세대상, 별도합산과세대상, 분리과세대상으로 구분한다. 먼저 별도합산의 경우 생산에 사용되는 공장용 건축물의 부속 토지 같은 것이 포함된다. 차고용 토지, 보세창고용 토지와 같이 업무 또는 경제 활동에 활용되는 토지가 여기에 해당한다. 분리과세대상 토지는 전·답·과수원·목장용지, 혹은 산림의 보호 육성을 위해 필요한 임야 및 종중 소유 임야가 여기에 해당한다. 분리 대상의 경우 사용 목적에 따라 아주 낮은 세율(전·답·과수원 0.07%) 혹은 높은 세율(별장·골프장 등 4.0%)로 과세가 된다. 나머지 토지는 종합합산의 대상이 된다. 이러한 토지 분류 체계를 그대로 가져갈 것인지 아니면 하나의 토지로 보고 합산을 할 것인지 결정해야 한다. 만약 농지가 합산된다면, 그 순간에 여의도에 농민들의 트랙터를 다시 보게 될 것을 각오해야 할 것이다.

아파트 같은 공동주택의 경우에는 건물과 토지에 대해 합산한 과세표준에 대해서 과세를 하고 있다. 예전에는 아파트도 단독주택과 마찬가지로 건물분과 토지분을 나누어서 과세했다. 건물분과 토지분을 나눠서 과세를 하면 건물분의 감가상각과 같은 요인을 굉장히 복잡한 산식에 의해서 계산해야 했다. 은마 아파트의 경우 집값은 비쌌지만 대지 지분이 작아 재산세가 중형차인 소나타보다 세부담이 낮은 불합리한 점이 존재했다. 이와 같은 기존 보유세의 단점을 극복하기 위해서 현재와 같이 토지분과 건물분을 분리하지 않고 합산해 과세하는 방식으로 진화한 것이다. 하지만 국토보유세는 이러한 추세를 뒤로 돌리게 한다.

제일 중요한 것은 새로운 국토보유세 도입 여부는 전체 세부담을 고려해 결정되어야 한다는 점이다. 한국의 조세 부담은 GDP 대비 20%에 약간 못 미친다. 국토보유세로 30조를 과세한다고 하면 약 1.5%p 증가하게 된다. 담세력을 고려한다면 세부담 증가가 상당히 빠르다. 보통 보유세의 부담이 느는 경우에는 소득세에서 이를 공제하도록 허용함으로써 전체적인 세부담이 크게 늘지 않도록 하는 것이 보통이다. 예를 들면, 미국의 경우 재산세 부담 전액을 연방 소득세에서 공제하도록 허용하고 있다. 게임하듯이 국토의 가치를 산정하고 그중의 민간의 보유분을 산출하고, 여기에 세율을 적용해서 기대 세수를 계산한다고 한들 그걸 징세할 수 있는 것은 아니다. 여기에는 담세력과 납세자의 동의가 전제되어야 한다. 다수가 이득을 보기 때문에 과세가 정당하다는 논리는 다수의 횡포일 뿐 정의롭지도 공정하지도 않다.

| 기본소득, 2022년 대한민국에서 가장 뜨거운 정책 의제 될 것

탄소세의 경우도 비슷한 한계가 있다. 일단 세수가 기대했던 것과 같이 크지 않을 수 있다. 기존에 에너지 및 환경에 부과되고 있는 세금이 있기 때문에 추가적인 세수가 제한적이라는 분석이 많다. 더군다나 성공적으로 탄소세가 정착한다고 해도 탄소세는 교정세이기 때문에 과세 기반인 탄소 배출 행위 자체가 감소하면 세수입이 줄어 안정적인 기본소득의 재원으로 사용하기 어렵다.

솔직히 말하자면 기본소득을 시행하기 위한 기술 발전으로 인한 일자리의 감소 시대는 아직 오지 않았다. 일자리가 감소한 것은 소득주도성장과 같은 반시장적인 정책으로 인한 것이다. 재원 대책도 공허한 기본소득 정책이 어떻게 진행될지 2022년 한 해 대한민국에서 가장 뜨거운 정책 의제가 될 것임은 분명하다.

3부

새로운 시장과
경영 트렌드

전략적 변곡을 위한 주요 산업의
다음 스텝은 무엇인가

김호원(서울대학교 치의학대학원 객원교수)

코로나19 팬데믹이 변이 바이러스 출현과 백신 보급 지연 등으로, 당초 예상보다 길어짐에 따라 경제적 여파가 2022년 이후까지 지속될 것 같아 걱정이다. 업종 간, 업체 간 충격이 큰 차이를 보이는 가운데, 플랫폼 경제, 코인 경제 등을 향한 경제·산업 전반의 구조적 변화도 가속화하고 있다. 2022년도는 국내외 경제 환경의 불확실성이 커지는 가운데 국내 정치적으로는 '대통령 선거'라는 큰 장이 선다. 어떤 정부가 들어서고 어떤 정책 기조가 채택되느냐에 따라 국내 산업과 경제도 큰 영향을 받게 될 것이다.

3부에서는 이러한 불확실성과 혁명적 변화의 중심에 있는 디지털 플랫폼, 탄소중립 사회와 수소, 메타버스, K콘텐츠, 가상자산 시장, 그리고 미래 자동차 시장의 현황을 점검하고 미래 발전 방향과 정부 정책에 대해 살펴본다.

코로나19 팬데믹으로 인해 비대면 수요가 확대되고 플랫폼 비즈니스가 부상하고 있다. 플랫폼에 의해 산업의 가치사슬이 변화하고 메타버스 등 가상현실 기술과 접목하면서 업의 경계 자체가 모호해지는 빅블러 생태계로 진화하고 있다. 이러한 디지털 변혁의 기회를 활용하기 위해서는 업종별로 추진되는 종적 디지털 전환을 업의 경계를 넘나드는 횡적 혁신으로 전환할 필요가 있다.

플랫폼과 메타버스와 같은 새로운 디지털 생태계로의 전환이 가속화하는 상황에서 디지털 전환은 이제 더 이상 선택 사항이 아니다. 그러나 국내 산업의 디지털 전환을 돌아보면 아직 갈 길이 멀다. 정부의 관련 정책이나 기업들의 전략, 조직의 운영 원칙도 전반적으로 재점검할 필요가 있다.

조 바이든 미국 대통령이 2021년 1월 20일 취임 당일 파리기후협약 복귀 행정명령에 서명한 데 이어 7월에는 3조 5,000억 달러 규모의 친환경 산업투자 계획을 발표함으로써, 그동안 EU 중심으로 추진되어 오던 '2050 글로벌 탄소중립 실현'이 더욱 탄력을 받게 되었다.

EU는 2021년 6월에 '기후기본법'을 제정한 데 이어 7월에는 구체적 실행 방안을 담은 12개 법안 패키지인 'Fit for 55'를 발표했다. 핵심 내용인 '탄소 국경 조정 제도'는 EU로 수입되는 제품과 서비스가 EU의 탄소 배출 규정을 초과한 경우 탄소국경세를 부과할 수 있다는 내용을 담고 있다. 탄소국경세는 2023년부터 철강, 시멘트 등을 1차 대상으로 도입되어 2025년부터 본격 시행될 예정이다. 당초 반대 입장이었던 미국도 탄소국경세 도입을 추진하고 있어 이제 탄소국경세는 조만간 현실이 될 전망이다.

한국 정부도 이러한 세계적 흐름에 부응하기 위해 2021년 8월 탄소중립 시나리오 초안을 공개했으나, 그 방향성과 내용에 대해 과도하게 현실성이 떨어진다는 평이다. 2022년 5월에 탄생할 신정부는 산업계와 관련 전문가들의 폭넓은 의견 수렴을 거쳐 이념보다 실용적 관점에서 현실적인 밑그림을 제시해야 할 것이다. 국내 관련 업계에서는 막대한 비용 부담, 기술력의 부족 등 큰 어려움이 예상되지만 친환경 패러다임 확산이라는 대전환기를 또 다른 기회로 활용하려는 적극적인 자세가 필요하다. 그리고 탄소중립 실현 과정에서 수소 산업이 큰 역할을 할 수 있게 지속적으로 육성해나가야 할 것이다.

세계적 아이돌그룹 BTS가 '다이너마이트' 뮤직비디오를 포트나이트라는 게임플랫폼에서 최초 공개했다. 가상 세계 속의 무대는 실제 콘서트장을 방불케했으며 이용자들은 스크린에서 나오는 뮤직비디오에 맞춰 자신의 부캐(캐릭터)로 안무를 따라 췄다. 바야흐로 메타버스의 시대가 도래했다고 해도 과언이 아니다.

2021년 메타버스가 크게 관심을 받은 직접적인 이유는 미국 로블록스의 상장과 한국 제페토의 인기를 들 수 있지만, 그 배경을 살펴보면 코로나19로 인한 사람들의 탈출 욕망, 5G 기술의 확대, 그리고 한국 정부의 적극적인 육성 정책이 큰 영향을 준 사실을 알 수 있다. 이제 메타버스는 단순한 게임을 넘어 메타버스 경제, 더 나아가 새로운 세상을 열어갈 전망이다.

코로나19 위기에서도 세계 시장에서 K콘텐츠는 눈부신 성과를 보였으며 '3차 한류'의 흐름을 유지하고 있다. 관객을 물리적인 공간에 모아서 대면 서비스를 제공하는 영화나 공연의 경우 직격탄을 맞았으나 넷플릭스 등 글로벌 플랫폼을 통한 K드라마, K무비의 세계적인 보급은 크게 증대되었다.

그러나 K콘텐츠가 글로벌 OTT Over The Top의 제작 하청기지로 전락하지 않기 위해서는 국내 OTT의 글로벌 진출이 요구되는 시점이다. 자본, 인력, 글로벌 네트워크 등에서의 열세를 극복하기 위한 국내 OTT들의 분발이 요구된다. 최근 무서운 성장세를 보이고 있는 K웹툰의 성과에서 우리는 그 가능성을 보게 된다. 콘텐츠마다 특성은 다르지만, 글로벌화가 중요해진 콘텐츠 시장에서 플랫폼의 주도권 확보는 이제 생사의 문제와 직결되기 때문이다.

국내 가상자산 거래 규모가 2021년 상반기에만 4,000조 원으로 장내 주식 시장 거래 규모에 육박할 정도로 엄청나게 커졌다. 그렇지만 국내 가상자산 시장은 여전히 소용돌이 속이다.

2021년 5월 20일 '특정금융거래정보의 보고 및 이용 등에 관한 법률(특금법)' 개정안이 시행됨에 따라 가상자산 거래소들은 2021년 9월 21일까지 시중은행으로부터 발급받은 실명 확인 입출금 계좌를 필수로 갖추어야 한다. 암호화폐 거래소 63곳 중 과연 몇 곳이 최종 심사를 통과할 수 있을지 귀추가 주목된다.

한편 2022년부터는 가상화폐 양도차익에 20%의 양도소득세가 부과된다. 투자자 보호 등 관련 정책과 시장 인프라가 완비되지 않은 상황에서 과세부터 시행해 자산이 대규모로 해외 반출이 되지 않을지 우려가 제기되기도 한다.

정부는 지나친 시장 통제에만 치중하고 있는 것은 아닌지, 정책의 우선순위는 제대로인지 살펴보아야 한다. 주요 국가들의 전향적인 대응 노력을 참고하면서 가상자산 시장의 건전한 생태계를 조성하는 데 앞장서야 할 것이다.

미래 자동차 시장의 세 키워드는 전기차, 수소차, 자율주행차다. 이 자동차 시장을 두고 관련 업계가 어떤 지도를 그려나갈지 관심거리다.

여전히 규모의 경제가 지속될 것으로 보이는 전기차 시장은 혁신의 아이콘 테슬라가 앞서갈까, 아니면 이미 가치사슬을 구축하고 있는 전통적 대형 자동차 업체들이 우위를 점하게 될까? 전기차와 수소차 중 미래차의 패권은 누가 차지할 것인지, 각각의 우위 영역이 명확한 점에 비추어 시장을 양분할 것이지도 관전 포인트다. 자율주행차의 주도권은 또 누가 가지게 될 것인가, 글로벌 플랫폼 기업인가, 아니면 기존 자동차 업체인가? 2022년도는 장기적으로 하락 추세에 있는 한국경제의 전략적 변곡점이 절대 필요한 시점이다. 그러기 위해서는 코로나 팬데믹뿐 아니라 디지털 전환, 기후변화에 대한 대응, 미중 기술 패권 경쟁 등 전 세계적 위기에 선제적으로 대응하는 한편 국내 산업의 구조적 문제점을 해결해나가야 한다.

새롭게 출범하는 신정부는 한국경제에 대한 현상과 경제적 패러다임의 대전환이라는 시대적 상황을 정확히 진단해, 경제 정책 기조의 대전환을 통해 민간 중심의 산업 생태계를 조성해나가야 할 것이다.

01

디지털 플랫폼 트렌드와
종횡무진형 디지털 전환

김준연(소프트웨어정책연구소 책임연구원)

Ⅰ 코로나19 위기에 더 주목받는 디지털 플랫폼 비즈니스

코로나19로 인해 경제 상황이 나빠지는 상황에서도 플랫폼 기업
들은 오히려 도약의 전기를 맞이하는 역설적 상황이 발생하고 있
다. 세계경제포럼wef도 향후 10년간 새로운 가치의 60~70%는
데이터와 플랫폼에서 창출될 것으로 전망하고 있다. 엑손모빌,
GE, 페트로브라스 등 에너지와 금융 분야의 전통 기업들이 선도
했던 10년 전과 달리 현재는 구글, 애플, 페이스북, 아마존 및 마
이크로소프트와 같은 디지털 강자들과 테슬라, 우버, 에어비앤비
등 신흥 플랫폼 기업들이 글로벌 경제를 이끌고 있으며, 국내에

[표 3-1] 2009년, 2020년 전 세계 시가총액 상위 10위 기업

2009년 시가총액 상위 기업			2020년 말 시가총액 상위 기업	
순위	기업명(국가)	업종	기업명(국가)	주요 사업 현황
1	페트로차이나(중국)	석유	애플(미국)	스마트폰, 앱스토어
2	엑슨모빌(미국)	석유	아람코(사우디아라비아)	정유
3	마이크로소프트(미국)	IT	마이크로소프트(미국)	OS, 클라우드
4	중국공상은행(중국)	금융	아마존(미국)	전자상거래, 클라우드
5	월마트(미국)	유통	알파벳(미국)	검색엔진, 모바일OS
6	중국건설은행(중국)	금융	페이스북(미국)	SNS
7	BHP그룹(호주)	자원	텐센트(중국)	인터넷 포털, 게임
8	HSBC홀딩스(영국)	금융	테슬라(미국)	자동차
9	페트로브라스(브라질)	석유	알리바바(중국)	전자상거래
10	알파벳(미국)	IT	버크셔해서웨이(미국)	투자

※2019년에는 시가총액 상위 10개 기업 중 7개가 플랫폼 기업

도 네이버와 카카오 이외에 우아한형제들(배달의민족 438위), 컬리 (마켓컬리 496위) 등 신흥 플랫폼 기업들이 500대 기업에 신규 진입 했다.[1]

I 업의 경계를 넘는 빅블러와 새로운 경쟁의 법칙

모바일이 삶의 깊숙한 곳까지 들어오면서 온라인과 오프라인 사이의 담은 진작 무너졌고, 지금 세상은 판매와 유통 등 업종 간

결합 또는 산업과 산업의 연결이 순식간에 이뤄져 업의 경계 자체가 모호해졌다. 동종 업계라는 말이 무색할 정도로 산업 간의 구분이 흐릿해지다 보니 산업별 가치사슬이라는 개념조차 이제는 옛말이 된듯하다. BMW와 벤츠의 경쟁 상대는 차를 한 대도 만들어보지 않은 우버이고, 이마트와 동네 슈퍼마켓의 경쟁 상대는 포털 업체인 네이버라는 말이 이러한 트렌드를 반증한다. 사실 은행 대신 핀테크 앱으로 송금하고, 하다못해 점심을 먹을 때도 음식점이 아니고 배달 앱으로 해결하는 일상이 이미 낯설지 않다.

디지털 기업들은 기존 비즈니스에 플랫폼을 결합하는 방식으로 다양한 가치를 엮어 새로운 가치로 산업의 경계를 허물며 압도적인 경쟁력으로 시장을 선점한다. 또한 빅데이터와 IoT, 인공지능과 블록체인 기술로 공급과 수요의 가치사슬 전반을 관리할 수 있게 되면서 선형적 가치사슬은 네트워크 형태로 진화하고 있다. 전통 제조업인 자동차 산업이 전기차, 자율주행, 카셰어링, 커넥티드 카 등 스마트 모빌리티 형태의 플랫폼과 네트워크형 가치 체계로 전환된 것이 대표적이다. 스타벅스의 경우, 미국에서만 2,340만 명 이상이 20억 달러(약 2조 4,000억 원)도 넘게 충전해서 모바일 결제 시스템인 사이렌 오더를 이용한다. 웬만한 미국 중소 은행보다 많은 현금 보유액이다. 스타벅스는 이 예치금으로 실제 오프라인 은행 지점을 개설해서 글로벌 핀테크 비즈니스에 뛰어들었다. 전통적인 업의 경계는 이렇게 플랫폼에 의해 허물어지고 업의 경계를

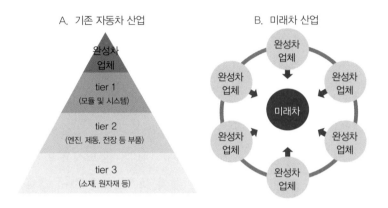

[그림 3-1] 선형적 가치사슬(왼쪽)에서 가치 네트워크(오른쪽)로 전환 중인 스마트 모빌리티

A. 기존 자동차 산업

완성차 업체

tier 1
(모듈 및 시스템)

tier 2
(엔진, 제동, 전장 등 부품)

tier 3
(소재, 원자재 등)

B. 미래차 산업

완성차 업체

완성차 업체

완성차 업체

미래차

완성차 업체

완성차 업체

완성차 업체

자료: 딜로이트(2020), 한국은행(2021)

넘는 혁신이 주도하는 세상, 즉 빅블러의 새로운 국면으로 전환되고 있는 것이다.

기존에 경쟁이라 하면 가격, 품질 그리고 서비스 경쟁이 주된 내용이었다. 그러나 이제는 저렴한 제품을 시장에 들이미는 형태의 대량 생산 시대의 경쟁은 가고, 빅블러 시대의 새로운 경쟁이 펼쳐지고 있다. 이 게임은 경계 밖에서 넘어온 경쟁자들과 경쟁을 해야하며, 소비자들에게 다양한 형태로 가치를 전달하는 경쟁이 주가된다. 이 경쟁은 개별 제품과 서비스의 경쟁을 넘어 생태계 차원의 경쟁이며, 기업과 경영 관리 차원을 넘어 플랫폼 경쟁이자 새로운 가치의 구성 경쟁이다. 이것이 지금 국내 산업과 경제가 직면한 새로운 경쟁의 핵심이다.

｜ 가상과 현실의 융합이 창조하는 새로운 문명, 메타버스의 미래

세계적 아이돌그룹 BTS도 '다이너마이트' 뮤직비디오를 포트나이트라는 게임 플랫폼에서 최초 공개했다. 가상 세계 속의 무대는 실제 콘서트장을 방불케 했으며, 이용자들은 스크린에서 나오는 뮤직비디오에 맞춰 자신의 아바타로 안무를 따라 췄다. MZ세대들은 이 가상 공간에서 구찌와 샤넬 핸드백을 구입하기도 하고 운전면허 없이 차를 몰고, 시간과 공간의 제약 없이 모여 수다를 떤다. 딴 세상 이야기처럼 들리지만 존재하는 가상의 세계, 즉 가상으로 확장된 물리적 현실과 물리적으로 영구화된 가상 공간이 융합되어 나타난 문명의 장[2]이라는 메타버스가 펼치는 신풍경이다. 미국 대통령 바이든이 후보 시절 바이든 로고를 간판이나 티셔츠로 제작하면서 MZ 세대에 대통령을 홍보했던 공간도 바로 메타버스 플랫폼인 '동물의 숲'이다.

최근 스마트폰과 오큘러스, HTC 바이브, 기어와 같은 VR 기기의 발전으로 현실과 가상의 다양한 객체들과 상호작용이 가능해지면서 메타버스의 신세계가 우리의 일상 속으로 한발 더 다가왔다. 가상 세계에서 자신을 대표하는 부캐, 즉 아바타는 메타버스에서 현실과 다른 능력과 소통의 방식으로 다양한 콘텐츠를 생성하며 메타버스의 세상을 이끈다. 모바일, SNS와 콘텐츠 소비에 익숙한 MZ 세대가 다양한 밈meme[3]들과 콘텐츠를 생산하며 온라인 생태계에 영향력을 끼쳐왔는데, 이제 이들의 영향력이 가상 세계에까지 진출해서 보다 풍성한 콘텐츠로 진화하고 있는 것이다. 향후 태생부터 여러 개의 가상 세계를 오가며 생활하는 메타버스 네이티브 세대가 등장한다면, 메타버스는 커뮤니케이션 채널을 넘어 미래 그 자체라고 할 수도 있을 것이다.

네이버Z가 2018년에 출시한 메타버스 플랫폼인 제페토는 한국 인구보다 많은 2억 명의 사용자를 확보했고 어스2earth2, 디센트럴랜드Decentraland 등은 가상의 부동산을 거래한다. 이들이 거래하는 가상의 부동산은 현실경제에서처럼 가격이 등락하고 화폐 교환이 가능해 투자 자산으로서 가상 부동산에 투자하는 펀드도 출시됐다. 한편 기존 전통 산업과의 융합도 활발하다. 메타버스가 기존 산업과 융합하며 새로운 풍경을 만들어내기도 한다. 현대자동차는 북미, 인도, 유럽 직원들과 VR을 통해 신차 품평회를 했고, 에어버스와 보잉도 AR을 활용해 항공기 정보, 매뉴얼 확인 등 작업 시간을 단축하고 생산 효율성도 높이고 있다. 세계 1위 방산 기업 록히드마틴은 매뉴얼, 도면부터 설계 이미지, 각종 수치까지도 허공에 뜬 홀로그램(3차원 입체 영상)을 만지면서 돌리고, 현장에 있는 직원과도 원격으로 소통하는 방식으로 유인 우주선 오리온을 조립하고 있고, 석유 업체 셰브런chevron의 직원들은 재택근무하며 석유 개발 현장을 원격으로 확인하고 있다. 이렇게 메타버스가 본격적으로 확산하고 있는 지금, GAFAMGoogle, Apple, Facebook, Amazon, Microsoft와 같은 기존 기업의 혁신과 다양한 신생 기업의 참신한 도전, 그리고 더 다이내믹하게 전개될 기존 전통 기업들의 디지털 전환은 향후 매우 흥미로운 관전 포인트가 될 것이다.

▎갈 길이 먼 국내의 디지털 전환

플랫폼과 메타버스 같은 새로운 디지털 생태계로의 전환이 가속화되는 상황에서 디지털 전환은 이제 선택이 아니고 필수, 즉 죽느냐 사느냐를 결정하는 생존 전략 그 자체다. 그러나 국내 산업의 디지털 전환을 돌아보면 아직 갈 길이 먼 것이 현실이다.

제조 현장에서 산업의 스마트화에 편승하고자 디지털 공장 도입을 서두르고 있으나, 최근 산업자원부가 국내 10대 업종, 500개 기업을 대상으로 디지털 전환의 성숙도를 조사한 자료에 의하면, 유통 등 극히 일부 업종을 제외하면 대부분은 아직 준비, 도입 등 초기 단계에 머무는 것으로 나타났다.

국내 산업의 디지털 전환이 지체되는 가장 큰 원인은 세 가지다.

첫째, 역량 부족의 문제다. 제조 공장을 스마트화하고 싶어도 중소기업은 디지털 인재 수급이 어렵고 1회성 외주 용역으로 구축하면 추후 시스템 유지 보수가 어려워진다. 한 중소기업 CEO 인터뷰에 의하면 "스마트 공장은 사후 관리가 중요한데, 대부분 하청으로 개발한다. 하청업체가 없어지면 다시 돈을 들여 개발해야 했다"며 "솔루션 업체 중 1년 하고 없어지는 업체도 많으며, 스마트 공장을 한 소기업 가운데 60~70%는 (솔루션) 사후 관리가 없다"고토로한다.[4] 정부는 주로 디지털 공장 도입의 비용을 지원하거나 스마트 공장 수요 기업과 공급 기업에 인공지능 기술을 중계하고 있으나, 특정 공정의 부분 최적화 수준에 머물고 있다. 국내 중소기업의 디지털 역량을 끌어올리는 전략이 시급하다.

둘째, 효율성 중심의 디지털 전환도 문제다. 2014년 이래로 지원된 스마트공장 대부분이 공정효율과 불량률 감축 등의 스마트화에 초점을 두고 있어 업의 경계를 넘는 과감한 융합형 전환과는 거리가 있다.[5] 대·중견 49개사, 중소 1,296개사를 대상으로 조사한 자료(한국산업기술진흥원, 2020)에 의하면, 스마트화 추진 기업이 9.7%인데, 그중 약 20%인 2.1%만이 디지털 전담 조직을 보유했다. 스스로 고도화할 수 있는 역량이 턱없이 부족하다는 의미다. 스마트화가 공정의 효율성 제고만을 타깃으로 진행되면 산업 융합을 위한 데이터의 공유와 활용에 제한적일 수밖에 없다. 최근 정부가 지원하는 제조업의 데이터 수집과 분석 플랫폼(예를 들어 KAMP), 데이터 바우처 사업, 빅데이터 기반 서비스 개발 R&D 지원 등은 융합형 혁신을 견인한다기보다 개별 기업과 산업 차원의 데이터 수집에 더 가깝다. 디지털 전환으로 공정의 스마트화를 넘어 새로운 비즈니스와 가치의 창출까지 나아가야 빅블러 시대의 진정한 경쟁력을 담보할 수 있을 것이다.

셋째, 융합의 꽃인 산업 데이터의 활용이 저조하다. 공공 데이터 포털data.go.kr의 데이터셋 9,048건 중 35.4%만이 10건 이상 이용되는 상황이다.[6]

인공지능이나 공간 데이터 등 신산업 육성에 핵심적인 데이터는 주요국에 비해 개방 수준이 낮고, 공공 데이터의 활용도 저조한 상황인데 그 이유는 데이터 활용의 인센티브 기제가 작동하지 않기 때문이다. 이에 해당하는 사례가 진료정보교류사업(마이차트)이다. 6,477곳의 병원에 의료 정보 교류 인프라EMR를 구축했으나, 의료보험 수가 가산 등 데이터를 활용함으로써 받을 수 있는 인센티브가 없다 보니 실제 산업 현장에서 이용이 극히 저조한 것이 어쩌면 당연하다.[7]

❙ 융합의 꽃, 데이터와 플랫폼으로 승부하라

코로나19의 대유행은 비대면 수요의 확대와 플랫폼 비즈니스의 부상을 촉발시켰으며, 전통적 가치사슬에도 근본적인 변화를 만들고 있다. 이러한 디지털 변혁의 트렌드를 기회의 창으로 활용하기 위해서는 기존의 규제와 가치의 전제가 되는 업의 개념과 범위를 유연하게 확장하고, 업과 업의 경계를 넘나드는 디지털 혁신, 즉 종적(산업 내)·횡적(산업 간) 혁신을 병행하는 종횡무진형 디지털 전환의 전략이 필요하다. 검색, 금융, 쇼핑과 증권이 연결되면서 확장하는 네이버의 서비스, 소액 송금에서 출발해, 금융과 부동산, 유통을 연결하고 있는 비바리퍼블리카의 토스, 전자상거래와 유통에서 출발해 넷플릭스와 같이 콘텐츠 플랫폼으로 도약하는 쿠팡이 좋은 사례일 것이다.

융합의 꽃은 데이터다. 산업의 경계를 종적·횡적으로 연결하는 핵심 자산인 데이터의 수집, 공유, 거래의 생태계 조성을 위해 이를 관리하고 감독하는 신뢰할 수 있는 기구가 필요하다. 여러 은행 계좌를 한 번에 조회하고, 결제, 송금 등을 간편하게 할 수 있는 금융결제원의 오픈뱅킹이 좋은 사례다. 이 서비스는 정부가 2019년 12월부터 '금융결제 인프라 혁신 방안'의 일환으로 기업과 은행이 표준API Application Programming Interface 방식으로 자금 이체, 조회 기능을 제공하도록 하면서 가능해진 서비스다. 누구나 은행 데이터를 이용할 수 있게 되면서 사용자가 여러 은행을 갈 필요가 없어졌으며, 수수료가 10분의 1로 떨어졌다. 무엇보다 핀테크의 다양한 서비스가 창출된 점에서 데이터의 개방과 활용으로 혁신을 창출한 사례라 할 수 있다.

또한 민간이 기술을 제공하고 공공 기관이 인프라를 제공해서 데이터가 축적되고 활용되면 그 자체가 훌륭한 융합 플랫폼이 되어 새로운 비즈니스와 일자리를 창출할 수 있다. 대중교통 수단과 금융이 연결된 서울시 교통카드가 좋은 사례다. 서울시는 교통 인프라를 제공하고, 민간 기업들이 특수목적법인을 만들어 기술을 제공하면서 2021년 현재 약 34개국 60개 도시·기관에 8,000억 원 규모의 85개 사업을 수출하기도 했다. 이런 방식으로 의료, 환경, 복지, 행정 등 다양한 분야에서 민관 협력형 공공 플랫폼이 탄생할 수 있을 것이다.

규제와 제도 역시 개선의 대상이다. 산업별로 형성된 제도와 규제를 개선하기 위해서는 업의 경계를 넘는 횡적 융합의 사업별로 구체화하는 방향으로 개선해야 한다. 예를 들어 공유 모빌리티인 타다와 타다 플러스는 데이터 비즈니스로 운송 이외에 다양한 비즈니스가 창출되는 형태인데도 기존의 택시와 같다고 여객운수사업자법으로 규제해 실패한 측면이 있다. 그러나 온라인뱅킹은 정부가 기존 은행법과 다른 '인터넷은행전문법'을 신설했기 때문에 카카오뱅킹 등 다양한 온라인 뱅킹과 관련 서비스가 등장하게 된 것이 대표적이다. 특히 최근 금융권의 경우 카카오나 토스처럼 부동산, 결제, 커머스 등 다양한 혁신 기업의 진입으로 경쟁이 치열해졌는데, 기존 금융권은 금융업에 특화된 규제에 묶여 혁신이 어려운 실정이다. 따라서 포지티브 규제냐 네거티브 규제냐의 논의에서 벗어나서 새로운 비즈니스에 걸맞은 적절한 규제를 신속하게 만드는 것이 기존 사업자도 디지털 전환을 할 수 있고, 신규 사업자도 새로운 서비스에 도전하게 하는 방안이 될 수 있다.

지역 균형 발전 차원에서 전국에 흩어져있는 클러스터형 산단, 공단도 디지털 전환과 플랫폼화의 좋은 토대다. 다만 그간 개별 공장의 디지털 공장 도입 시에 직접 비용을 지원했거나, 적용의 범위를 공정 자동화에만 치중했다면, 이제는 전문 디지털 공급 기업을 중심으로 공장과 공장, 산단과 산단을 디지털과 데이터로 엮어 가치를 창출하는 데에 방점을 두어야 할 것이다. 정수기 청소와 필터 교환을 전문 코디네이터가 해주는 것처럼, 제조 현장이 디지털 공급 기업의 전문 서비스를 받을 수 있어야 시스템의 사후 관리 문제를 해결할 수 있을 것이다. 한편 산단, 공단의 공통 서비스도 디지털 혁신의 좋은 대상이다. 공단의 전력 관리를 스마트화해서 남는 전기를 참여 기업과 공유하는 디지털 서비스가 좋은 사례다. 공통 부품의 제조, 물품의 구매와 발주, 회계와 인사 등 영역으로 확장도 가능할 것이다. 산단과 공단의 스마트화는 해외로 나간 국내 기업들의 리쇼어링도 촉진할 수 있어 국내 일자리 창출에도 기여할 수 있을 것이다.

마지막으로 기업도 기존의 선형적 성장 전략을 바꿔야 한다. 전통적 성장은 특정 시장을 목표로 삼고, 진입→성장→확대의 선형적 모델인데, 종횡무진형 빅블러를 지향하는 기업의 경우, 다양한 산업의 영역에 씨앗(투자)을 파종하고, 사업이 가시화되는 상황에 맞춰 사업 간 재조합과 심지어 기업의 지배구조까지도 재편하면서 기회를 발굴하는 전략을 구사한다. 구글과 아마존은 물론이고, 네이버가 불모의 웹툰에 투자해서 최근 세계적으로 인기를 끌고 있는 사례가 대표적이다. 이는 역으로 기존 영역(업)에만 천착해 선형적 성장 전략을 고집하면 디지털 대전환과 빅블러로의 생태계 변화에서 도태될 수 있음을 시사한다.

조직의 운영도 다르게 해야 한다. 중앙 통제가 가능한 전통 기업과 달리, 플랫폼은 운영자(드라이버)와 참여와 이탈이 자유로운 파트너(모듈러)로 구성된 느슨한 협업 구조다. 이렇게 수많은 파트너와 플랫폼으로 비즈니스하기 위해서는 철새 무리가 부딪치지 않고 비행하며, 포식자를 피하기 위해 일사분란하게 방향을 바꾸며 추는 군무의 작동 원리나 규칙 같은 것이 필요한데, 그 핵심은 매우 명쾌하고 간명한 규칙이다. 예를 들어 전통 숙박 기업인 힐튼 호텔은 두꺼운 한 권의 책으로 구성된 운영과 통제의 가이드가 있는 반면, 플랫폼 기업인 에어비앤비는 호스트 얼굴 공개, 지역주민만 호스트 가능, 항상 새 비누 준비와 같은 간단한 규칙으로 수많은 파트너가 하나의 플랫폼에서 효율적으로 작동한다. 카카오의 수많은 이모티콘도 복잡한 심사와 평가를 거치는 것이 아니고, 외부의 창작자들이 스스로 매우 단순하고 정형화된 원칙에 따라 제작해서 게재한다. 플랫폼과 빅블러를 지향하기 위해서는 이제 복잡하고 정교한 가이드보다 간명한 원칙simple rule과 이를 운영할 수 있는 역량이 더 중요해지고 있다.

02

2050 탄소중립 사회의 문을 여는 열쇠, 수소

우경봉(한국방송통신대학교 무역학과 교수)

┃ 수소 에너지, 친환경 패러다임의 시작

세계 각지에서 지구온난화에 의한 심각한 기상이변이 연이어 발생하고 있으며, 그린스완green swan(환경 재난에 의한 경제위기)을 회피하기 위해 각국 정부 및 주요 기업은 대책 마련을 서두르고 있다. 그 노력의 대표적인 것이 2015년 12월 파리기후협약Paris Agreement으로 한국, 미국, 중국, EU 등 195개국 정상들이 2100년까지 지구 평균 기온 상승을 섭씨 2도 이하로 억제하기 위한 행동을 취하겠다는 내용에 동의했다. 하지만 2018년 발행된 기후변화에 관한 정부 간 협의체IPCC 특별 보고서는 파리기후협약의 내용으로는 지구온난화에 의한 기상이변을 억제하기에는 역부족이며, 2100년까지의 기온 상승폭을 1.5도 이내로 한층 더 낮추어야 한다는 내용을 발표했다. 보다 적극적인 지구온난화 문제 대응을 촉구한 IPCC의 제안은 큰 반향을 일으켰으며, 이를 실현하기 위해 2050년까지 글로벌 탄소중립carbon neutral이 필요하다는 공감대가 확산되었다. 그 결과 2019년 12월 EU가 2050년까지 탄소중립 실현을 선언했으며, 2020년 7월 애플은 2030년까지 직접 출시하는 완성품뿐만 아니라 납품되는 모든 부품에도 탄소중립 실현을 선언했다. EU와 애플의 탄소중립 선언은 글로벌 각 지역과 주요 기업들의 동참 선언을 이끌어냈으며, 한국은 2020년 10월 대통령의 국회 시정연설에서 2050 탄소중립 선언을 발표했다.

지구온난화 대책의 핵심은 이산화탄소(탄소) 배출을 줄이는 것이며, 이와 관련된 종합적인 노력을 탄소중립 실현으로 표현할 수 있다. 탄소중립이란 친환경 기술 개발 등을 통해 기존 작업 공정에서 최대한 탄소를 배출하지 않으며, 만약 탄소를 발생시켰다면 그만큼을 다시 흡수하는 대책을 실행해 최종적인 탄소 배출량을 0으로 맞추는 것을 의미한다. 발생된 탄소를 재흡수하는 대표적인 행동은 숲을 조성하는 것이며, 이런 까닭에 탄소중립은 종종 넷 제로net zero라는 영어 표현과 같은 의미로 사용된다. 탄소중립 사회를 단순화해 표현하자면 태양광, 풍력, 수력, 지열 발전 등과 같은 친환경 재생에너지 인프라에서 생산된 전기를 생산, 조립, 운송, 사무 등의 기업 활동 및 각 가정에서 사용하는 것이다. 기업 활동에 탄소를 배출하지 않는 재생에너지만을 사용한 경우 RE100 기업이라는 표현을 사용한다.

세계 주요 지역 중 가장 먼저 2050 탄소중립을 선언한 EU는 재생에너지의 활용과 보완 관계에 있는 수소 활용에 주목하고 있다. 수소는 저장, 운송 과정에서 에너지 손실이 거의 없으며, 낮 시간에 태양광 발전을 통해 얻은 전기를 사용해 수전해(물의 전기분해) 수소를 생산하는 방식 등을 활용하면 재생에너지의 공급 불안정성 문제를 극복할 수 있기 때문이다.

▌ 수소연료전지는 왜 주목받는가

에너지로서 수소가 가지는 특징으로는 고효율성, 안전성, 친환경성 등을 들 수 있다. 우선 수소는 배터리 대비 10배 이상의 에너지 저장 능력을 가지고 있으며, 원유의 발열량을 1 TOE로 보았을 때 석탄은 0.5 TOE, 수소는 3.4 TOE로 석유 대비 세 배 이상 에너지 효율이 높다고 할 수 있다. 안전성의 측면에서 수소는 지구상 물질 중 가장 가벼워 대기 중에 노출되면 빠르게 상승해서 공기 중에 확산하게 된다. 따라서 특정 공간에 공기층 아래에 쌓여서 발화에 의한 폭발 및 연소의 위험은 낮다고 볼 수 있다. 또한 수소폭탄의 이미지로 인해 수소가 위험하다는 인식이 있으나 수소폭탄에 사용되는 중수소, 삼중수소 등은 인위적 결합 물질로 수소 에너지 산업에서 사용되는 수소와는 다른 물질이라고 할 수 있다. 그리고 수소는 생산 과정에서 재생에너지 등의 청정에너지를 통해 생산되거나, 적절한 부가조치가 취하면 화석 연료와 달리 탄소를 전혀 배출하지 않는 그린 에너지의 특징을 가지게 된다.

수소는 생산 방식에 따라 부생수소, 개질transform수소, 수전해수소 등으로 구분할 수 있다. 부생수소는 석유화학 공정의 목적 물질 획득 과정에서 부수적으로 발생하며 현재 국내 수소전기차의 연료로 사용된다. 개질수소는 추출수소라고도 하는데, 천연가스를 고온·고압의 수증기와 반응시켜서 획득하거나, 석탄·갈탄을 고온·고압에서 가스화해 얻는다. 수소는 또한 생산 과정에서의 탄소 발생 여부를 기준으로 브라운, 그레이, 블루, 그린 수소로도 분류한다.

개질수소 중에서 석탄·갈탄을 변형시켜 얻는 수소는 생산 과정에서 다량의 탄소가 발생해 브라운 수소로 구분한다. 한편 개질수소 중에서 천연가스를 사용해 획득한 수소와 부생수소를 그레이 수소로 구분하며 그레이 수소 획득 과정에서도 탄소가 발생한다. 그레이수소를 획득할 때 발생된 탄소를 포집·저장·활용하는 기술을 CCUScarbon capture, utilization, and storage라고 하는데, 생산 도중 발생된 탄소를 CCUS 기술을 통해 제거한 수소를 블루 수소라고 한다. 물을 재생에너지 전력으로 전기분해해 획득한 수전해수소를

[표 3-2] 수소 획득 방법과 명칭

생산 과정	획득 방법	탄소	CCUS	명칭	친환경성	경제성
개질	석탄·갈탄을 가스화	다량 발생	–	브라운	매우 낮음	매우 높음
	개질천연가스를 고온·고압의 수증기와 반응	발생	–	그레이	낮음	상
			○	블루	높음	중
부생	석유화학 공정에서 부수적 발생	발생	–	그레이	낮음	상
			○	블루	높음	중
수전해	재생에너지 물 분해	없음	–	그린	높음	하

그린 수소로 구분한다.

그린 수소는 탄소가 전혀 배출되지 않고 보관, 운송, 활용 등에 장점이 커 이상적인 친환경 에너지로 평가받고 있지만 대규모 재생에너지 공급 기반이 확립되어야 경제성을 확보할 수 있다. 현재 한국에서는 CCUS 기술을 활용한 블루 수소가 친환경성 및 경제성에서 현실적인 대안으로 주목받고 있다.

그림 3-2의 좌측은 수소와 산소를 결합해 전기를 발생시키는 핵심 부품인 연료전지 스택stack의 구조를 단순화해 나타낸 것이며, 우측은 스택을 포함해 실제 수소전기차 등에서 발전기로 사용되는 수소연료전지 시스템이다.

스택 내부로 주입된 수소와 산소가 화학 반응을 일으켜 전기와 열을 발생시키며 이때 부수적으로 물이 생성된다. 따라서 연료전

[그림 3-2] 수소 사용 전기 발생장치 스택과 수소연료전지 시스템

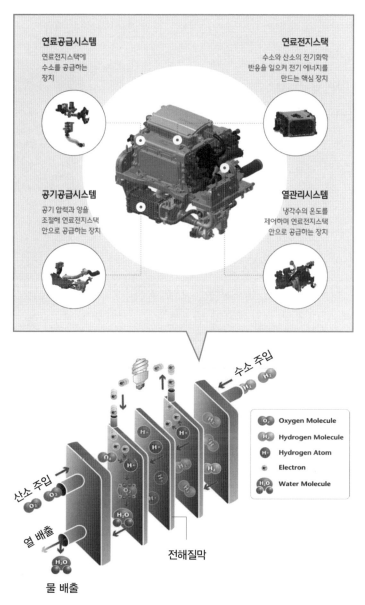

자료: 미국 에너지부, 현대자동차 홈페이지

지에 공급되는 수소의 생산 과정에서 탄소가 발생되지 않거나 또는 완전히 제거되었다면 이상적인 친환경 전력 생산 수단이 되는 것이다.

이러한 특징은 배터리 전기자동차와 수소전기자동차의 중요한 차이점이다. 배터리 전기자동차는 차량 내부에 충전기를 두어 활용하는 방식이고, 수소전기자동차는 그림 3-2와 같은 연료전지 시스템을 사용한다. 두 가지 방식 모두 자동차 자체에서는 탄소가 배출되지 않지만, 만약 배터리 전기자동차에 충전된 전기가 화석 연료를 사용해 생산된 것이라면 친환경 수송 수단인지에 심각한 의문이 남게 된다. 2020년 11월 말 현재 한국의 전기 생산 1위는 석탄 발전으로 전체 발전량의 약 37%를 차지하지고 있다. 그레이수소에 CCUS 기술을 적용해 탄소를 포집·제거한 블루수소를 지속적으로 보급하고, 이를 연료로 사용하는 수소전기자동차의 보급 및 연료전지에 기반한 발전 설비 구축이 경제성, 친환경성 측면에서 현재 한국에 가장 현실적인 탄소중립 실현의 선택지일 것으로 생각된다.

| 글로벌 수소 산업 동향

글로벌 수소 산업과 관련해 최근 EU, 호주, 일본 등 해외 동향을 살펴보자. EU의 수소 육성 전략에 따르면 수소 생산 및 충전 인프라 확충과 관련해 2020년 현재 1GW 수준인 수소 생산 설비를 2024년까지 6GW, 2030년까지 40GW까지 증설할 계획이다. 1GW 수준의 수소 생산 설비가 의미하는 것은 원자력 발전소 1기 분량의 전력으로 물을 전기분해해 수소를 생산한다는 것이다. 이 계획이 실행되면 2030년까지 EU의 수소 생산 능력은 연간 1,000만 톤 이상으로 향상되며, 이를 바탕으로 2050년까지 EU 전역에 수소연료전지 보급에 박차를 가해 화석 연료를 사용하지 않는 '탄소중립' 지역 EU를 실현한다는 것이다. 또한 EU 집행위원회가 2019년 2월에 발표한 수소 로드맵에서 밝힌 수송 부문 계획을 보면, 2030년까지 승용차 370만 대, 경형상용차 50만 대, 트럭 4만 5,000대, 열차 570대가 수소연료전지를 장착하고 주행하게 된다. EU의 수소 산업 육성 전략이 실행될 경우 2030년경까지 수소의 주요 수요처는 EU가 될 전망이다.

호주는 광활한 국토, 사면이 바다에 접한 점, 풍부한 일조량 등의 자연 환경을 배경으로 재생에너지 기반 그린수소의 글로벌 공급처로 급부상하고 있다. 특히 주목되는 것은 총 510억 호주달러(약 43조 원) 규모로 호주 서부의 웨스턴오스트레일리아주 필바라 지역에서 진행되고 있는 아시안리뉴어블에너지허브Asian Renewable Energy Hub 프로젝트다. 이 프로젝트는 태양광과 풍력 발전을 통해 총 26GW의 전력을 생산해 그린수소를 생산할 계획이다. 생산된 그린수소의 일부는 호주 국내용으로 사용되고 나머지는 수출하기 위해 암모니아로 전환된다.

[그림 3-3] 재생에너지 기반 그린수소 생산과 암모니아 합성 및 운반 과정

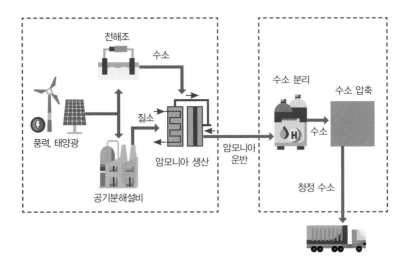

자료: STRONG KOREA FORUM21

자연계 물질 중 가장 가볍고 상온에서 기체 상태인 수소를 장거리 운송할 때 어떤 형태로 할 것인가는 글로벌 수소 산업 전개에 있어서 매우 중요한 부분 중 하나다. 수소의 장거리 대량 운송과 관련해 다양한 방법들이 논의되고 있으나 최근 특히 주목받는 방식이 암모니아 합성법이다. 그림 3-3과 같이 재생에너지 기반 생성된 전력을 활용해, 한편으로는 전해조에서 물을 전기분해해 그린수소를 생산하고 다른 한편으로는 공기분해 설비$_{ASU}$에서 질소$_{N_3}$를 추출한다. 각각 생성된 그린수소$_{H_2}$와 질소$_{N_2}$를 결합해 액체 상태의 암모니아$_{NH_3}$를 합성하면 장거리 대량 운반에 적합하며, 현재 세계 각국이 이미 갖추고 있는 처리 설비를 그대로 활용할 수

있다는 장점이 있다. 목적지로 운송된 암모니아는 다시 그린수소로 분해되며 해당 지역 내에서의 운송에 적합한 형태로 재압축되어 유통하게 된다. 이 방식은 태양광 등의 재생에너지가 풍부한 중동 지역에서도 관련 사업이 진행 중이며, 특히 사우디아라비아의 거대 친환경 신도시 네옴NEOM 프로젝트가 주목받고 있다.

일본은 수소의 에너지 활용에 관한 연구를 1960년대부터 시작한 것으로 알려져 있다. 오랜 연구 역사와 기초과학 부문에 축적된 기술력을 바탕으로 일본은 2020년 현재 수소 산업 분야에 세계에서 가장 많은 특허를 보유하고 있으며, 수소 활용 부문에 있어 가장 강력한 경쟁력을 보유하고 있는 것으로 보인다. 특히 가와사키 중공업 등을 중심으로 수소연료전지를 활용한 발전 분야 특허 출원에 주력하고 있는 점은 한국이 관심을 가지고 지켜봐야 할 부분이다. 또한 한국과 비교해 가정용 수소연료전지 보급이 빠르게 진행되고 있어 2020년 현재 33만 대가 보급되었으며 2030년까지 500만 대 보급을 목표로 하고 있다. 승용차 부문에서는 전 세계에서 한국과 일본이 수소전기자동차의 상용화에 성공했으며 현재는 글로벌 시장 점유율에서 현대자동차의 넥쏘가 압도적인 우위를 보이고 있다. 향후 토요타의 미라이, 혼다의 클래리티와의 경쟁 구도가 어떻게 전개될지도 흥미로운 부분이다.

미국은 트럼프 행정부 시기 온실가스 감축 노력이 크게 후퇴했지만, 후임 조 바이든 대통령은 2021년 1월 20일 취임 당일 파리기후협약 복귀 행정명령에 서명했다. 바이든 대통령은 미국 국내 경

[그림 3-4] 글로벌 그린수소 생산 및 소비 지역

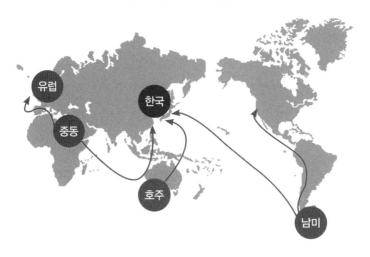

자료: STRONG KOREA FORUM21

기 대책을 겸한 2조 달러(3,000조 원) 규모의 막대한 친환경 산업 부흥책을 예고하고 있어, 글로벌 친환경 산업에서 미국이 빠르게 주도권을 되찾을 것으로 보인다. EU와 함께 대표적인 환경 선진 지역으로 평가받는 캘리포니아주는 2030년까지 대형 화물트럭의 30~50%, 2040년까지 100%를 수소전기차로 전환할 계획을 발표했다. 배터리 전기자동차와 수소전기자동차의 장단점이 상황에 따라 엇갈리는 평가를 받고 있지만 트럭, 버스, 지게차, 열차, 선박 등과 같이 강력한 출력과 장거리 운송이 필요한 경우에는 수소전기자동차가 에너지 효율성에서 압도적인 우위를 가지는 점 역시 향후 수소 산업의 발전 과정에 있어 중요한 부분이라고 할 수 있다.

중국은 2016년 차세대 첨단산업 육성 계획인 '중국제조 2025'를 바탕으로 2019년 '수소 산업 로드맵'을 발표했다. 또한 강력한 행정력을 바탕으로 '수소굴기'를 천명하고 베이징, 상하이, 광둥, 다롄을 수소 산업 4대 거점기지로 선정해 수소 산업에 대한 투자를 빠르게 늘리고 있다. 2030년까지 수소전기자동차 100만 대 보급, 수소충전소 1,000개 설치를 목표로 하고 있으며, 독일 지멘스 등의 선발 기업과 전략적 제휴를 통해 수소 산업 분야의 기술을 빠르게 습득하고 있어 장기적 관점에서 대응이 필요할 것으로 보인다.

또한 남미의 칠레는 풍력과 태양광 발전을 같은 지역에 동시에 설치할 수 있는 자연 환경을 갖추고 있어 그린수소를 낮은 가격에 생산할 수 있을 것으로 예상된다. 따라서 머지않은 미래에 호주, 중동, 남미 지역에서 생산된 그린수소가 액상 암모니아 또는 액화 수소의 형태로 한국, 일본, 중국의 동아시아 지역 및 북미, 유럽 등지로 수출될 수 있을 것으로 보인다.

┃ 한국의 탄소중립 대응 현황 및 글로벌 이슈

2020년 10월 대통령의 국회 시정연설에서 2050 탄소중립 선언이 발표되었고 이를 구체화한 '대한민국 2050 탄소중립 전략'이 같은 해 12월 발표되었다. 글로벌 산업계에 급속히 확산되고 있는 친환경 패러다임에 대한 적극적 대응 및 탄소중립 달성을 위한 수치 목표 제시 등에서 의의가 크다고 할 수 있다. 다만 현재 한국의 친환경 생태계 조성을 위해 가장 중요한 과제라고 할 수 있는 재생에너지 공급 기반 및 수소 산업 기술 육성에 관한 구체적인 안이 보완될 필요가 있을 것으로 보인다. 또한 대통령의 2050 탄소중립 선언을 실현하기 위해 구성된 '2050 탄소중립위원회(국무총리와 민간 위원장 공동대표)'가 2021년 8월 탄소중립 시나리오 초안을 공개했다. 총 세 개의 시나리오가 제시되었는데 이 중 두 개가 2050년에 탄소중립을 달성하지 못하고 나머지 한 개 역시 탄소 배출량 비중이 높은 석탄화력 발전 및 휘발유·경유 차량의 퇴출 시점을 제시하지 않고 있다. 다음 대통령 선거가 있는 2022년 3월까지 7개월 정도 남은 시점인 만큼 차기 정부에 의한 선택의 폭을 넓히기 위한 고육지책으로도 이해할 수 있다. 그런 만큼 향후 '대한민국 2050 탄소중립 전략'과 함께 탄소중립 시나리오에 있어서도 친환경 및 수소 산업 관련 핵심 기술을 중심으로 발전 방향성과 실증 기간 등을 포함하는 보다 상세한 로드맵의 추가 제시가 필요할 것으로 보인다.

한편 EU는 2021년 6월에 2050 탄소중립을 달성하도록 명기한 '기후기본법'을 제정한 데 이어 7월에는 구체적 실행 방안을 담은 12개 법안 패키지인 '피트 포 55Fit for 55'를 발표했다. 이 중 핵심이라 할 수 있는 '탄소 국경 조정 제도'는 EU로 수입되는 제품과 서비스가 EU의 탄소 배출 규정을 초과한 경우 '탄소국경세'를 부과할 수 있다는 내용을 담고 있다. 탄소국경세는 2023년부터 철강, 시멘트, 알루미늄, 비료 등을 1차 대상으로 도입되며 3년간 전환 기간을 거쳐 2026년부터 본격적으로 시행된다. 또한 EU는 2035년부터 휘발유 및 경유를 사용하는 내연기관 차량의 판매를 사실상 금지했다. 미국은 탄소국경세 논의가 시작된 시기에는 이에 반대 입장을 보였으나, 입장을 선회해 2021년 7월 3조 5,000억 달러 규모의 친환경 산업 투자 계획을 발표하며 역시 탄소 배출량이 많은 물품에 탄소국경세 부과를 추진하고 있다.

이러한 움직임이 의미하는 바는 탄소중립을 적극 추진하는 것이 한편으로는 한국 산업과 경제에 커다란 도전이기도 하지만, 다른 한편으로는 친환경 패러다임 확산에 의한 통상 환경 변화라는 새로운 기회의 창이 열린 것으로 볼 수 있다는 것이다. 예를 들어 유럽과 미국 캘리포니아주의 자동차 배기가스 규제는 글로벌 자동차 기업들에 강력한 도전이었지만 다른 한편으로는 새로운 기술 패러다임에 의한 기회의 창이 열린 것이기도 했다. 이에 대응하는 과정에서 하이브리드 자동차 프리우스 등으로 적극 대응한 토요타는 2007년 1분기에 글로벌 234만 대 판매를 달성해, 76년간 세계 최대 자동차 기업의 지위를 지키던 GM에 대한 추월에 성공했다. 탄소중립에 대해 신속하고 적극적으로 대응하는 과정 역시 한국 기업에 새로운 기회를 제공해줄 수 있을 것으로 보인다.

컨설팅 기업 매킨지앤드컴퍼니는 글로벌 수소 경제 규모는 2030년까지 약 3,000억 달러, 2050년까지 약 2조 달러 규모로 급성장할 것이며 수소 산업의 누적 일자리는 3,000만 개에 달할 것으로 전망했다. 또한 블룸버그는 현재 5% 미만인 수소 에너지 사용 비중이 2025년까지 빠르게 성장해 25% 수준까지 확대될 수 있다고 바라보았다. 글로벌 수소 산업이 급속도로 성장하고 있으며, 수소전기자동차 등 한국 기업이 보유한 수소연료전지 활용 기술은 세계 최고 수준으로 평가받고 있다. 탄소중립 실현 과정에서 수소 산업 육성에 신속하고 과감하게 나서 한국 산업 경쟁력의 새로운 차원으로의 도약을 시도해야 할 것으로 보인다.

❘ 한국 수소 산업의 과제는 무엇인가

한국은 전력 공급의 주된 에너지원이 화석 연료이고, 전체 산업에서 제조업 비중이 높으며, 핵심 산업의 탄소 배출 비율이 높다. 재생에너지 공급 기반 육성과 수소 경제 활성화 촉진은 향후 한국의 국가 경쟁력 유지 및 향상에 있어 핵심적인 부분이 될 것이다. 수소 산업 육성 과정에서 한국 기업이 활력을 잃지 않고 글로벌 경쟁 속에서 더욱 성장할 수 있도록 기존 탄소 배출권 거래제 ETS와 탄소세, ESG 등이 다중 부담되는 일이 없도록 효율적인 탄소 가격 제도의 설계 및 운용이 필요할 것으로 보인다. 이와 더불어 수소 산업에 있어 현재 활용 가능한 블루수소 사용을 늘려 더 많은 수소를 보급하고 CCUS 기술 개량을 촉진하는 정책이 필요하다.

한국의 발전 에너지원 구성을 고려하고 일자리 창출이라는 '산업'의 본질을 되돌아볼 때, 수소연료전지를 활용한 발전 부문에 대한 R&D 지원과 산업 인력 육성은 수소 산업 정책에 있어 가장 중요한 부분이라고 할 수 있다. 또한 한국의 수소 산업이 글로벌 경쟁력을 가지기 위해서는 국민의 힘이 필수적이다. 그럼에도 일부 업계 종사자를 제외하면 수소는 대다수 국민에게 여전히 멀고 위험한 존재로 인식되고 있다. 수소가 가지는 친환경성, 안전성, 효율성에 대해 적극적으로 홍보하고, 글로벌 최고 수준의 연료전지 기술을 보유하고 있는 한국의 수소자동차 보급 정책을 적극적으로 시행하는 등 생활 속의 에너지로 자리 잡게 하는 노력이 필요할 것이다.

1990년대 글로벌 IT 산업 부흥기에 한국은 정보통신산업 육성 과정에서 과감한 결정, 신속한 이행, 핵심 역량 집중 투입 등을 통해 지속적인 경제성장과 G10으로의 도약에 성공했다. 그 후의 지난 30년간 선발국에 대한 한국경제의 추격, 추월 과정에서 한국이 어느새 모든 면에서 일본을 추월한 것과 같은 착시 현상을 느끼고 있지만, 일본의 기초과학 기술력은 여전히 세계 최고 수준이며 특히 수소 산업에 있어서는 세계에서 가장 많은 특허를 보유하고 있다. 또한 중국은 특유의 거대한 인구와 자본을 바탕으로 '수소굴기'를 추진해 빠른 속도로 한국에 대한 추격을 진행하고 있다.

한국이 최근의 성취에 도취해 자만에 빠진다면, 일본과 중국 사이에 낀 '샌드위치론'의 굴레와 글로벌 IT 산업 성장이라는 패러다임에 신속하게 대응하지 못하고 오랜 기간 침체에 빠진 일본의 전

철을 밟을 수도 있음을 간과해서는 안 될 것이다. 탄소중립 실현 목표 연도인 2050년까지의 향후 30년 국민, 기업, 정부가 함께하는 수소 산업 육성을 통해 지속가능한 선순환 탄소중립 사회를 실현하고, 그 과정에서 전체 산업 역량 강화와 한국경제의 새로운 차원으로의 도약을 기대한다.

03
메타버스의 인기는
지속될 것인가

신동형(알서포트 전략기획팀 팀장)

2021년은 메타버스의 해라고 해도 과언이 아니다. 메타버스라면 5살 어린이도 80세 노인들도 누구나 한마디씩 거들 수 있을 만큼 관심을 받고 있다. 하지만 자세히 들어보면, 저마다 메타버스를 이야기하고 있지만, 동음이의어인 듯 다른 이야기를 하고 있음을 눈치 챌 수 있다. 예를 들면 A씨는 제페토라고 말하는 반면 B씨는 로블록스라고, C씨는 싸이월드라고, D씨는 세컨드 라이프라고, E씨는 게임이라고, F씨는 인터넷이라고, G씨는 VR이라고 말한다. 그래서 각자의 정의에 따라 타임라인도 다르다. 누구는 메타버스는 이미 존재해왔다고 말하고, 다른 누구는 이제 시작된 것이라고, 또 다른 누구는 미래의 것이라고 말한다. 이처럼 메타버스는 그 인기만큼이나 혼란스러움을 동시에 가진 화두다. 이 장에서는 메타버스에 대한 보편적인 정의를 알아보고, 2021년의 메타버스 정리 및 2022년의 모습을 예상해볼 것이다.

┃ 메타버스는 디지털이 확대 적용되고, 새로운 차원으로 고도화되는 청사진

메타버스는 닐 스티븐슨Neal Stephenson이라는 작가가 자신의 SF 소설인 《스노 크래시》에 처음 언급한 것에서 유래했다. 소설에서 메타버스는 아바타가 활동하는 공간으로 묘사되었다. 제임스 카메론James Cameron 감독의 영화 〈아바타〉를 생각하면 쉬울 것이다. 이런 유래가 있음에도 사람들이 메타버스를 다양하게 해석하는 이유는 '사이에, 뒤에, 넘어서'라는 의미의 메타meta와 우리가 사는 세계인 유니버스universe의 합성어이기 때문이다. 즉, 우리가 발을 딛고 있는 현실 공간이 아닌 또는 현실과 연결된 모든 것들이 어원상으로 메타버스가 될 수 있기 때문에 다들 각자의 경험과 생각에 맞춰 다르게 이야기한다.

비록 다르게 이야기할지라도 메타버스에 대해 이야기하는 사람이라면 반드시 인용하는 보편적 정의가 2006년 발간된 '메타버스의 4가지 시나리오'다. 이는 기술과 사람과의 상호경험UX, user experience 관점에서 2×2로 구분한 것으로 세로축(기술)은 현실과

[표 3-3] 메타버스 1.0의 4가지 시나리오

증강(augmentation)

증강현실 • 현실세계에 있는 아날로그적 물리적 대상에 디지털 데이터를 겹쳐 보여주는 기술 • 실제 현실 세계에 투영함으로써 실제감이 높고 몰입도 유도 가능	라이프로깅 • 사람 또는 사물이 경험하는 일상 정보를 데이터화해 수집하고 저장, 묘사함(예: 인스타그램, 페이스북 등 소셜미디어)
거울세상 • 현실세계를 디지털 세상을 투영시킴 • 지리적 또는 정보적으로 정확한 방식으로 매핑하려고 함(예: 구글어스)	가상현실 • 실제처럼 느끼게 한 컴퓨터로 시뮬레이션 한 온라인 디지털 가상 세상 • 개인 또는 사물의 자아 또는 행위에 초점이 맞춰져 있음(예: 게임, 페이스북, 호라이즌)

사용자 밖 세상을 관찰 (external)

사용자가 적극적 개입 (intimate)

가상(virtualization)

디지털을 접목한 증강augmentation과 완전 디지털로 이뤄진 가상 virtualization으로 구분했다. 그리고 가로축(ux)은 사람과의 상호작용 관점에서 적극적인 개입인지, 관찰자 입장인지에 따라서 나눌 수 있다. 이를 바탕으로 라이프로깅lifelogging, 가상현실VR virtual reality, 거울세상mirror world, 증강현실ar, augmented Reality 등 네 가지로 구분이 가능하다.

첫째 라이프로깅은 사람 또는 사물이 경험하는 일상 정보를 디지털화·데이터화해 수집, 저장, 묘사하는 공간이다. 쉽게 생각하면 우리의 일상을 디지털로 기록하는 페이스북, 인스타그램 등의 소셜미디어가 그 대표적 예인 동시에 전부라 말할 수 있다.

둘째, 가상현실은 실제처럼 컴퓨터로 시뮬레이션한 온라인 디지털 세상으로, 개인 또는 사물의 자아 또는 행위에 초점이 맞춰진 공간이다. 그 예로 스티븐 스필버그 감독이 만든 레디플레이어 원에서 보여준 게임 공간인 오아시스라고 생각하면 된다.

셋째, 거울세상은 현실 세상을 디지털 세상으로 복제 또는 투영시킨 것이다. 구글 어스, 네이버지도, 카카오맵 등 실제 지형을 디지털 지도로 옮긴 것이 그 예가 된다.

넷째, 증강현실은 현실 세계에 있는 아날로그적·물리적 대상에 디지털 데이터를 겹쳐 보여주는 기술이 적용된 공간이다. 마블의 〈아이언맨〉 영화에서 적을 구별하고 미사일을 쏠 때, 현실에 디지털 정보가 겹쳐지는 모습을 구현된 예로 들 수 있다.

여기서 라이프로깅과 거울세상은 2006년 이후 꽤 오래 시간이 흘렀음에도 불구하고 잘 활용되고 있지 않은 용어다. 이를 좀 더 현재의 모습이 반영된 익숙한 2020년대의 용어로 메타버스를 재해석하면 어떻게 될까?

첫째, 라이프로깅을 대표하는 소셜미디어는 증명하는 프로필에서 대신 활동하는 아바타 중심으로 변화하고 있다. 이 변화는 두 가지 관점에서 설명할 수 있는데, 하나는 디지털 공간 속에서 보내는 시간이 실제 공간에서 사람들과 만나고 소통하고 일하는 시간을 넘어서고 있다는 것이다. 즉 과거에는 현실의 '나'가 디지털 공간의 주인임을 증명하는 프로필이 소셜미디어의 중심이었다면, 디지털 중심 세상에서는 실제 '나'를 증명할 필요가 없어 각 공간마다 스스로 적극적 기록 활동이 가능한 '아바타'가 자리잡아가고 있다. 다른 하나는 MZ 세대 중심으로 활용되는 제페토, 로블록스 등에서는 아바타가 사용자를 대신해 활동하고 있다는 점이다. 새로운 세대들이 아바타를 이용하는 이유는 아바타는 타고난 육체적 한계를 벗어나 무엇이든 될 수 있고 할 수 있는 존재기 때문이다. 또 디지털 속에서 활동하는 시간이 더 많은 새로운 세대들에게 아바타는 이미 익숙한 존재다. 그래서 라이프로깅은 더 적극적으로 일상을 기록하고 또 마음으로 원하는 바를 구현할 수 있는 '아바타'가 활동하는 공간으로 거듭나고 있다.

둘째, 가상현실과 증강현실은 혼합현실MR, mixed reality과 함께 과거에는 게임콘솔 및 스마트폰에 종속되어 특정 기능에 특화된 사용으로 별도 구분되었지만 최근에는 포괄적으로 정의한 확장현실XR, extended reality이라는 개념이 등장해 활용되고 있다. 그 이유는 C-P-N-D 가치사슬 관점에서 봐도 VR, AR이 포괄적으로 통합되고 있음을 알 수 있기 때문이다. 기기는 VR은 HMDhead-mounted display, AR은 안경glass 공식을 벗어나 사용성이 높은 안경으로 통합되고 있다. 플랫폼은 클라우드에서 VR, AR, MR 모두 구현되는 방향으로, 그리고 콘텐츠와 서비스는 유니티 또는 언리얼 엔진 등을 통해 포괄적으로 개발되는 기반이 이미 만들어져 있다. 그러므로 가상현실과 증강현실은 XR(확장현실) 기술이 적용되는 공간으로 재정의될 수 있다.

셋째, 거울세상은 현실 복제를 넘어 모의실험simulation과 자동화를 위한 디지털 트윈이 구현된 공간으로 거듭나고 있다. 거울세상

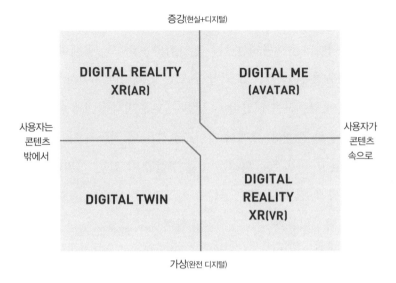

[그림 3-5] 메타버스 2.0 : DIGITAL X

증강(현실+디지털)

DIGITAL REALITY
XR(AR)

DIGITAL ME
(AVATAR)

사용자는
콘텐츠
밖에서

사용자가
콘텐츠
속으로

DIGITAL TWIN

DIGITAL
REALITY
XR(VR)

가상(완전 디지털)

이 네이버 맵이나 카카오 맵이라면, 디지털 트윈은 최적의 운행 구간을 계산해내는 디지털 지도 위 내비게이션이라고 볼 수 있다. 또 디지털 트윈은 산업계에서 제품 개발 과정에서 실제 개발하지도 않고 시뮬레이션해 시간과 재료의 비용을 줄이는 데 이미 사용되고 있다. 그뿐만 아니라 자동화를 통해서 비용 절감 및 사람들의 안전을 지키는 작업장을 만들어가고 있다. 지금은 산업계에서 주로 활용되지만, 향후 사람들의 일상생활에도 적용될 것인데, 사람들의 건강 상태를 디지털 공간에 저장해서 분석한다면 향후 예방 등 선제적 건강 관리를 하는 데 활용될 수 있다.

이처럼 메타버스는 디지털화라는 방향성 속에서 다음 세 가지를 포괄해 정의할 수 있다. ① XR 기술이 적용되어 새로운 차원의 디지털로 고도화된 공간이다. ② 디지털이 더 익숙한 새로운 세대들이 아바타 UX가 적용된 공간을 선호하고 또 더 많은 시간을 보내고 있다. ③ 산업계를 포함해 개인의 일상 속 디지털화는 더욱 확대될 것이다.

I 2021년 메타버스, 폭발적 재등장과 글로벌 추세

메타버스가 관심을 끈 것은 이번이 처음이 아니다. 2000년대 초반 3차원3D 아바타 중심의 세컨드 라이프라는 소셜 게임이 인기를 끌면서 메타버스도 함께 관심을 받았다. 그리고 2021년 새롭게 관심을 받은 이유는 글로벌 관점에서는 로블록스의 상장, 그리고 한국에서는 제페토의 인기를 들 수 있다. 로블록스는 MZ세대들이 3차원 디지털 공간에서 직접 개발한 아이템을 거래할 수도 있는 게임이자 게임 개발사다. 제페토는 네이버의 자회사에서 개발한 MZ 세대들이 3차원 공간에서 아바타를 키우며 게임을 하거나 소셜 활동을 하는 서비스다. 재밌는 것은 로블록스와 제페토도 3차원 공간과 아바타를 기반한 서비스로 세컨드 라이프가 관심 받은 이유와 흡사하다. 이는 2차원보다 더 실제 같은 3차원을 더 원하는 사람들의 바람이 반영된 것일 수도 있다.

구체적 서비스 외에 메타버스가 다시 관심을 받은 배경으로는 세 가지를 들 수 있다. 첫째 코로나19로 인해 위험한 현실을 벗어나 안전한 공간을 찾는 사람들의 욕망이 메타버스로 향했다. 현실은 코로나19 바이러스가 언제 공격할지 모르는 위험한 공간이자 마스크 없이 생활할 수 없는 답답한 공간이지만, 온라인 디지털로만 이뤄진 메타버스 공간은 코로나19 바이러스 걱정과 마스크 없이 편안하게 활동할 수 있는 공간이다. 둘째 기술적 관점에서 5G가 구축 중이라, 2006년 정의된 메타버스 시나리오 중 가상현실과 증강현실이 언제 어디서나 구현 가능한 기반이 만들어지고 있기 때문이다. SA[2]와 네트워크 슬라이싱[3]이 보편화될 때 가능한 5G의 기술적 특징으로 eMBBenhanced Mobile BroadBand(초고속), mMTCmassive Machine Type Communication(초연결), URLLCUltra Reliable and Low Latency Communication(초저지연)가 있는데, eMBB의 속성이 모바일 환경에서 가상현실과 증강현실 등 확장현실 구현을 통신 관점에서 가능하게 해줄 것이다. 셋째 한국 정부가 미래 먹거리로 메타버스를 채택해 투자를 주도하고 있기 때문이다. 언론에 따르면 2021년 5월 기획재정부, 문화체육관광부, 과학기술정보통신부가 공동으로 '메타버스 TF'를 꾸려 구체적인 발전 전략을 논의하고 있다. 그리고 2021년 7월 정부가 발표한 디지털 뉴딜 2.0에는 메타버스 등 초연결 신산업 육성으로 2025년까지 2조 6,000억 원의 국비가 투자된다고 명시되어 있다.

이처럼 재관심의 배경은 같지만 정부가 집중 육성하는 한국과 그렇지 않은 국가의 양상이 같을 수도 다를 수도 있다. 그래서 구글 트렌드Google Trends를 이용해 각각의 관심도와 그 결과를 알아보았다. 구글 트렌드에 기간은 1년, 지역은 전 세계로 설정하고, 영어 'metaverse'를 입력하면 전 세계에서의 관심을 알 수 있으며, 한글 '메타버스'를 입력하면 한국에서의 관심을 알 수 있다. 2021년 7월 28일 현재 결과를 보면 글로벌은 로블록스가 상장되고 주목받은 2021년 4월 최고 관심을 받다가 급격히 그리고 지속적으로 감소하고 있다. 그 이유는 로블록스의 미래성은 인정하지만 당장의 성과로 연결되기 어렵다는 판단이 시장 내 퍼졌기 때문이다. 하지만 한국은 5월부터 꾸준히 관심이 증가되고 있다는 사실을 알 수 있다. 그 기간을 1개월로 줄여서 보면, 한국의 평균 관심도가 글로벌 전체보다 높다는 것을 알 수 있다. 한국의 인터넷 활용도가 아무리 높다고 하더라도, 전 세계 인구의 1% 수준의 국가가 전 세계 전체 관심도와 유사한 수준이라는 것을 보면 세계는 과한 관심을 자제하는 조정기에 들어갔고, 한국은 정부가 메타버스 인기를 주도하고 있다는 것을 알 수 있다. 이러한 관심 덕분에 2020년 매출 19억 8,000만 원에 영업손실은 25억 원이었고, 2021년 1분기 7억 5,000만 원 매출에 영업손실 12억 3,000만 원인 증강현실 소프트웨어 개발사인 맥스트MAXST는 2021년 7월 말 상장해 8월 초 최대 7,200억 원 이상의 시장 가치를 평가받기도 했다.

물론 글로벌에서도 메타버스가 미래라고 생각하고 꾸준히 도전하는 기업이 있다. 그 대표적인 예로 페이스북은 2021년 7월 말 5년 내 스마트폰을 넘어 XR 기술 기반의 메타버스 서비스 플랫폼으로 거듭나겠다고 언급하기도 했다. 페이스북은 이미 다른 공간에 있음에도 불구하고 함께 누군가와 바로 옆에 있는 듯한 감정을 느끼게 해주는 가장 적합한 기술로 XR을 정의하고, 오큘러스VR 및 다양한 XR 서비스 개발사들을 인수하며 차근차근 준비해오고 있다. 그래서 페이스북은 XR 관점에서 생태계가 만들어져야 한다는 것을 누구보다 잘 알고 있다. 오큘러스2가 잘 만들어졌지만 대중 시장용으로는 아직 부족하다는 측면도 알고 있어, 기기, 콘텐츠와 서비스 측면에서 5년 이후를 보며 전방위적인 투자를 진행하고 있다.

이처럼 2021년 메타버스는 코로나19로 인한 사람들의 탈출 욕망, 5G 기술 확대로 인해 글로벌로 관심을 받았으나, 기대에 맞는 폭발적 성장과 성과를 단기간에 달성하기보다는 미래지향적인 관점에서 접근해야 한다는 것을 알고 조정기에 들어갔다. 다만 국내에서는 정부의 주도로 사람들의 많은 관심을 받고 있는 형국이다. 그리고 한국 내에서는 메타버스 관련성이 있다면 정부, 언론, 투자자들의 관심을 받을 수 있기에 다양하게 메타버스 용어가 활용되고 있는 상황이기도 하다.

┃ 2022년 메타버스의 새로운 세 가지 시나리오

메타버스가 한국에서 특히 인기를 얻는 것은 한국 정부의 메타버스 지원 정책 때문이라는 점을 앞서 살펴보았다. 그리고 글로벌 관점에서 아직 단기적으로 두드러진 성과나 폭발적 성장이 어렵다는 것도 대강 알 수 있는 상황이다. 그러므로 2022년 한국 내 메타버스의 인기 지속 여부는 정부의 역할에 달려 있다. 또 여기서 간과하지 말아야 할 것은 2022년 대선 이후 등장할 새 정부가 새로운 IT 정책을 내놓을 것으로 예상되기 때문에 메타버스에 대한 역할과 몰입 정도에 대한 불확실성은 높을 수밖에 없다.

하지만 메타버스라는 포괄적인 화두 말고 세부 시나리오로 보면 아바타, XR, 디지털 트윈은 여전히 관심이 많다는 것을 알 수 있다. 비록 디지털 트윈이 상대적으로 관심을 덜 받는 것처럼 보이지만, 아직 산업계에 특화된 단어라는 측면을 감안한다면 꾸준히 관심을 받고 있음은 분명하다. 그리고 XR과 아바타 역시 지금도 높은 관심을 받고 있다.

또 메타버스의 새로운 세 가지 시나리오를 깊이 살펴본다면 그 중요성은 여전하고 앞으로도 지속될 것임을 알 수 있다.

첫째, 아바타로 대변되는 디지털 미가 활동하는 공간은 '소통·마케팅·욕망의 공간'이다. ① 디지털 미의 공간을 통해 혁신적 이미지 구축이 가능하다. 딱딱하고 구식으로 보이는 산업이 아바타의 공간을 활용하면 좀 더 새롭게 비쳐질 수 있기 때문이다. 최근 금융기업들이 제페토에서 많은 회의를 하고, 디지털 휴먼을 활용한 마케팅을 하는 것도 이러한 이유가 아닐까 생각도 든다. ② MZ 세대와 소통과 마케팅이 가능하다. 제페토와 로블록스 등 메타버스의 주요 이용자들은 대부분 MZ 세대다. 이들과 소통하기에 아바타의 공간보다 좋은 곳은 없을 것이다. ③ 스타 그리고 IP의 공간이다. 현실 아이돌들은 사생활도 있고, 계약 문제도 있지만 아바타가 스타가 된다면 그런 문제는 사라진다. ④ 디지털 미의 공간은 욕망의 공간이다. 아바타는 현실을 초월해 무엇이든 될 수 있고, 할 수 있기 때문에 마음속에서 원하는 것을 자유롭게 할 수 있는 공간이다. 이러한 디지털 미는 MZ 세대들과 소통하는 경로로 중요성은 더욱 더 커질 것이기 때문에 지금 관심 받는 이 순간부터 꾸준히 확대될 것이다.

둘째, XR로 대변되는 디지털 현실의 공간은 '기술·미래의 공간'이다. XR이 보편화되기 위해서는 아직 기기, 부품 및 콘텐츠와 서비스 등에 대한 투자가 필요한 시기다. 그리고 XR이 스마트폰을 넘어서는 새로운 혁신으로 기대되고 있는 바, 지속적인 투자와 관심이 필요하다. 이러한 방향으로 이미 글로벌 테크 기업들은 스마트폰을 잇는 새로운 혁신으로 XR 기술 개발과 투자를 진행하고 있다. 특히 페이스북과 MS가 그 누구보다 열심히 도전하고 있는데, 이들은 스마트폰 시대에 구글과 애플이 가졌던 주도권을 XR 시대에 빼앗아오겠다는 관점에서 접근하고 있다. 미래 관점에서 기기부터, 플랫폼, 네트워크, 콘텐츠와 서비스 등 생태계가 향후 구축되면서 더 발전할 것이다.

셋째, 디지털 트윈은 '비용 절감과 안전의 공간'이다. 이미 기업에서는 시뮬레이션, 자동화 등에 적용해오며, 지속적인 비용 절감을 위해서 활용해왔다. 또 위험한 공간에는 자동화 로봇 등을 배치

[표 3-4] 메타버스 2.0의 3가지 본질적 속성

디지털 미(아바타)	디지털 현실(XR)	디지털 트윈(digital twin)
소통·마케팅·욕망의 공간	기술·미래의 공감	비용 절감 & 안전의 공간
• 혁신적 이미지 구축 • MZ세대와의 소통, 마케팅 가능 • 스타, IP의 공간(NFT) • 욕망의 공간	• 아직 기기·부품 그리고 콘텐츠와 서비스 투자와 개발이 필요한 영역 • 미래에 스마트폰을 대체할 새로운 혁신 영역	• 기업에서 시뮬레이션·자동화 등 지속적인 비용 절감을 위해서 진행해 옴 • 의료 정보 등 일반 영역에서도 향후 활성화 될 영역

해서 위험성을 제거하기도 했고, 의료 등 일반 영역으로 확대 적용된다면 건강관리 및 예방적 활동들이 더 활발해질 것으로 보인다. 이러한 관점에서 향후 디지털 트윈은 비용을 절감하고 생산성을 높이려는 기업의 기본적인 활동과 함께 지속적으로 꾸준히 투자되고 고도화될 것이다. 이는 '디지털 전환'이라는 용어로 더 확대되어 활용될 수도 있다. 또 기업뿐만 아니라 코로나19 속에서 중단될 수밖에 없었던 행정 및 공공의 영속성을 유지하기 위해서 정부 기관의 디지털 트윈화도 확대되는 등, 향후 그 영역을 넓혀가며 활용될 것으로 예상된다.

이러한 미래 지향적 방향성하에서 2022년은 단기적인 성과나 폭발적 성장 관점에서 메타버스를 접근하기보다는 각 시나리오별로 성과를 극대화할 수 있도록 기술 개발, 생태계 구축 등 세부 시나리오별로 구체화될 것으로 예상된다.

그렇다면 메타버스를 어떻게 접근해야 할까? 정부와 기업가, 투자가 등 입장에 따라 다를 수 있다. 먼저 정책을 고민하는 정부는 두 가지 관점에서 접근할 수 있다. 하나는 K메타버스로 세계를 한국이 주도하는 관점이 있다. 다른 하나는 메타버스라는 용어보다는 그 속의 세부 시나리오인 아바타, 확장현실XR, 디지털 트윈이 앞으로도 지속적인 관심과 투자를 받을 수 있도록 준비해, 그 시작과 성과를 차기 정부에서 진행할 수 있도록 하는 방안이 있다. 기업가들의 경우에는 메타버스라는 테마를 활용해서 아바타를 마케팅 또는 자금 유치적 관점에서 활용하고, 내부적으로는 디지털 트윈을 추구하며 지속적인 생산성 향상을 꾀하는 스마트한 접근이 필요하다. 투자가들은 정부가 마중물을 여는 시장과 실제 시장은 다를 수 있으니 메타버스라는 테마보다는 구체적 시나리오가 가진 경쟁력 관점에서 투자해야 할 것이다.

04

글로벌 플랫폼 재편 속 길을 찾는 K콘텐츠

김윤지(한국수출입은행 해외경제연구소 연구위원)

Ⅰ 코로나19 위기에도 강세 보인 K콘텐츠

팬데믹의 위기에서 벗어나기 위해 노력했지만 여전히 생채기가 남아 있는 2021년 세계 시장에서 K콘텐츠는 눈부신 성과를 보였다. K팝을 이끄는 BTS는 노래를 바꿔가며 빌보드와 세계 음악 차트를 몇 달간 석권해 명실상부한 '주류 스타' 대열에 올랐다. 영화 〈미나리〉의 윤여정 배우는 아카데미 시상식에서 여우조연상을 수상해 2020년 〈기생충〉이 작품상을 수상했던 쾌거를 이어갔다. 넷플릭스 등 OTT 서비스에서는 드라마 〈빈센조〉, 〈킹덤: 아신전〉 등 다양한 드라마와 〈승리호〉 같은 영화가 꾸준히 사랑을 받았고, 〈오징어 게임〉은 83개국에서 넷플릭스 전체 콘텐츠 1위를 차지하는 등 K콘텐츠에 대한 관심이 폭발적으로 성장했다.

하지만 콘텐츠 산업은 범위가 워낙 넓고 분야별 특성도 다양해 한두 분야의 성과로 산업 전체의 성공을 논하는 것은 성급하다는 평가도 많다. 이런 평가가 가능한 까닭은 콘텐츠 산업이 단순히 영화, 음악, 방송뿐만 아니라, 지식정보, 광고, 출판, 캐릭터, 게임, 애니메이션 등을 모두 포괄하고 있기 때문이다.

PwC가 추정하는 세계 콘텐츠 시장의 규모는 2022년 약 2조 6,000억 달러로 작지 않다. 하지만 전체 시장의 절반 이상이 선진국 기업들이 철옹성처럼 차지하고 있는 광고와 지식정보 시장이다. 나머지 시장 역시 국가별 문화적 취향 등이 중요하게 작용하는 산업이라 과거에는 수출로 진출할 수 있는 분야가 상대적으로 크지 않았다.

무엇보다 문화 콘텐츠에는 '문화 할인'이라는 점이 반영되기 때문이다. '문화 할인'이란 특정 문화권에서 제작한 문화 상품이 다른 문화권으로 건너가면 가치, 신념, 생활방식 등의 차이로 상품 가치가 떨어지는 것을 말한다. 콘텐츠 안에서도 게임이나 애니메이션 등은 비교적 문화 할인율이 낮은 반면, 드라마, 영화 등은 문화 할인율이 높은 분야로 꼽힌다. 그렇기 때문에 게임은 보다 여러 시장에 진출할 수 있었던 반면, 영화와 드라마들은 동일한 문화권인 중국, 일본, 동남아시아 등을 넘어서는 지역에 수출하는 데 한계가 아

[그림 3-6] 2020년 연간 콘텐츠산업 매출액 규모

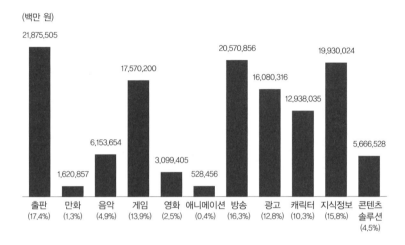

(백만 원)

	출판 (17.4%)	만화 (1.3%)	음악 (4.9%)	게임 (13.9%)	영화 (2.5%)	애니메이션 (0.4%)	방송 (16.3%)	광고 (12.8%)	캐릭터 (10.3%)	지식정보 (15.8%)	콘텐츠 솔루션 (4.5%)
	21,875,505	1,620,857	6,153,654	17,570,200	3,099,405	528,456	20,570,856	16,080,316	12,938,035	19,930,024	5,666,528

[그림 3-7] 2020년 연간 콘텐츠산업 수출액 규모

(천 달러)

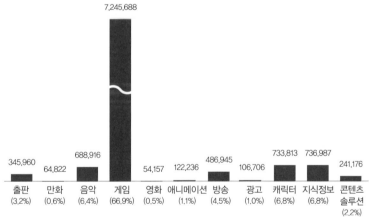

	출판 (3.2%)	만화 (0.6%)	음악 (6.4%)	게임 (66.9%)	영화 (0.5%)	애니메이션 (1.1%)	방송 (4.5%)	광고 (1.0%)	캐릭터 (6.8%)	지식정보 (6.8%)	콘텐츠 솔루션 (2.2%)
	345,960	64,822	688,916	7,245,688	54,157	122,236	486,945	106,706	733,813	736,987	241,176

※ 하단의 괄호는 전체 콘텐츠산업 대비 장르별 매출액 비중(2020년 연간 기준)

자료: 한국콘텐츠진흥원

직도 많다.

국내 문화 시장은 2020년 기준 약 126조 368억 원 규모로 추정된다. 코로나19 여파로 전년 대비 0.5% 정도 시장 규모가 감소했다. 분야별 시장 규모는 출판(17.4%), 방송(16.3%), 지식정보(15.8%), 게임(13.9%), 광고(12.8%) 순이다. 2020년 코로나19로 인해 매출액이 감소한 분야는 영화(-51.8%), 애니메이션(-17.5%), 광고(-11.3%), 음악(-9.6%), 방송(-1.3%) 등이다. 주로 영화관, 공연장과 같이 관객을 물리적인 공간에 모아서 서비스를 제공하던 분야들이 직격탄을 맞았다(그림 3-6).

반면 2020년 수출은 전년 대비 약 6.3% 증가한 108억 2,741만 달러로 추정된다. 코로나19로 2020년 전체 수출이 전년 대비 5.5% 하락했던 것과 비교하면 코로나19 특수를 경험한 분야가 있는 셈이다. 콘텐츠 수출에서 차지하는 비중은 게임(66.9%), 지식정보(6.8%), 캐릭터(6.8%), 음악(6.4%), 방송(4.5), 출판(3.2%) 순이다. 이 가운데 애니메이션(-37.0%), 광고(-23.3%), 음악(-8.9%) 등은 코로나19 영향으로 수출이 감소했지만, 그 외의 분야들은 모두 수출이 증가했다. 특히 출판(61.1%), 영화(43.0%), 만화(40.9%), 게임(8.8%), 방송(2.7%) 등의 상승폭이 컸다(그림 3-7).

┃ 코로나19로 가속화된 '플랫폼' 중심 산업 변화

코로나19 속에서도 수출이 증가한 분야들은 대부분 비대면 활동과 연관된 분야다. 출판 수출 증가가 조금 생소해 보일 수 있다. 출판 수출은 '서적류 외 인쇄물' 수출이 전년 대비 289.7%나 늘면서 증가를 견인했는데, 이 인쇄물들은 대부분 K팝 굿즈로 판매되는 스타 브로마이드, 화보류들이다. 코로나19로 K팝 대면 공연이 감소하면서 팬덤을 공유할 수 있는 방식이 줄어들자, 팬들이 굿즈 구입으로 팬덤을 대리 만족하고자 하는 경향이 늘었기 때문이다. 스트리밍 서비스 증가로 크게 줄었던 음반 앨범 판매가 다시 늘어난 것도 앨범의 정체성이 '소장하기 위한 굿즈'로 바뀌었기 때문이라는 분석이다.

이러한 변화에 맞춰 BTS의 소속사 하이브를 비롯해 SM엔터테인먼트, JYP엔터테인먼트 등 주요 K팝 기획사들은 자체 플랫폼을 기획하거나 플랫폼 기업 투자를 늘리며 온라인 플랫폼 사업 활성화에 힘쓰고 있다. 코로나19 이후에도 온라인 플랫폼을 통한 간접 참여형 매출은 꾸준히 증가할 것으로 예측되기 때문이다.

플랫폼의 중요성은 드라마, 영화와 같은 영상 분야에서도 두드러지고 있다. 콘텐츠 시장은 최근 글로벌 플랫폼 중심으로 유통 구조가 변화하고, 새로운 기술과 기기들이 등장하면서 제작에서부터 유통, 소비 등 가치사슬 전반에 빠른 변화의 바람이 불고 있다. 특히 드라마, 영화, 다큐멘터리 등 영상물 분야에서 전 세계 시장을 두고 글로벌 플랫폼 간의 치열한 경쟁이 벌어져 이용자 유입과 유지를 위한 독점 콘텐츠 확보가 중요한 이슈로 부상하고 있다.

그런 영상 플랫폼 전쟁의 중심으로 떠오른 것이 OTT다. OTT는 인터넷을 통해 영화와 드라마 등 영상물을 스트리밍하는 서비스다. 2020년 코로나19 여파로 비대면 경제가 활성화되면서 전 세계적으로 넷플릭스 등 OTT를 통해 영화와 드라마를 보는 형태가 늘었다. 이에 힘입어 세계 OTT 산업 규모도 2020년 18% 성장했고, 2021년에도 15% 성장해 약 1,260억 달러 규모가 될 것으로 추정하고 있다. 세계 영상물들의 가장 큰 유통, 배급망으로 떠오른 것이다.

OTT 성장으로 K드라마, K무비의 세계적인 보급도 확산됐다. 세계 1위 OTT 사업자인 넷플릭스는 2020년 신규 가입자의 83%를 아시아, 남미 등에서 확보했다. 2021년 2분기에도 매출액이 전년 동기 대비 19% 늘었는데, 2분기 동안 순증한 유료 가입자 154만 1,000가구 가운데 아시아가 66%인 102만 2,000가구다. 아시아와 남미가 합쳐 178만 6,000가구, 유럽에서 18만 8,000가구가 늘고 북미에서 경쟁 심화로 43만 3,000가구가 이탈해 순증 154만 1,000가구를 기록했다. 아시아와 남미가 성장 동력인 셈이다.

ㅣ K콘텐츠에 구애하는 글로벌 OTT들

넷플릭스는 이 과정에서 K드라마와 K무비 투자를 늘린 것이 주

[표 3-5] 국내 서비스 제공 및 예정인 OTT 현황

	서비스명	주주 및 서비스 제공 시기	특징
글로벌	넷플릭스	2020년 9월 한국 별도 법인 설립, 한국시장 1위, CJ ENM, JTBC와 제휴	최다 오리지널 콘텐츠 보유
	아마존 프라임 TV	2020년 2월 한국 서비스 시작	아마존 회원제 서비스 인계
	디즈니플러스	2021년 한국 서비스 예정	디즈니, 픽사, 마블 콘텐츠 보유
	애플플러스	2021~2022년 한국 서비스 예정	2021년 이민호-윤여정 주연 〈파칭코〉, 김지운 감독 〈Dr.브레인〉 제작
	HBO 맥스	2021년 한국 서비스 예정	워너브라더스, DC 콘텐츠 보유
국내	웨이브	SKT(30%), KBS, MBC, SBS(각 23%씩)	국내 지상파 방송, TV조선, 채널A 등
	티빙	CJ ENM(83.3%), JTBC(16.7%)	TVN 등 CJ계열, JTBC 방송
	시즌	KT(올레모바일tv에서 전환)	모바일 전용, 유선은 KT 이용자만 이용
	왓챠	국내 스타트업(2016년 설립)	추천서비스 강점, 일본 시장 진출, HBO 〈체르노빌〉, 〈왕좌의 게임〉, 〈킬링 이브〉 등
	카카오TV	카카오M 제작 콘텐츠 플랫폼(2019년) 카카오M＋카카오페이지 → 카카오엔터테인먼트	2020년부터 오리지널 드라마 제작
	쿠팡플레이	싱가포르 OTT 기업 '훅' 인수	아마존 프라임 TV처럼 쿠팡 회원제 서비스 연계

자료: 한국수출입은행 해외경제연구소

효했다. 넷플릭스의 강점으로 꼽히는 '추천 알고리즘' 등을 통해 K드라마를 맛본 가입자들이 연쇄적으로 K드라마 시청을 늘리는 '3차 한류'가 나타난 것이 그 증거 가운데 하나다. 일본, 베트남, 태국, 대만, 필리핀, 홍콩, 싱가포르와 같은 아시아 국가에서 넷플릭스 일간 '톱10' 프로그램 가운데 K드라마들이 4~8편씩 등장하는 것은 이제 새로운 뉴스가 아니다. 넷플릭스는 한국 콘텐츠 제작을 위해 2021년 한 해에만 5,500억 원을 투자한다는 발표를 한 바 있다.

넷플릭스의 성공에 고무되어 디즈니플러스, 애플플러스, HBO 맥스 등 여타 글로벌 OTT들도 앞다퉈 K콘텐츠 투자에 나서고 있다. 한국 제작진과 배우들이 나오는 콘텐츠를 먼저 제작한 뒤 한국 시장과 아시아 시장에 선보이며 시장 확대에 나설 것으로 보인다. 가장 큰 북미 시장이 경쟁 심화로 서로 뺏고 뺏기는 전쟁터가 된 까닭에 아시아, 남미 등 신흥시장을 공략하기 위해서는 K콘텐츠가 효율적이라는 것을 넷플릭스의 사례를 통해 배웠기 때문이다.

▍국내 OTT의 플랫폼 주도권 확보 위한 전략 필요

글로벌 OTT의 투자 증대로 K콘텐츠 제작과 소개 기반이 확대되고 제작사의 수익도 늘어나는 것은 긍정적 현상이다. 일반적인 국내 방송사 편성 드라마의 제작 마진이 10~20%에 불과한

데 비해 글로벌 OTT 투자를 받는 경우 제작사의 마진은 30% 이상 되는 것으로 알려져 있다. 하지만 현재 글로벌 OTT를 통한 수출은 제작사들과 이익을 나누는 구조가 아니다. 콘텐츠 이용률에 기반한 수익 배분 구조가 아닌 단발 구매 형태가 대부분이기 때문이다. 따라서 콘텐츠가 OTT를 통해 세계적으로 큰 인기를 끌어도 제작사가 더 높은 수익을 기대할 수 없다.

수익 배분 구조야 바뀔 수도 있겠지만, 수출 경험에서 축적되는 수혜를 글로벌 OTT들이 독점한다는 문제도 있다. 영상 콘텐츠 제작에는 인력이 핵심 요소인데, 국내 핵심 인력풀은 그다지 크지 않다. 따라서 자본력이 높은 글로벌 OTT 투자 콘텐츠들이 손쉽게 국내 핵심 인력을 독점할 수 있고, 자본력의 차이로 콘텐츠 산업 내 양극화가 나타날 위험도 있다. 수출 콘텐츠를 만들면서 얻은 노하우가 글로벌 OTT 투자 콘텐츠로만 전해질 수 있다는 이야기다.

K드라마, K무비가 장기적으로 경쟁력을 향상하기 위해서는 수출 성과들을 보다 내부화하며 축적해야 한다. 산업이 지속적으로 성장하기 위해서는 수출 활동을 통해 투자, 개발, 제작, 판매 등 가치사슬 전반에서 역량을 제고하는 것이 필요하기 때문이다. 현재와 같이 투자와 판매를 글로벌 OTT에만 의존할 경우 제작으로만 역할이 축소돼 '제작 하청기지'가 될 수 있다는 우려도 제기된다.

따라서 국내 OTT가 해외 진출 등을 통해 한국 드라마와 영화를 직접 제공하는 기반을 마련해가는 것이 필요하다는 지적이 나온다. 현재 국내 OTT들은 글로벌 OTT와의 국내 시장 경쟁 때문에,

그리고 최근에는 코로나19라는 외부 변수 때문에 해외 서비스 준비를 거의 하지 못했다. 하지만 글로벌 OTT와의 자본 경쟁을 위해서라도 해외 진출을 통한 규모의 경제 실현은 필수적이다. OTT의 등장으로 영상 산업에서 내수와 수출의 경계는 사라져가고 있기 때문이다. 내수 시장만 지키자는 마음 정도로는 그 시장 수성도 쉽지 않다.

최근 무서운 성장세를 보이고 있는 K웹툰의 성과에서 시사점을 찾아볼 수도 있다. 웹툰은 북미 지역과 유럽, 일본 등에서 큰 성공을 거둬 수출 증가폭이 매우 크다. 세계 만화 시장에서 디지털 만화 점유율은 2013년에는 10% 내외에 불과했으나 2022년에는 30% 내외로 증가할 전망이어서 시장도 매우 빠르게 확대되고 있다.

특히 2013년을 기점으로 한국의 웹툰 산업이 크게 변화했다는 점이 중요하다. 그 이전까지 만화 산업의 해외 진출은 주로 일반 서적 수출입 경험이 있는 출판물 에이전시 등을 통해 진행되었다. 그러나 2013년 웹툰 전문 플랫폼 레진코믹스가 웹툰 유료화를 단행한 이후부터 전체 산업의 지형이 바뀌었고, 해외 진출 형태도 변화했다. 국내 기업이나 현지 관계사들이 현지어 기반의 서비스 플랫폼을 직접 운영하거나 직접 서비스하는 형태를 취하면서 수출도 늘고 산업의 성장폭도 매우 커진 것이다.

현재 세계 100개국에 서비스하며 세계 1위를 기록하고 있는 네이버 웹툰과 해외 플랫폼 확장세를 키워가고 있는 카카오페이지는 모두 직간접으로 플랫폼 운영에 관계하면서 산업의 규모를 확대시켰다. 웹툰은 국내 기업들이 먼저 디지털화하면서 플랫폼을 만들고 세계적으로 이를 통해 시장 혁신을 선도해나간 경우에 해당하는 셈이다. 콘텐츠마다 특성은 다르지만, 글로벌화가 중요해진 콘텐츠 시장에서 플랫폼 주도권의 문제는 더욱 중요해지고 있다.

05
위기와 기회가 공존하는
가상자산 시장

최준용(뉴마진캐피탈코리아 대표)

┃ 소용돌이 속의 가상자산 시장, 어떻게 변할 것인가

2020년 3분기까지도 1만 달러 내외에서 가격 등락을 반복하던 가상자산의 대장주 격인 비트코인의 가격은 2020년 4분기 이후 상승세를 나타내다 2021년 들어서서 가파르게 급등하며 급기야 2021년 4월에는 역사상 최고점인 6만 4,000달러를 기록했다. 시총 2위인 이더리움의 성장은 더 극적으로 2020년 3분기 300달러 수준에서 불과 7개월 만에 14배가 넘게 올라 2021년 5월 초에는 4,300달러를 넘어섰고, 전 세계 전체 가상자산 시총은 그 시점에 2조 달러를 넘기게 된다. 글로벌하게 일어난 가상자산 시장의 투자 돌풍은 한국도 예외가 아니어서 정부 추정에 따르면 2021년 4월 한 달간 업비트, 빗썸, 코인원, 코빗 등 한국의 4대 거래소 일 평균 거래 대금 합계는 하루 22조 원으로 2021년 상반기에만 4,000조 원에 달하는 가상자산 거래가 있었던 것으로 조사되었다. 한국예탁결제원이 집계한 2021년 상반기 개인투자자 기준 장내 주식 시장(코스피, 코스닥, 코넥스) 거래 대금이 4,171조 3,000억 원이니 국내 가상자산 거래 규모는 주식 시장에 육박할 정도로 엄청나게 커진 것을 알 수 있다. 실제로 한국의 가상자산 거래 규모는 전 세계 가상자산 거래 규모의 약 10% 정도를 차지한다.

거품 논란 속에서도 급등하던 가상자산 가격은 중국발 채굴 및 거래 금지를 기점으로 2021년 5월 19일 대폭락이 일어났으며, 며칠 후 비트코인 기준 최고점 대비 가격이 60% 가까이 떨어졌다. 그 후로 몇 개월 간 비트코인은 3~4만 달러 선을 박스권으로 횡보하다가 2021년 8월 중순 기준 4만 6,000달러 수준으로 가격을 회복 중이나, 거래량은 2021년 초보다 절반 이하로 크게 줄어들었으며, 2021년 4월 초 20%가 넘어가던 한국의 '김치 프리미엄'[1] 또한 사라졌다. 거래량이 줄어든 것은 너무 큰 변동성으로 인한 투자자의 피로감 이외에도 각국 정부와 금융 영향력자들이 가상자산에 정책적으로 규제의 움직임을 보이면서 투자자 차원의 불확실성이 증가해 가상자산에 대한 투자자의 관심을 억제하는 효과로 작용한 것이다. 아울러 2021년 5월 20일부터 시행된 '특정 금융거래 정보

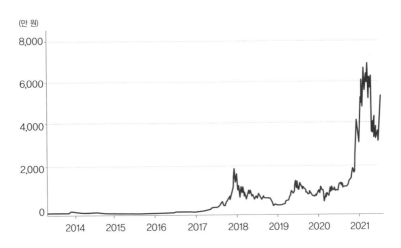

[그림 3-8] 비트코인 탄생 후 현재까지의 가격과 거래량의 변화

자료: 코인마켓캡

의 보고 및 이용 등에 관한 법률'인 특금법 개정안에 따라, 코인 원화마켓을 운영하는 가상자산 거래소들은 2021년 9월 24일까지 시중은행으로부터 발급받은 실명확인 입출금 계좌를 필수로 갖출 것을 강제했다. 시중은행들은 특금법상 가상자산 사업자에게 실명확인 입출금 계좌를 발급해주려면 고객 예치금 분리 보관 및 자금세탁 방지AML를 위한 시스템 구축, 정보보호관리체계ISMS 인증 획득 여부 확인 등 거래소의 위험 여부를 시중은행이 직접 분석하고 평가해야 하는데, 그동안 우후죽순으로 생긴 한국의 50여 개 거래소 중 이미 실명 계좌를 확보한 몇몇 대형 거래소를 제외하면 대다수의 영세 국내 가상자산 거래소들은 경쟁력을 잃고 대거 정리가 불가피한 상황이다.

┃ 2억 명의 유저가 암호화폐의 존재 이유

가상자산의 가치는 플랫폼 경제학의 '네트워크 효과network effect'[2]로 설명할 수 있다. 네트워크 효과란 네트워크의 규모가 커질수록 그 가치가 기하급수적으로 증가하는 현상을 의미한다. 네트워크 효과가 작동하는 시장에서는 상품 자체에 대한 각 개인의 선호보다는 다른 소비자의 소비 행위나 구매 행위가 개별 소비자의 효용에 영향을 미치게 된다. 예를 들어 한국에서는 대다수가 카카오톡을 메신저로 사용하므로, 설령 그 대체재인 라인Line 서비스에 대한 개인적 선호가 높다 하더라도 어쩔 수 없이 카카오톡을 쓰는 점이나, 일본에서는 같은 이유로 (대다수가 사용하므로) 개인 선호와는 상관없이 라인 서비스가 보편적으로 사용된다는 점을 들수 있다. 이렇게 네트워크 효과가 작동하는 시장에서는 이른바 '선입자의 우세first mover's advantage'가 작용해 후발주자가 나중에 비록 더 우수한 제품을 출시한다고 해도 (소비자의 관성에 의해) 선두 주자의 자리를 뺏어오는 것은 매우 힘들다. 이러한 이유로 시장에서는 아주 소수의 공급자만이 살아남게 된다. 가상자산 시장에서 더 우수한 블록체인 기술을 표방하는 코인이 나와도 비트코인과 이더리움의 아성을 위협하지 못하는 이유도 이 네트워크 효과로 설명할 수 있다. 결국 비트코인의 내재 가치는 디지털 시그널에 불과한 개별 BTC(비트코인의 화폐 단위)가 갖는 가치에서 나오는 것이 아니라, 정부가 만든 화폐가 아님에도 전 세계의 많은 사람들이 실제로 가상자산에 투자하고 있고, 또 이를 활용할 수 있다고 생각하는 사람들의 기대와 신뢰, 그 인적 네트워크 자체에서 나오는 것이라 할 수 있다.

흥미로운 점은 한 네트워크가 네트워크 효과에 의해 점점 더 크고 견고해지면 이 네트워크가 많은 고객층을 가지고 있다는 사실에 관심을 가지는 또 다른 보완재 네트워크와 양측 시장two-sided market을 구성하며 플랫폼으로 성장하는 것이 가능해진다는 점이다. 이를 '교차 네트워크 효과cross-side network effect'라 하는데, 네트워크가 플랫폼으로 발전해 여러 다른 네트워크와 끊임없는 교차가 일어나면 견고한 생태계ecosystem 조성과 보완재로 인한 잠김 효과lock-in effect를 통해 존재의 지속가능성sustainability를 확보하게 된다.[2]

비트코인이 마치 금처럼 코인 간의 가치 척도와 결제 수단으로 작용하고, 이더리움이 마치 은처럼 여러 동전token들의 플랫폼으로 작용한다면, 동전들이 늘어나면 늘어날수록 가상의 금과 은의 자산 가치는 더욱 커질 수 있다. 이더리움을 플랫폼으로 해 탄생되는 여러 토큰들은 끊임없이 실물경제와의 접합을 시도하는데 이를 '토큰 이코노미token economy'라 한다. 토큰은 특정 상품 또는 서비스를 구입할 때 지급결제 수단 또는 송금에 활용될 수 있으며, 특정 자산에 대한 권리 표식으로도 활용할 수 있다. 즉, 설계자의 상상력에 따라 그 적용이 실물경제에서 엄청나게 늘어날 수 있는데 바로이 점이 가상자산이 가지는 엄청난 성장 잠재력이라 볼 수 있으며,

[그림 3-9] 네트워크 효과

자료: 위키피디아

[그림 3-10] 가상자산 시가총액 비중
(2021년 10월 1일자)

자료: 코인360

또한 향후에도 비트코인이나 이더리움은 절대 사라지지 않고 그 지속가능성을 담보하게 될 것이라 예측할 수 있는 근거가 된다. 현재 약 2억 명의 유저가 비트코인 및 이더리움 등 가상자산을 투자하고 사용하는 것으로 알려져 있다. 이미 그 자체로 엄청난 네트워크이자 플랫폼인 것이다.

┃ 규제 역풍에도 진화하는 가상자산 시장

대선을 앞두고 정치권을 중심으로 과세 실시를 1년을 더 유예하자거나 공제액을 확대하자는 등 여러 이견도 있으나, 정부가 기존에 발표한 과세 방침에 의하면 2022년부터는 가상화폐 양도차익에 대해 연 250만 원을 공제하고 나머지에 대해서 20%의 양도소득세(+지방세 2%)를 부과하게 된다. 과세 방침 도입으로 인해 단기적으로는 2022년 초부터 시장에 큰 혼란이 불가피할 것으로 보인다. 해외 금융 계좌는 5억 미만일 경우 신고 의무가 없으므로 상당수의 코인 투자자들은 해외 거래소(바이낸스 등)로 가상자산을 대거 옮겨 과세를 피할 것으로 예측되기 때문이다. 결국 투자자 보호 등 가상자산 관련 정책 및 시장 인프라가 완벽하게 갖춰지지 않은 상황에서 과세부터 시행해 자산의 대규모 해외 반출 사태를 불렀다는 비판이 거세질 수 있다.

2019년 6월 국제자금세탁방지기구FATF는 가상자산 관련 권고안 및 가이드라인을 확정했는데, 이는 미국을 비롯한 서방 국가의 가상자산 규제 도입을 가속화하는 촉매 역할로 작용했다. 미국 의회는 가상자산을 합법적 규제의 틀에서 관리하고자 투자자 보호 관련 법안을 논의하고 있는 것으로 전해진다. 비트코인 등 가상자산을 상품 혹은 자산으로 정부가 인정했으므로, 월가의 대형 금융사들은 신원확인KYC 및 자금세탁 방지AML 의무만 준수하면 더 이상 정부 눈치 안 보고 자유롭게 가상자산 시장에 진입할 수 있게 되었다. 최초의 비트코인 투자펀드를 출시했던 그레이스케일Gray Scale은 세계 최대 가상자산운용사로 성장했으며, 시장에서 한때 160억 달러의 투자금을 끌어모을 정도로 인기가 치솟았다. 세계 최대 선물거래소인 CME Group(시카고상품거래소)이 시작한 비트코인 선물 거래에 전통적으로 상당히 보수적인 상업은행인 BoABank of America가 고객의 비트코인 선물거래를 허용했고, 세계 최대 투자은행인

골드만삭스 또한 CME Group을 통해 비트코인 선물에 대한 블록딜을 시작한 것으로 알려지고 있다.

가상자산에 대해 미국보다 우호적인 유럽과 캐나다는 비트코인 관련 상장지수펀드ETF까지 출시해 운영 중에 있고, 이에 따라 투자자들의 투자가 대규모로 확대되고 있다. 현재 그레이스케일은 비트코인 ETF를, 골드만삭스는 De-Fi(탈중앙화 금융 상품) 관련 ETF를 각각 미국 증권거래위원회SEC에 승인을 이미 요청해두고 있는 상태다. 일본의 경우 과거 거래소 마운트곡스Mt. Gox의 해킹 및 파산 사건을 계기로 일찌감치 가상자산의 법제화 및 과세 방침이 제정해 운영하고 있으며, 엄격한 규제를 유지하는 환경하에 노무라, 미쓰비시 등 전통 대기업들의 사업 진출과 투자가 이어지고 있다. 국내에서 아직까지 무작정 금지하고 있는 ICO(코인 발행) 또한 일본은 엄격한 상장 심사를 거쳐 허용하고 있다는 점은 시사점이 크다. 아직까지 가상자산 시장에 비우호적인 미국 증권거래위원회가 계속해서 차일피일 미루고 있는 미국 내 가상자산 ETF 출시를 승인한다면, 가상자산 시장이 개인을 넘어 일반 기업들의 투자 참여로 이어질 것이고 비트코인, 이더리움의 네트워크 효과가 크게 확대되어 더욱 큰 지속가능성을 확보할 수 있을 것으로 전망된다.

메타버스라는 새로운 디지털 세상이 펼쳐짐에 따라 가상의 세상 속에 구현되는 자산들의 가치나 유일성을 입증하는 도구로서 '대체 불가능한 토큰NFT, Non Fungible Token'이 각광받고 있다. NFT가 최근 대세로 자리 잡고 있는 메타버스 내 경제 활동을 가능케 하는 수단으로 여겨지는 것이다. 메타버스를 운영하는 사업자가 임의로 재화의 가치를 조종할 수 없으며, 재화의 수량이나 소유권의 흐름이 투명하게 공개되려면 블록체인 기술을 통해 탈중앙화를 통한 신뢰 구축이 필요하다는 점에 다수의 공감이 모이고 있다. 과거 상상이나 영화 속에서 펼쳐지던 메타버스가 눈앞으로 다가오면서 메타버스 속 부동산, 아이템, 각종 미술품 등 다양한 재화가 NFT를 매개로 현실 속에서도 그 유일성과 가치를 인정받을 수 있게 되었다. 한국의 대표적 플랫폼 기업인 카카오는 NFT에 가장 적극적인 곳 중 하나다. 카카오는 블록체인 분야 자회사인 그라운드X를 통해 NFT 인프라 시장에 진출하고 있다. 카카오의 엔터테인먼트 기업 SM 인수도 NFT 사업을 염두에 둔 콘텐츠 IP 확보를 위함이라고 알려지고 있다.

게임 기업 위메이드의 블록체인 자회사 위메이드트리는 블록체인 게임 아이템 등을 NFT로 만들어 거래할 수 있는 'NFT 마켓'을 열었고, 국내 최대 가상자산 거래소 업비트Upbit를 운영 중인 두나무도 경매회사 서울옥션블루와 함께 NFT 사업을 공동으로 추진하고 있다. 실제로 전 세계 NFT 시장 거래액은 2019년 약 6,200만 달러에서 2020년 약 3억 3,800만 달러 규모로 다섯 배 이상 커졌다. 메타버스와 가상자산 시장은 NFT를 매개로 강력한 상호 보완의 교차 네트워크를 형성하고 있다. 우려스러운 점은 한국에서는 NFT 사업자가 가상자산사업자VASP로 간주돼 특금법이 규정하는

[그림 3-11] NFT 거래플랫폼 오픈시에서 이더리움으로 거래되고 있는 가상자산들

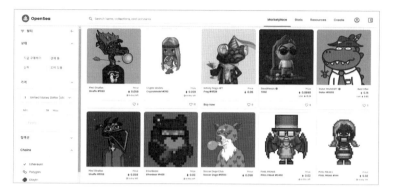

자료: 오픈시

복잡한 사업 신고 절차를 거쳐야 할 수 있다는 점이다. 사업 신고
절차 중에는 정보보호관리체계ISMS 인증 등 획득까지 수억 원의 비
용과 수개월 이상의 준비 기간이 필요한 만큼 서비스 제공 업체가
제때 사업인가를 받지 못해 글로벌 플랫폼 경쟁 시장에서 도태되
는 일이 발생하지 않기를 바란다.

건전한 생태계 조성에 대한 기대

앞서 살펴봤듯이 네트워크 효과와 교차 네트워크 효과가 발생하
는 플랫폼 시장은 성격상 선두가 계속 앞서나가는 선입자의 우세
에 의해 '승자독식Winner-take-all'이 나타나는 시장이다. 블록체인
의 등장으로 인해 글로벌 플랫폼 시장의 경쟁 양상이 중앙화 플

랫폼에서 블록체인이라는 분산화 플랫폼 경쟁으로 서서히 옮겨가고 있다는 점에 주목해야 한다. 새로운 기회의 창이 닫히기 전에 관련 생태계 조성에 앞장서는 정부의 좀 더 적극적이고 전향적인 입장 선회가 필요한 시점이다.

투자자 입장에서는 분산화, 즉 탈중앙화된 가상자산의 성장은 필연적으로 중앙정부와의 갈등을 겪을 수밖에 없는 태생적 운명을 가졌다는 점을 인지해야 한다. 미국 달러의 영향력 감소를 우려하는 미국 정부, CBDC(중앙은행 디지털화폐)를 추진하는 중국 정부의 정책 담당자 한마디에 시장은 계속해서 큰 폭으로 출렁거릴 것이며, 일확천금을 노리는 사기꾼들과 해커들에 의해서도 시장은 언제든 왜곡될 수 있다. 그리고 네트워크 효과의 다른 측면에서 비트코인과 이더리움을 제외한 수많은 잡코인Alt-coin들이 시장에서 생겨나더라도 그중 아주 소수만이 살아남고 대부분은 사라지게 될 것이다. 묻지마식의 투기가 아닌 분별 있는 가치투자가 필요한 이유다.

현재까지 한국은 법제화된 규제의 미비 속에 글로벌 트렌드에 역행하는 국내 코인 발행ICO 금지, 가상화폐 파생상품 거래 금지 등 지나친 시장 통제에만 중점을 두었고, 그 결과는 검증받지 않은 해외발행 사기 코인scam들에 투자자들이 전혀 보호받지 못하고 폭락장에서도 투자를 보호할 수 있는 파생상품이 전무한 결과를 낳았다. 전 세계 거래량의 10%를 차지하면서도 정작 내세울 만한 블록체인 기업, 규모 있는 투자 운영사, 체계적인 리서치 회사

조차 찾아보기 힘들다. 아무쪼록 특금법 시행을 계기로 한국도 정책의 방향이 규제 일변도가 아닌 건전한 시장 육성으로 나아가길 기대해본다.

06
글로벌 자동차 시장을 보는
세 가지 키워드

오철(상명대학교 글로벌경영학과 교수)

┃ 미래 자동차 산업에서도 규모의 경제는 지속된다

자동차 산업에 대한 전망을 이야기할 때 늘 빠지지 않고 등장하는 세 키워드는 전기차, 수소차 그리고 자율주행차일 것이다. 10년 전 2010년의 자동차 생산 대수 기준 상위 5개 기업은 지엠, 토요타, 포드, 폭스바겐, 현대차 순이었다. 지난 2021년 상위 5대 기업 순위가 토요타, 폭스바겐, 현대차, GM, 포드로 바뀌지만 상위 5개 기업은 바뀌지 않았다. 2020년 글로벌 100대 브랜드 자동차 순위 6위에 오른 테슬라의 2020년 전기차 실제 생산 대수는 20만 대로 완성차 1위 기업 토요타의 2%에 불과하다. 미미한 생산량이지만 2020년 테슬라의 시가 총액은 1,840억 달러로 자동차 제조사 1, 2위 기업인 토요타와 폭스바겐을 능가하고 있다. 최근 테슬라의 창업자 일론 머스크가 본인의 트위터에 2030년 이전에 연간 2,000만 대를 만들고, 화성에 로켓을 쏘겠다는 공언을 하고 있는 탓에 높은 시가총액을 유지하고 있는 것 아니냐는 농담 비슷한 말도 있지만, 전기자동차의 미래에 많은 투자자들이 긍정적으로 베팅하는 것은 사실이다.

자동차 산업은 그 규모가 클수록 효율적인 '규모의 경제'가 전형적으로 작용하는 산업이다. 저명한 경제학자 케이스 패빗Keith Pavitt[1]의 산업 분류상에도, 많은 논문에서도 자동차 산업은 규모의 경제를 갖는다고 평가한다.[2] 1990년대 후반과 2000년대 초반에 세계의 유명한 전략 컨설팅 회사들의 보고서에도 자동차 산업에서 생존하기 위해서는 완성차 업체들이 규모의 경제를 확보해야 한다고 언급하고 있다. GM도 2000년을 전후해서 규모의 경제를 확보하고자 인도, 중국, 한국에 투자를 한 바 있으며, 토요타도 미국, 프랑스, 태국, 인도네시아 등지에 주요 모델을 생산하는 공장을 가지고 있다. 현대차도 미국 앨라배마, 멕시코, 브라질, 체코, 인도, 중국 등에 생산기지를 건설함으로써 규모의 경제를 달성하기 위한 경쟁 대열에 합류해 2010년 이후에는 상위 5대 기업에 항상 이름을 올릴 수 있었다. 자동차 산업은 여전히 모두 규모의 경제와 연관된다.

폭스바겐, 벤츠, BMW 등 유럽의 자동차 업계의 주가는 계속 지지부진하다. 갈수록 엄격해지는 자동차 배출가스 기준은 완성차 업계에 위협 요인이라고 시장에서 계속 평가되고 있는 것이 주요 원인일 것이다. EU의 배출가스 목표는 미국, 일본과 비교할 때 가장 엄격하다. 2018년 10월 EU 집행위원회는 2030년까지 1991년 대비 자동차의 이산화탄소 배출량을 40% 감축하기로 결정했다. 이와 함께 하이브리드 혹은 전기차 생산을 장려한다. 이산화탄소 배기량을 줄이고 전기차 생산을 늘리는 것은 유럽의 완성차 기업에는 기술적·재정적 부담이다. 자동차의 생산 라인 설계를 변경해야 하고 전장화electrification의 비율도 높여야 한다. 내연기관의 연구 개발보다는 배터리 공급에 더 신경 써야 할 것이고, 전장화 분야의 부품 업체와 협력해야 하므로 GVC도 바꾸어야 한다. 투자 부담은 늘어나고 수익성은 하락할 것이다. 자동차 업계의 주가 또한 부진할 가능성이 높다. 하지만 전기차 시장 점유율은 2020년 기준으로 전체 자동차 판매의 7.8% 정도로 시장의 성장 가능성은 무궁무진하다고 볼 수 있다.

전기차는 기존의 엔진과 트랜스미션을 중심으로 하는 파워트레인 중심의 자동차 산업과는 기술적으로 그 궤적을 달리한다. 하지만 전기차 제조에서도 규모의 경제는 아직까지 중요한 장벽이다. 테슬라는 보급형 모델 3의 대량 생산에 많은 문제점을 드러내면서 어려움을 겪었다. 모델 3는 2016년 출시 계획을 발표할 때는 예약 판매 대수 25만 대를 돌파하면서 소비자의 뜨거운 관심을 모았지만, 2018년 중반까지 극심한 생산 차질로 고전했다. 반면에 기존

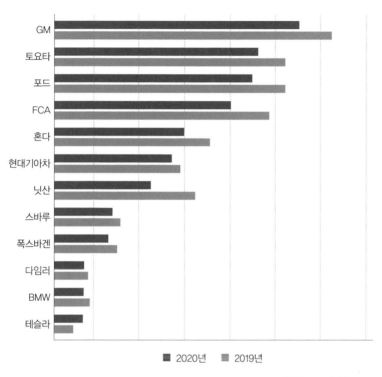

[그림 3-12] 2020년 미국 내 자동차 판매량

■ 2020년 ■ 2019년

자료: www.statista.com

의 대형 자동차 업체들은 이미 대량 생산 능력과 오랫동안 구축한 제조 노하우를 가지고 있다. 그리고 사실은 기존 완성차 업체들도 오랫동안 전기차에 대비해왔다. 그동안 전기차 라인업을 정비하는 한편, 전기자동차의 연구개발에도 지속적으로 투자해왔다. 토요타 프리우스Toyota Prius, 지엠 볼트GM Volt, 닛산 리프Nissan Leaf 등 많은 전기차 모델이 활발히 판매되고 있고, 제조상의 하자도 거의 발생하지 않는다. 유럽의 자동차 업체들도 고급 브랜드를 앞세워 전기차에 집중적으로 투자하고 있다. 벤츠는 2018년 첫 번째 양산형 전기차 EQC를 공개했다. 폭스바겐은 현재 생산하고 있는 300여 차종에서 모두 전기차를 내놓겠다는 로드맵도 발표했다.

테슬라는 혁신적 전기차를 만들었고, 친환경을 지향하는 고객의 요구에 발 빠르게 대처했으며, 투자자들에게 전기차 산업의 미래를 보여주었다. 하지만 전기차 산업의 대표적인 경쟁 우위가 규모의 경제인 것은 변함이 없다. 제조 과정에서 이미 구축한 영역을 기반으로 수평 통합과 수직 통합의 방식으로 가치사슬을 보다 견고하게 함으로써 효율성을 달성하기 때문이다. 전통적 대형 자동차 업체들은 여전히 테슬라를 압도하는 매출 규모, 판매 네트워크[3]와 현금 흐름을 가지고 있다. 그리고 전기차 모델도 가지고 있다. 완성차 업체들은 단기적으로는 투자 부담이 증가하기 때문에 주가가 부진할 수도 있을 것이다. 그러나 장기적으로는 누가 우위를 점할지 알 수 없다.

| 미래차의 패권을 차지하는 것은 전기차일까, 수소차일까

수소차는 시장성은 매우 높지만 100년의 전통을 자랑하는 내연기관차의 기술 발전에 비하면 아직 태동기라 할 수 있다. 비록 현재 본격적으로 수소차 시장이 열리지 않았다고는 하나, 투자자들은 향후 수년 내 시장이 확대될 것으로 전망하고 있다. 현재 수소

[표 3-6] 수소차 생산을 위한 완성차 기업 간 연합

현대차·아우디	수소차 기술 특허·주요 부품 공유
혼다·GM	2020년까지 수소차 연료 전지 공동 생산
토요타·BMW	2020년 상용화 목표 수소차 플랫폼 공동 개발
닛산·포드·다임러	수소차 기술 공유 제휴

자료: 삼성증권

차 시장을 기술적으로 선도하는 완성차 업체는 현대차와 토요타, 혼다 3개사다. 현재까지 이 3개사가 수소자동차 양산에 성공했다. 따라서 기업 간의 연합도 현재 양산에 성공한 3개 업체를 중심으로 그룹화하고 있다.

현대차와 아우디는 수소차 기술 특허와 주요 부품을 공유하고 있고, 각각 넥쏘(2018), H트론 콰트로(2016)를 출시·공개했다. 혼다와 GM은 수소차의 핵심 기술인 스택을 공동 생산하는 협업을 하고 있고, 각각 클래리티(2016), 콜로라도ZH2(2016)를 출시·공개했다. 토요타와 BMW는 수소차 부품과 플랫폼을 공동개발하고 있고, 각각 미라이(2014), 하이드로젠 넥스트(2019)을 출시·공개했다. 특이한 점은 토요타는 중국의 둥펑 자동차, 베이징 자동차, 광저우 자동차와도 수소차의 공동개발을 위해 합자회사를 만들었다는 사실이다.

현대차, 토요타, 혼다 3사의 현재 상용화된 수소차의 성능을 비교하면[4] 현대차의 성능이 최고 속도, 최대 토크, 시속 100킬로미터 도달 시간, 1회 충전 시 도달 거리에서 모두 경쟁사들을 앞서고 있

다. 수소자동차는 현대차가 선도 기업이고, 기반 기술 역량도 매우 높은 수준이다. 현대차는 수소차에 대해 오랜 준비를 통해 수직계열화가 잘 이루어져 있고, 향후 글로벌 경쟁에서 유리하리라 생각된다. 하지만 주요 자동차 생산국에서도 수소 산업의 성장을 예측해 적극적으로 인프라를 구축하면서 자동차 업계를 지원하고 있어 향후에는 치열한 경쟁이 예상되고 있다.

수소차 산업은 복잡한 가치사슬 구조를 갖고 있다. 핵심 기술 체계를 네 가지로 구분할 수 있는데, 수소와 공기를 이용해 전기를 발생시키는 장치인 스택, 스택을 운전 시키는 운전 장치, 연료인 수소를 저장하는 수소저장 장치와 스택·운전장치·전기동력을 제어하는 전장 부품으로 구분된다. 수소차 산업은 대단위 투자, 장기간의 연구개발, 자동차 제조에 대한 노하우 등이 결합된 기술 집약적 산업의 특징을 갖는다.

수소차와 전기차는 모두 친환경차의 대표 주자로 인식되고 있고, 장기적으로는 전기차와 수소차가 시장을 양분할 것으로 예측하고 있다. 수소차와 전기차 모두 각각의 우위 영역이 명확히 존재한다. 전기차에서 기술적으로 앞서 있고 대중화된 테슬라 모델 3은 급속 충전의 경우는 30분이라고 해도 완전 충전에는 8시간이 걸리는 반면, 현대의 수소차 넥쏘는 완전 충전에 불과 5분이 채 걸리지 않는다. 완전 충전 시간에서는 수소차가 우위에 있지만, 차량 비용과 연료비를 합한 총소유 비용은 아직 전기차보다 수소차가 훨씬 높은 편이다. 또한 수소차의 충전소를 찾는 것은 아직 매우 어려운 일이다. 그러나 대용량 에너지가 필요한 상용차(버스, 트럭)에서는 수소차의 우위가 두드러질 것으로 예상된다.

▍자율주행차의 주도권은 누가 가질 것인가

소프트뱅크 손정의 회장은 2017년 말 〈월스트리트저널〉과의 인터뷰에서 다음과 같이 말했다. "사람들이 이동하는 방식이 30~50년 안에 모두 바뀔 것이다. 우리는 자율주행차 시대에 대비해 차량 공유 플랫폼을 확보해야 한다." 자율주행차 개발에는 애플, 구글, 테슬라 등 글로벌 플랫폼 및 테크 기업과 토요타, 현대차, GM 등 기존 자동차 업체들이 투자하고 있다. 자율주행차 개발의 기술 진입 장벽은 상당히 높다. 하지만 차량 공유 플랫폼은 기술적 진입 장벽이 높지는 않다. 더 중요한 것은 자율주행차가 많아도 차를 부르는 것은 주로 차량 공유 플랫폼이라는 점이다. 즉 플랫폼이 매우 중요하다. 자율주행차가 일반화하면 궁극적으로 차량의 소유 개념이 사라질 수도 있다.

현재 미국에서 차량 공유 플랫폼의 대표 기업은 우버다. 재미있는 점은 우버의 최대주주는 소프트뱅크 손정의 회장이 만든 비전펀드Vision Fund다. 비전펀드는 2017년 12월 컨소시엄 형태로 90억 달러를 투자해 공유차량 업체 우버의 최대주주가 되었다. 그리고 소프트뱅크는 이미 중국의 디디추싱, 인도의 올라Ola, 싱가포르 그

랩Grab에 투자해 아시아 기업들을 장악한 상황이다. 비전펀드와 소프트뱅크의 차량 공유 회사들을 같이 생각해보면 미국, 중국, 주요 아시아 국가들의 대표적인 차량 공유 업체들을 모두 소프트뱅크의 손정의 회장이 지배하고 있다. 테크 크런치에 의하면 동남아의 차량 공유 시장은 2025년에는 지금보다 네 배 성장한 200억 달러(약 21조 원) 규모로 커질 전망이다. 빠르게 성장하는 시장이고 시장 규모도 크기 때문에 시장 점유율이 무엇보다 중요하다. 출혈 경쟁을 해서라도 소비자를 확보하는 것이 중요한 시장이 되었다.

2021년 2월 기아차가 '애플카' 생산과 관련 애플로부터 약 4조 원 규모의 투자를 받는다는 보도에 기아차의 주식이 급등한 적이 있다. 실제로 투자는 없었고, 며칠 후 '애플이 애플카를 개발하는 협상 과정에서 폭스콘과 같은 하청업체 지위를 기아차에 요구'해서 결렬된 것일 수도 있다는 언론보도가 나왔다.

2018년 10월 일본 토요타 자동차와 소프트뱅크가 공동으로 출자한 모네테크놀로지 설립을 발표했다. 지분은 소프트뱅크가 50.25%를 차지했다. 누가 보다 많은 지분을 가지고 있는가는 누가 주도권을 가지고 있는지를 말해준다. 100년 역사의 자동차 주도권을 IT 기업이 가지게 되었다. 차량 공유 플랫폼이 토요타의 브랜드와 기술력보다 우위에 선 것이다.

자율주행차에 대한 특허에서 출원인을 기준으로 분석한 결과를 보아도 2010년 이후 구글, 모토롤라, IBM 등의 비자동차 업체의 특허수가 급상승하고 있음을 알 수 있다. 특히 구글은 2017년까지

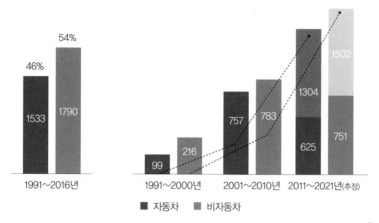

[그림 3-13] 완성차 업체와 비자동차 업체의 자율주행차 특허 출원 현황

46%
1533

54%
1790

1991~2016년

99

216

1991~2000년

757

783

2001~2010년

1304

625

1502

751

2011~2021년(추정)

■ 자동차　■ 비자동차

자료: 오철(2018)[5]

특허를 기준으로 자율주행차에 대한 양적 특허수가 10위를 차지하고 있고, 2011~2017년의 특허 출원수는 현대차와 토요타를 앞서고 있다. 물론 자율주행차 분야에서 완성차 업체들의 기술개발도 만만치 않다. 미국 시장에서 자율주행차에 대한 누적 특허수의 10위권에 GM, 토요타, 현대차, 포드 등이 포진해 있고, 특허로 방어막을 치는 전략도 동시에 행하고 있다. 하지만 전기차나 수소차와는 달리 자율주행의 영역에서는 완성차 업체의 고민이 앞으로 계속될 것이다. 자율주행차에 대비하기 위해 향후 애플 혹은 구글과 연맹해야 할 것은 같은데, 왠지 주도권을 빼앗기고 있다는 불안한 느낌을 지울 수 없으니 말이다.

한국경제 대전환기, 새로운 정부의 과제

최영기(한림대학교 경영학부 객원교수)

한국경제는 추격기를 벗어나 선도기로 진입하는 길목에서 코로나 대유행과 기후위기, 디지털 전환과 미중 패권 경쟁이라는 전대미문의 도전에 직면하게 됐다. 다행히 한국은 K방역에 힘입어 2020년 경제적 피해를 최소화하고 2021년 상반기까지만 하더라도 수출 경기의 호조와 정부의 확장적인 재정 정책으로 경제와 고용의 빠른 회복을 기대할 수 있었다. 그러나 코로나 바이러스는 변이를 계속하며 한국을 비롯한 세계를 또다시 혼돈에 빠뜨리고 있다. 그 와중에 우리는 모든 이슈를 정쟁의 소용돌이로 끌어들이는 대선을 코앞에 두고 있다. 추격 경제에서 선도 경제로, 녹색 경제와 디지털 경제로 전환하는 변곡점에서 다음 정부는 성장과 혁신, 고용과 복지에서 새로운 패러다임을 정립하며 선도 경제의 길을 열어야 한다. 대전환은 선택이 아닌 필수이며 누구도 가보지 않을 길이기 때문에 참고할 만한 과거의 경험이나 외국의 성공 사례도 없다. 우리 국민이 선거를 통해 어떤 가치와 리더십을 선택할 것인지 지금으로서는 예단하기 어렵다. 다만 분명한 것은 문재인 정부처럼 자기 진영에만 충실한 편협한 정책이나 비타협적 정치로는 대전환의 계곡을 무사히 넘기 어렵다는 점이다. 선거 승리가 모든 정책에 대한 사회적 합의를 의미하는 것은 아니기 때문에 새 정부는 다음과 같은 정책 이슈에 대한 대화와 타협의 테이블을 따로 만들어야 할 것이다.

경제 대전환은 산업의 대전환이고 그에 따른 직업의 변동과 직무의 전환을 수반한다. 구산업의 저항과 고통이 따르겠지만 창조적 파괴와 신산업으로 성장과 고용 창출의 새 돌파구를 열어야 한다. 정부는 신기술과 신산업이 꽃을 피우도록 규제를 합리화하고 혁신 금융과 핵심 인재 육성에 힘을 쏟아야 한다. 특히 새로운 기술 패러다임을 체화한 핵심 인재를 육성하고 기존 인력의 디지털 역량을 증진시키기 위한 교육 훈련을 대폭 강화해야 한다. 이들이 새로운 기술을 습득해 자신의 직장에서 스마트 혁신을 이끌도록 해야 한다. 그렇지 않으면 전환에 대한 저항이 커지고 실업은 증가할 것이다. 또한 거리두기의 장기화와 디지털 전환으로 일자리를 잃게 된 영세자영업 종사자들을 위한 별도의 적극적인 고용 창출 전략도 필요하다. 미국 바이든 정부가 추진하는 일자리 계획American Jobs Plan처럼 경기 부양과 고용 창출 효과가 큰 사회 서비스에 공공 투자를 확대할 필요가 있다. 공공 투자를 얼마나 확대할지 그리고 어디에 어떻게 투자할지 등은 모두 사회적 합의가 필요한 첨예한 갈등 사안들이다.

기업 정책도 혁신과 장기 투자를 촉진하는 쪽으로 가야 한다. 문재인 정부가 스튜어드십 코드를 대기업 개혁 정책으로 도입했지만 이들은 기업 가치를 어떻게 높일 수 있는지가 아니라 배당 확대나 주식 가치 상승에 더 관심을 기울인다. 정부가 기업의 장기 투자와 고용 창출을 유도하려면 그에 맞게 차등의결권 금지나 자사주 매입과 소각 등에 대한 개선 방안을 마련해야 한다.

디지털 전환의 시대에는 기업의 성장 전략도 달라져야 한다. 조직 내부에서 역량을 구축하고 신제품을 개발하기보다는 핵심 역량을 인수하는 방식의 비유기적 성장이 더 효과적이다. 업業 자체가 변하는 시기에는 전략적 폐기와 구조조정이 불가피하다. 다만 지금까지의 핵심 역량이 변화의 걸림돌이 되지 않도록 레거시legacy 관리도 필요하다. 정부는 적극적 노동 시장 정책active labor market policy으로 기업과 함께 퇴직자의 창업 프로그램이나 전직을 지원해야 한다. 전환기의 노동 이동이 역량 손실이나 퇴장이 아니라 역량 강화의 방향으로 작용하도록 장기 유급 교육 훈련 휴가나 유연 근무, 단축 근로와 겸업 허용 등 노동 시장의 유연 안정성을 높이기 위한 사회적 합의를 모아야 한다.

다음 정부에서 가장 첨예한 갈등이 예상되는 쟁점은 사회안전망의 사각지대를 어떻게 해소하고 재원을 어디서 충당할 것이냐의 문제다. 문재인 정부에서 시작한 소득 기반 고용보험을 플랫폼 노동과 자영업자까지 확대하는 것만 하더라도 넘어야 할 산이 많다. 마찬가지로 국민연금을 비롯한 사회보험 전체를 보편적 사회안전망으로 확장하는 것은 수많은 이해관계의 조정과 사회적 타협이 필요하긴 하겠지만 비교적 쉬운 선택이다. 그동안 깔아놓았던 소득보장 체계와의 정합성이 높기 때문이다. 그러나 선거철을 맞아 현금에 치중된 복지 공약이 난무하고 아예 소득보장 체계 전반을 손봐야 하는 기본소득이나 공정소득, 안심소득 등에 대한 기대가 높아짐에 따라 내년에는 이에 대한 본격적인 논의가 불가피할 것이다. 어떤 형태로든 저소득층 대상 사회보장제도의 통폐합을 수반한다. 이는 많은 갈등을 유발할 것이고 막대한 소요 재원 충당에 대한 논란도 불가피하다. 선거를 통해 이 모든 이해관계의 충돌과 갈등이 해소되지 않을 것이다. 대전환의 계곡을 빠르고 슬기롭게 통과하기 위해서는 대통령 당선자가 주도하는 정치사회적 대화와 타협의 테이블이 마련돼야 할 것이다. 그리고 1998년 김대중 대통령 당선자가 선례를 남겼듯이 새 당선자도 여야와 주요 경제 주체들이 참여하는 정치적 대타협을 추진하는 것이 좋을 것이다.

01
복지국가 역사의
분기점에 서다

양재진(연세대학교 행정학과 교수)

Ⅰ 대선 후보들의 기본소득 공약 정책 점검

2022년은 대선의 해다. 대선을 앞두고 여당과 야당의 유력 대선 주자들이 앞다투어 복지 공약을 발표하고 있다. 이 중에 기본소득 공약이 눈에 띈다. 이재명 경기도지사는 자신의 트레이드마크인 기본소득을 대표 상품으로 키워왔다. 경기도에서 청년기본소득을 실시하고, 코로나 국면에서 전 국민 재난기본소득을 앞장서 주장하며 전 국민 기본소득의 문을 열기 위해 노력하고 있다. 이 지사의 기본소득론에 대해 다른 대선 주자들은 여야 할 것 없이 일제히 비판한다. "가성비 낮고 지속가능하지도 않은 정책"(정세균), "부자건 가난한 사람이건 똑같이 돈을 나눠주는 것이 양극화 완화에 도움이 될 리 없다"(이낙연)에서부터 "사기성 포퓰리즘"(유승민)이라거나 "고무신 돌리는 것과 무엇이 다른가"(원희룡)라는 직격탄까지 날렸다.

이재명 지사는 지난 7월 대선 출마 기자회견에서 기본소득은 대표 공약이 아니라며 한발 물러섰다. 그러나 한때 이 지사의 지지율이 정체하고 이낙연 전 민주당 대표와의 차이가 좁혀지자, 2021년 7월 22일 기본소득을 대선 1호 대표 공약으로 재부상시키며 메가톤급 파장을 일으키고 있다. 이 지사는 청년에 한해 200만 원을, 나머지 모든 국민에게는 100만 원씩 현금을 지급하겠다고 한다. 이는 최소 연간 60조 원이 소요되는 정책으로, 2019년 건강보험급여비 69조 원에 버금가는 대형 사업이다. 기본소득의 재원 마련을 위해 기존 재정 지출을 효율화하고, 국토보유세와 탄소세 등을 신설하겠다고 한다. 이 지사는 "40여 년 전 박정희 정권에서 불완전하게 만들어진 의료보험이 지금의 최고의 복지 체계로 발전했듯이 한국형 기본소득은 세계가 주목하는 모델이 될 것"이라는 포부를 밝히고 있다.

몇몇 우파 대선 주자들은 이재명 지사의 전 국민 기본소득을 맹공하면서, 소위 우파형 기본소득을 대항마로 내세우고 있다. 유승민 전 의원은 공정소득이라는 이름하에 역소득세(NIT, Negative Income Tax) 방식의 기본소득을 공약으로 내걸었다. 공정소득은 김낙회 전 관세청장, 이석준 전 국무조정실장 등 전직 고위 경제관료 5인이 제안한 역소득세를 모델로 삼고 있다. 공정소득 설계를 돕고 있는 유경준 의원의 설명에 따르면 1인당 소득 1,200만 원을 기준으로, 이 이상을 버는 개인에게 누진율로 소득세를 거두어서 그 이하를 벌거나 소득이 없는 개인에게 기준소득(1,200만 원)에서 모자란 만큼의 50%를 현금으로 지급하는 안이다. 이에 따르면 무소득자는 매달 50만 원씩 연간 600만 원을 받게 된다.[1]

잠재적 대선주자인 오세훈 서울시장 또한 자신의 대표 공약인 안심소득을 서울시에 시범 실시하고자 중앙정부와 협의 중이다. 안심소득도 역소득세 방식으로 일정 기준 소득 이상자가 납부하는 세금을 가지고 그 이하 소득자에게 현금을 지급하는 모델이다. 일정 소득 이하에게는 근로 능력 여부를 따지지 않고 무조건적으로 기한 제한 없이 현금 급여를 지급한다는 점에서 공정소득과 일맥상통한다. 그러나 공정소득과 달리 개인이 아닌 가구 소득을 기준으로 대상자를 선정하고, 소득뿐만 아니라 재산 규모도 고려한다.

공정소득이나 안심소득론자들은 동일 액수를 전 국민에게 주는 기본소득보다, 저소득자를 타깃으로 삼는 역소득세 방식의 재분배 효과가 훨씬 클 것이라고 주장한다. 반면에 이 지사는 역소득세 방식은 대상자 선별 비용이 들고, 아무것도 받지 못하고 세금만 내는 사람들의 조세 저항을 유발한다며 안심소득과 공정소득을 비판한다.

| 사회보장제도 위축 및 소득 재분배 왜곡 가능성

2022년 대선을 앞두고 기본소득은 피할 수 없는 핵심 이슈가 되었다. 누가 승리하든, 좌파 방식이든 우파 방식이든 기본소득이 도입되면 기존 사회보장에 미치는 충격은 매우 클 것이다. 왜 그러한지 두 가지 측면에서 살펴보자.

첫째, 우파형 기본소득은 저소득층 대상 사회보장제도의 통폐합을 목표로 한다. 공정소득은 월 50만 원 이하 현금성 복지 급여를 통폐합하고자 한다. 기초연금, 국민기초생활보장의 생계급여, 아동 수당이 이에 해당 된다. 서울시에서 준비 중인 안심소득은 명시적으로 통폐합을 전제로 하고 있지 않다. 하지만 가구 소득 계산에 기초연금 같은 공적 이전소득이 포함되므로, 현금성 복지 급여를 받으면 안심소득 액수는 자동으로 줄어든다. 역으로 안심소득을 받으면 생계 급여가 줄어든다.

이재명 지사는 전 국민 기본소득을 주더라도 기존 복지 급여와의 통폐합은 없다고 선을 긋고 있다. 하지만 예산 제약하에서 기본소득 지급에 막대한 재원이 투입되면, 다른 사회보장제도의 발전은 기대하기 어렵다. 이미 경기도에서 청년기본소득에 들어가는 막대한 예산 때문에 각종 청년 복지 정책들이 사라져가고 있다. 민주당 소속 신정현 경기도의원은 도정 질의를 통해 "지사님의 기본소득은 기존의 지원 정책 위에 얹어져야 한다고 설명되었음에도 실제 시군에서는 재원 마련이 어려워 청년융복합센터, 청년월세지원사업, 청년건강검진 등 시군별 특수성을 반영한 청년 정책들을 축소·일몰시키는 사태가 발생하고 있다"고 비판했다.[2] 막대한 예산이 소요되는 기본소득이 중앙정부 프로그램으로 시행되면, 경기도에서 일어나는 부작용이 전국에서 발생하게 될 것이다.

둘째, 개인을 지급대상으로 하는 공정소득과 전 국민 기본소득은 기대와 달리, 소득 재분배를 악화시키거나 왜곡시킨다.[3] 개인 단위에서는 저소득 혹은 아예 소득이 없는 무소득이지만, 사회적으로 보호를 받을 필요가 없는 사람이 너무나 많기 때문이다. 중산층 가정의 전업주부나 자녀들이 그러하다. 이들은 소득이 없다. 한국인 5,200만 명을 소득 수준에 따라 일렬로 줄을 세우면 이들 전업주부와 자녀들은 맨 밑에 놓인다. 이들이 저소득자 또는 무소득자인 것은 분명하나 이들에게 기본소득이나 공정소득이 지급되면, 가구 단위에서는 역진적인 소득 재분배가 발생한다. 나와 같이 대학 교수로 상대적으로 높은 급여를 받는 외벌이 4인 가구면, 기본소득 때문에 세금을 더 내도 결과적으로 이득이다. 전업주부인 아내와 대학생인 아들과 딸이 기본소득을 받기 때문이다. 반면에 가구원 수가 적으며 소득 활동을 해 세금을 내는 근로 청년 1인 가구나 맞벌이 가구는 이득이 나기 어렵다.

사실 기본소득은 고소득에서 저소득으로 소득이 이전되는 효과보다, 땀 흘려 돈 버는 사람의 소득을 그렇지 않은 사람에게 이전시키는 효과가 더 클 수 있다. 판 돈젤라가 기본소득을 "노동자에 대한 게으름뱅이의 착취"라고 비판하는 이유다.[4]

국토보유세로 기본소득의 재원을 마련하면 달라질까? 토지를 소유한 농·임업인과 주택 소유자들이 '노동해서 번 돈'으로 국토보유세를 내면(토지 지분을 물납으로 세금 내는 것을 허용해주지 않는 한), 어민이나 무주택자에게 기본소득의 형태로 소득이 이전된다. 이때 국토보유세를 내더라도, 배우자와 자녀가 많으면 기본소득을 많이 받기에 이득이 날 수 있다. 반면에 토지나 주택 소유자로 세금을 더 부담하면서도, 가구원 수가 적은 노부부나 청·장년 단독 세대는 '루저'가 된다. 공장이나 상업용 토지에 국토보유세를 물리면 물가와 임대료가 올라 소비자인 일반 국민에게 부담이 전가된다. 전 국민이 루저가 될 것이다.

연소득 1,200만 원 이하의 저소득 개인에게만 준다는 공정소득도 결과적으로는 기대 밖의 결과를 가져올 수밖에 없다. 내 아내와 아들딸은 연 소득이 0원이므로 세 명이 매달 50만 원씩 총 150만 원의 공정소득을 받게 된다. 그런데 당장 먹고 사는 게 어려워 파트타임이라도 뛰어야 하는 저소득 가구의 아내나 학비와 용돈을 벌기 위해 아르바이트를 하는 대학생을 둔 가정은 내 가족보다 적게 받거나 하나도 못 받는다. 소득이 있기 때문이다. 한편, 개인 단위가 아닌 가구 단위로 소득을 측정하고 모자란 소득을 보충해주는 안심소득은 개인 단위 공정소득이나 기본소득보다 재분배 효과는 높다. 하지만 근로가 가능해도 소득 활동을 하지 않는 가구일수록 높은 급여를 받는다. 안심소득도 기본소득이나 공정소득처럼 '노동자에 대한 게으름뱅이의 착취'라는 판 돈젤라의 비판에서 자유로울 수 없다.

⏐ 일하는 자의 복지와 역량 강화에도 관심을 가져야

기존의 복지 급여는 소득 활동을 '안 하는' 사람이 아닌 '못 하는' 사람에게 지급된다. 실업, 출산·육아, 은퇴 등 불가피하게 소득이 상실된 사람에게 실업급여, 육아휴직급여, 그리고 연금 등이 지급된다. 저소득자를 상대로 하는 근로장려금EITC도 일단 소득 활동을 해야 지급이 된다. 근로 능력이 있는 자에게 무조건적으로 급여를 지급하는 경우는 없다. 적어도 교육을 받거나(학생수당·장학금), 직업훈련을 받아야 한다(훈련수당). 소득 재분배가 노동을 '하거나' '했는데 불가피하게 못 하게 되었거나' '준비하는' 사람들 사이에서 일어나는 것이다.

　기존의 복지 급여는 소득 재분배 자체를 목표로 하지 않는다. 실업이나 질병 등 사회적 위험에 대한 보상이 1차적인 목표다. 그러나 결과적으로는 소득 재분배 효과가 크게 난다. 소득이 상실된 사람들과 근로빈곤층에게만 급여가 지급되고, 그 지급 액수도 높기 때문이다. 2020년 25조 원을 연금 급여로 지출한 국민연금이 아무리 용돈연금이라고 해도 연 50조 원이 소요되는 이재명 지사의 연 100만 원(월 8만 3,000원)짜리 기본소득보다 연금액이 10배는 높다. 연 9조 원 정도 소요되는 실업급여도 최저금액이 최저임금의 80%

로 월 160만 원을 상회한다.

이낙연 전 민주당 대표는 '신복지'를, 원희룡 제주도 지사는 '담대한 복지'와 '국가찬스 복지'를, 유승민 전 의원은 부모보험의 도입 등 저출산 극복을 위한 사회보장 강화를 비전으로 제시하기 시작했다. 그러나 기본소득이나 공정·안심소득 공약에 비해 아직 언론과 국민의 관심을 받지 못하고 있다. 2022년 대통령 선거에서 향후 5년간 대한민국을 이끌어갈 지도자가 뽑힌다. 국정 운영의 방향과 주요 공공 정책도 사실상 결정된다. 좌우의 기본소득과 복지 공약에 대해 그 어느 때보다 객관적이고 과학적인 평가가 이루어져야 할 때다.

좌우파 기본소득 사례에서 보듯, 정치가들은 당장 표심을 자극하는 현금성 복지 공약을 우선시하는 경향이 있다. 현금을 가지고 각자 자유롭게 질병 치료, 보육, 간병, 교통, 주거, 교육 등 필수 기본 욕구를 충족시킬 수도 있을 것이다. 그러나 전이 가능성 transferability이 높은 현금성 복지는 주식과 코인 투자에 그리고 술이나 담배에 쓰여도 막을 방법이 없다. 따라서 필수 기본 욕구 충족을 위해서는 현금보다는 현물인 사회 서비스를 제공하는 것이 효과적이다. 게다가 사회 서비스 확대는 일자리도 창출한다. 일석이조다.

사후적으로 현금을 나눠준다고 소득계층이 바뀌지도 않는다. 사회적 상향이동성을 높이기 위해서는 기본소득류에 들어갈 막대한 예산을 아동의 타고난 재능을 계발하는 데 투자하는 게 바람직하다. 중산층도 만족하는 질 높은 공보육과 공교육을 제공하면, 덩달

아서 취약계층의 자녀들도 사교육을 안 받고도 타고난 재능을 꽃 피울 기회를 가질 수 있다. 청년들의 노동 시장 진입과 인생 이모 작, 삼모작이 가능하게 직업 역량을 키워주는 평생교육 시스템을 마련하는 것도 필요하다. 학령기에 조금 뒤처졌어도 노동 시장에 서 2차, 3차 기회를 가질 수 있게 말이다.

현금으로 준다면 이는 아무 때나 무조건 주는 것이 아니라, 출 산·양육, 실업, 은퇴 등 불가피하게 소득이 상실되었을 때 주어야 한다. 이때 정액으로 똑같이 나누기보다는 위험의 경중과 필요도 에 따라 충분한 급여를 지급해야 한다. 그리고 교육·훈련 등을 받 기 위해 휴직하거나 근로 시간을 줄여 소득이 줄었을 때, 생계를 걱 정하지 않고 교육·훈련에 집중할 수 있는 수준으로 적정 급여를 지급하는 게 필요하다.

┃ 기본소득, 만병통치약이 아니다

대선을 앞두고 좌파든 우파든 정치가들은 기본소득류의 현금성 복지를 만병통치약인양 선전하고 이를 통해 지지를 동원하려 노 력하고 있다. 그러나 국가 예산이 무한정일 수 없다. 한정된 복지 예산을 우선순위에 맞추어 효율적으로 사용해야 할 것이다. 무작 정 현금 지급보다는 필수 욕구 충족을 위한 사회 서비스에, 청년 과 미래 세대의 역량 개발에, 그리고 근로자의 직업 능력 배양에 투자해야 한다. 2022년은 복지국가로서의 한국 역사에서 분기점으로 기억될 가능성이 높다. 막연한 기대감에 기댄 선전이 아니라, 차분한 정책 논쟁을 통해 한국복지국가가 어떤 길로 가야 할지 결정되었으면 한다.

02

국민소득보장제: 혁신형 소득보장 체계의 구상[1]

홍경준(성균관대학교 사회복지학과 교수)

▎ 혁신형 소득보장 체계, 왜 필요한가

1990년대 말의 외환위기 이후 소득보장 영역을 비롯한 한국의 공공복지 확대의 속도와 폭은 주목할 만한 것이었다. 그럼에도 그림 4-1을 통해 알 수 있듯이, 한국의 GDP 대비 공공복지 비용의 비중은 선진국인 G7이나 EU21 국가들은 물론이고, OECD 전체 국가들보다도 작다. 물론 2000년대 초반 이후 뚜렷한 증가세를 보인다는 점, 또한 그 증가 추세가 다른 어떤 국가군들보다 빠르다는 점은 주목할 만하다. 그러나 그간 진행된 산업 구조와 노동 시장의 변화는 공공복지의 확장과 발전으로도 감당할 수 없

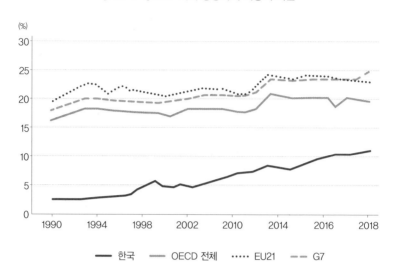

[그림 4-1] GDP 대비 공공복지 비용의 비율

자료: OECD Social Expenditure

는 어려움을 낳았다. 대기업의 호조와 중소기업의 침체, 노동 시장 중심과 주변 사이의 소득 격차 확대, 세계 최저의 출산율과 빠른 속도의 고령화는 삶의 불안정성을 키웠다. 노동 시장의 주변에 자리 잡은 취업자들의 상당수는 여전히 사회보험의 사각지대에 남아 있고, 공공복지 발전에 대한 체감도는 낮다. 외환위기 이후 지난 25년은 한국에서 복지국가의 태동을 지켜볼 수 있었던 시간이었지만, 그와 동시에 불평등의 증가와 고용 불안의 확대가 있었던 시간이었다.

여전히 진행 중인 코로나19의 세계적 대유행은 '뉴노멀'로의 이행이라는 수식어가 등장할 정도로 우리의 생활에 심대한 변화를 초래하고 있다. 포스트코로나 시대에 대한 진단과 분석들이 한목소리로 말하는 것은 이 위기가 여러 경로를 통해 결국은 디지털 경제로의 전환을 앞당길 것이라는 점이다. 자본주의 사회에서 대다수는 노동을 통해 생활을 꾸린다. 그런데 디지털 경제는 이 노동에 큰 변화를 초래할 것으로 짐작된다. 물론 디지털 경제로의 전환이 일자리의 양과 질에 어떤 영향을 줄 것인가는 아직 확실하지 않다. 동일 기관에서 제출한 보고서의 추정치도 출간 연도에 따라 그 전망은 크게 엇갈리기 때문이다.[2] 기계가 노동을 대체하지만, 생산성을 높이고 새로운 유형의 노동을 만들기에, 이 전환이 일자리를 줄인다고 단언하기는 어렵다. 디지털 경제로의 전환이 향후 일자리에 미치는 영향은 자동화가 초래하는 일자리 대체 효과와 이를 상쇄하는 힘[3] 중에서 어느 쪽이 더 강하냐에 따라 결정될 것이다. 문제는 일자리 대체 효과를 상쇄하는 힘들을 강화할 수 있는 정책과 제도가 어떠한가에 있다. 그러나 지금 한국은 혁신을 유인하는 제도도, 혁신에 필요한 안전망도 부실한 실정이다. 소득보장만 하더라도 다양한 프로그램이 제도화되었고 예산의 증가는 꽤 가파른 편이지만, 체감도는 높지 않고 개혁의 목소리는 크다.

왜 그럴까? 표 4-1은 그 이유를 단적으로 드러낸다. 여러 수단을 동원한 노력에도 불구하고, 사회보험의 사각지대는 밀린 과제로 광범위하게 남아 있다. 고용보험의 경우 전체 취업자의 절반 가까이가, 국민연금의 경우 전체 취업자의 27.3%가 배제되어 있다. 코로나19 위기와 그로 인한 디지털 경제의 가속화는 사회보험의 사

[표 4-1] **고용보험과 국민연금**(직역 포함)**의 사각지대**(만 명)

	고용보험		연금보험	
가입자	1,353	49.4%	1,989	72.7%
임금 근로자	1,353	49.4%	1,557	56.9%
비임금 근로자	0	0.0%	432	15.8%
미가입자(적용 제외자 포함)	1,383	50.6%	746	27.3%
임금 근로자	703	25.7%	498	18.2%
비임금 근로자	680	24.9%	248	9.1%
전체 취업자	2,736	100%	2,736	100%

자료: 통계청 경제활동인구조사 부가조사·근로형태별 부가조사

각지대를 더 넓힐 가능성이 크다. 밀린 과제에 새로운 도전이 제기되고 있는 위기 상황이다. 소득보장 체계의 전면적인 혁신이 필요한 이유다.

▍한국 사회에 필요한 복지 혁신은 무엇인가

대통령 선출이라는 중대한 선거를 앞에 두고 기본소득제, 안심소득제, 공정소득제, 역소득세NIT 등 다양한 혁신 방안이 제시되고 있다. 이 글 역시 현행 소득보장 체계의 혁신이 필요하다는 인식에 기초해 있으므로, 이러한 제안들은 충분히 경청할 만하다. 하지만 개인적으로는 이러한 제안들에 찬성하기보다는 기존 제도

의 개혁을 바탕으로 혁신적인 소득보장 체계를 구축하는 것이 더 적절하다고 생각한다. 기본소득제 등의 여러 제안에 찬성할 수 없는 이유는 다양하지만, 두 가지만 언급하면 다음과 같다.

첫째, 이러한 제안들은 소득보장이 목표로 하는 빈곤 완화와 사회 위험 분산은 결코 하나의 프로그램으로 성취할 수 있는 문제가 아니라는 점을 간과한다. 현행 소득보장 체계가 사회보험과 공공부조, 그리고 각종 수당이라는 이질적인 프로그램의 복합체로 축조된 배경에는 그렇게 해야만 하는 불가피함이 있다. 사회보험은 노동 시장에서 일하는 개인에 대해 그들이 생애 과정에서 직면하는 각종 사회 위험을 분산하기 위해 제도화되었다. 핵심적 기능은 소득 재분배가 아니라 사회 위험의 분산에 있고, 보험료의 기여라는 의무 수행을 전제로 급여라는 권리 행사를 보장한다. 은퇴, 재해, 실직, 질병과 같은 사회 위험에 빠질 확률과 소득 지위는 정확하게 비례하지 않는다. 숙련 전속성이 큰 기능직 고소득자의 실업 위험이 숙련 전속성이 작은 노무직 저소득자의 실업 위험보다 더 낮다고 단언하긴 어렵기 때문이다. 은퇴나 질병이라는 사회 위험 역시 마찬가지다. 소득 지위와 위험 지위가 일치하지 않기에 다양한 집단(빈자와 중산층, 숙련 전속성을 가진 노동자와 그런 노동자를 필요로 하는 기업)이 연대할 수 있다. 납세자가 낸 세금을 정부가 모아서 빈곤 가구에 재분배하는 공공부조와는 별도로 사회보험이 소득보장 체계로 편입된 이유다.

둘째, 이러한 제안들은 급여의 수급 단위에 따른 형평성의 문제를 간과한다. 사회 위험을 분산하는 사회보험은 수급 단위를 개인으로 둘 수 있지만, 재분배에 기초해 빈곤에 대응하는 공공부조는 수급 단위를 가구로 둘 수밖에 없다. 그렇게 하지 않으면, 형평성에 심각한 문제가 발생하기 때문이다. 가구 소득이 400만 원인 홑벌이 부부(소득 400만 원인 취업자+전업주부)와 가구소득이 150만 원인 맞벌이 부부(소득이 각각 80만 원과 70만 원)를 비교해보자. 수급 단위를 가구로 둔다면, 가구소득이 150만 원인 맞벌이 부부가 재분배의 대상이 되지만, 수급 단위가 개인이라면 가구소득 400만 원인 홑벌이 가구의 전업주부가 재분배의 대상이 된다. 물론 모든 사람에게 조건 없이 급여를 제공하겠다는 기본소득제는 이러한 형평성의 문제를 피할 수 있다. 하지만 그렇게 하기 위해서는 엄청난 재원이 든다.

▎국민소득보장제의 필요성

소득보장 체계의 혁신 방안으로 이 글에서 제안하는 것은 '국민소득보장제'다. '국민소득보장제'는 ① 개인이 생애주기 동안 직면하는 각종 사회 위험을 분산하는 '국민생활보험제도(사회보험)'와 ② 기준 중위소득의 50%(2021년 기준 1인 가구 92만 원)를 보장하는 '국민생활지원제도(공공부조)', ③ 기초연금, 장애인연금, 근로·자녀장려금 등 각종 수당 제도로 구성한 소득보장 체계다. 표

[표 4-2] 국민소득보장제: 혁신형 소득보장 체계 개요

사회 위험	소득 능력의 상실	소득의 상실	소득 능력의 감소	소득의 감소
사회 위험 원천	은퇴 및 재해	실직 및 질병	교육훈련 및 돌봄	취업 지위의 급변

현행	국민연금과 직역연금 산업재해보상보험	실업급여	직업 능력 개발	모성보호 양육수당 가족요양비	고용 유지 고용 촉진
	기초 연금 / 장애인 연금	국민취업지원제도			근로·자녀장려금
	국민기초생활보장제도				

국민 소득 보장제: 혁신형 소득 보장	국민생활보험제도: 사각지대 없는 소득 중심의 전 국민 사회보험			
	·통합형 공적연금 ·산업재해보상보험	·실업급여 ·상병수당	·국민활동급여	·부분실업 급여
	가구 특성에 따라 '기준 중위소득 50% + @' 보장하는 부조와 수당			
	기초연금 장애인연금	국민취업지원제도		근로·자녀장려금
	국민생활지원제도			

자료: 한국공공정책연구소

4-2는 '국민소득보장제'의 체계를 나타낸 것인데, 그 추진 원칙은 다음과 같이 요약할 수 있다.

첫째, 노동 시장의 공정성 확보를 위한 노력이 병행되어야 한다. 디지털 경제의 가속화에 따라 노동 시장과 고용에는 심대한 변화가 초래되겠지만 여전히 사람들이 생활을 꾸리는 방편은 주로 노동이며, 앞으로도 꽤 오랫동안은 노동일 것이다. 그러므로 혁신적 소득보장 체계는 노동 시장의 구조 개선과 함께 추진되어야 할 것이다. 특히 노동 시장의 공정성이 중요하다. 동일가치 노동, 동일 임금 원칙이 비정규직의 정규직화 원칙보다는 상위의 원칙임을 분명히 하고, 그 원칙의 정착과 확대를 위한 임금 체계의 개혁이 이뤄져야 한다.

둘째, 사회보험의 적용 대상은 보편화되어야 한다. 한국의 소득보장, 특히 사회보험은 노동 시장의 중심부 취업자(대기업과 공공 부문) 위주로 발전해왔다. 지금도 여전히 그러하다. 주변부 취업자들의 상당수는 여전히 사각지대에 머물러 있다. '혁신형 소득보장체계'는 노동 시장에서의 취업 형태와는 상관없이 모든 취업자를 적용 대상으로 한다.

셋째, 소득보장이 대응하는 사회 위험의 범주를 정비하고 확장해야 한다. '국민소득보장제'는 사회 위험을 ① 소득 능력의 상실(재해와 은퇴), ② 소득 능력의 감소(교육훈련과 돌봄), ③ 소득의 상실(실직), ④ 소득의 감소(취업 지위의 하락)라는 네 개로 분류하고, 이에 대응하는 소득보장 프로그램을 사회보험과 각종 수당, 공공부조의 패키지로 배치한다.

넷째, '국민소득보장제'는 사회보험 재정 원칙의 변화를 동반한다. 취업자-사업자의 2자 부담 방식을 취업자-사업자-중앙정부가 사회보험료를 부담하는 3자 부담 방식으로 전환한다. 취업자와 사업자의 사회보험 기여금은 사업장 중심의 사회보험료payroll tax에서 국세청의 납세 플랫폼을 기반으로 목적세인 국민보험세national insurance tax로 전환한다. 공공부조와 각종 수당은 현행처럼 중앙정부와 지자체의 재정으로 운영한다.

다섯째, '국민소득보장제'는 조세-복지 패러다임의 전환에 기초한다. 국세청의 월 단위 실시간 소득 파악RTI, Real Time Information과 사회보험 징수 통합을 기반으로 전 국민 소득정보시스템을 구축해 사회보험 징수 책임을 국세청이 가지며, 복지부의 차세대 사회보장 정보 시스템과 정책 부처별 시스템을 연계해서 보다 효율적으로 공공부조 및 수당 제도를 운영한다.

여섯째, 최후의 안전망인 '국민생활지원제도'를 제외한 모든 소득보장 프로그램에서 제공하는 현금 급여에 과세한다. 소득보장 프로그램에서 제공하는 현금 급여는 개인소득을 구성하는 소득원천의 하나다. 근로소득이나 사업소득, 재산소득 등 다른 소득원천들과 달리 취급되어야 할 이유는 없다는 것이다. 공적 연금 급여에 대해서만 과세하는 방식에서 벗어나서, 소득보장 프로그램의 모든 현금 급여에 과세해야 한다. 이렇게 될 때 보편 지급, 선별 환수 원칙에 따른 분별 복지가 이루어지고, 보편 또는 선별의 소모적인 논쟁을 탈피할 수 있다.

이상과 같은 추진 원칙에 따른 '국민소득보장제'의 정책 과제 중 일부를 소개하면 다음과 같다.

첫째, 사각지대 없는 소득 중심의 전 국민 사회보험을 시행한다. 코로나19 위기와 고용안전망 사각지대의 문제에 대해 문재인 정부는 '전 국민 고용보험'을 정책 방향으로 제시했으나, 이 문제는 고용보험만의 문제라고 할 수는 없다. 소득 중심 전 국민 사회보험 추진의 정책 목표는 불안정 고용 형태의 저소득 근로자 및 특고(특수 형태 근로종사자), 프리랜서, 플랫폼 노동자, 자영업자 등 사회보험 사각지대를 근본적으로 해소하고, 새로운 사회 위험에 대응하는 것이다. 이를 위해 자격 중심에서 소득 중심 패러다임으로의 전환을 법령으로 규정, 근로자 적용 제외 조항 전면 폐지, 직접 환급 방식으로 사회보험료 지원 체계 개편 및 국세청 지원, 국세청 플랫폼 기반의 월 단위 실시간 소득 매출 파악 체계 구축, 사회보험료를 포함한 국세청 사회적 징수 통합이 추진되어야 한다.

둘째, 코로나19 위기는 안정적인 고용관계에 있는 취업자라 하더라도 무급휴직 등으로 인해 일시적으로 또는 장기간 소득의 감소나 중단이 발생하기도 한다는 것을 드러냈다. 현행 실업급여는 비자발적 실업으로 인한 소득의 중단만을 실직 상태로 인정해 급여를 제공하기 때문에 무급휴직으로 인한 소득 감소나 중단에는 적절하게 대응하지 못한다. 고용은 유지되지만 일의 일부나 전부가 중단되는 경우, 둘 이상의 일자리 중 하나의 일자리를 상실하는 경우, 실업급여를 받는 중에 일시적으로 취업하는 경우 등을 부분실업으로 인정하고 이에 대응하는 부분실업급여를 도입해야 한다. 부분실업급여를 도입하기 위해서는 무엇보다 먼저 근로 일수와 시간에 기초해 기여와 급여의 자격 조건을 정하는 현행 방식을 소득에 기초해 기여와 급여의 자격 조건을 정하는 방식으로 바꿔야 한다. 앞서 언급한 소득 중심의 전 국민 사회보험 시행이 필요하다는 것이다.

셋째, 소득 능력의 감소에 대응하는 소득보장 프로그램으로 국민활동급여를 제도화한다. 국민활동급여는 생활의 재생산에 필수적인 교육훈련 활동이나 돌봄 활동으로 인한 노동의 감소 내지는 중단이 초래하는 소득 능력의 감소에 대응하는 소득보장 프로그램이다. 18~64세의 근로 연령대 개인들에게 국민활동계좌를 부여하고, 이들이 직업훈련 활동이나 가족 돌봄 활동을 위해 유급 노동을 중단할 때, 월 단위로 최대 48개월분의 급여를 국민활동급여로 제공하는 것이다. 필요 예산은 전액 중앙정부가 부담하는 사회보험 기여금으로 충당하며, 급여 액수는 1인 가구에 적용하는 기준 중위소득의 55~60%(2021년 기준 100~110만 원)로 하되, 다양한 방식을 고려할 수 있다. 가령 만 18세가 된 피보험자에게 12개월 치의 급여액에 해당하는 금액을 계좌에 적립해주고 노동 이력의 증가에 비례해 나머지 36개월 치의 급여액을 추가로 적립하거나, 연령대별로 할인율을 적용해 30세 이전에 인출하면 그 1개월은 1.2개월로 간주하고 45세가 지나서 인출할 경우 그 1개월은 0.8개월로 간주하는 방식 등이 탄력적으로 모색될 수 있다.

넷째, 모든 국민의 기본생활 보장을 위해 국민생활지원제도를 도입한다. 현행 국민기초생활보장제도의 의료급여, 주거급여, 교육급여는 각각 건강보험(국민건강보험공단), 공공임대주택 정책(국토교통부), 교육복지 지원 사업(교육부 및 지방교육청)과 연계 운영하는

식으로 분리하고, 생계급여 중심으로 국민생활지원제도로 전환한다. 국민생활지원제도의 보장 수준은 기준 중위소득의 50%(2021년 1인 가구의 경우 92만 원)로 하며, 사각지대의 문제를 낳는 재산기준은 대폭 완화한다. 사회보험과 각종 수당이 제공하는 급여에도 불구하고, 가구 단위로 측정한 소득액이 기준 중위소득의 50%에 미치지 못하면 국민생활지원제도는 보충성의 원칙에 따라 모자란 부분을 채운다.

03

고용과 노사관계,
무엇을 우선순위에 둘 것인가

최영기(한림대학교 경영학부 객원교수)

Ⅰ 고용 없는 경기 회복과 일자리 양극화

2021년 상반기까지만 하더라도 빠른 수출 경기 회복과 정부의
과감한 재정 투입, 통계상의 기저효과 등으로 성장률과 고용 총
량이 크게 개선되며 경제 전반에 대한 낙관적 전망이 팽배했다.
그러나 코로나19의 변이가 계속되고 4차 대유행으로 거리두기
단계가 강화되며 하반기에 기대했던 집단 면역이나 경제 활동의
폭발적 반등은 어렵게 됐다. 한국은행의 5월 수정 전망에 따르면
성장률이 4.0%로 반등하더라도 고용률은 60.1%로 2020년과 동
일할 것이며 2022년에도 3% 성장에 고용률은 60.4%에 불과할

전망이다. 2019년 코로나 충격이 덮치기 전의 고용률 60.9%를 회복하는 것은 차기 정부 중반에나 가능할 수 있다.

정부는 고용 유지 지원 기간을 연장하고 재정 지원 일자리 사업을 크게 확대(3조 원, 70만 개 일자리 창출)하며 고용 위기 극복에 안간힘을 쓰지만 디지털 전환과 탄소중립 에너지 전환이라는 거대한 변화의 파도가 밀려오는 것을 외면할 수도 없다. 정부는 2021년 7월 한국판 뉴딜 2.0을 제시하며 산업 전환에 따른 근로자 피해를 최소화하기 위한 '공정한 노동전환계획'을 발표했다. 코로나 위기와 달리 디지털과 에너지 전환은 미래를 향한 변화이고 예측 가능한 저강도 위기라서 어떻게 대응하느냐에 따라 새로운 진로를 개척할 수도 있다. 선진국들 모두 새로운 과제에 직면해 정해지지 않은 답을 찾아가야 하는 진정한 혁신의 해법을 요구받게 됐다. 차기 정부가 당면할 과제는 코로나 위기로부터의 빠른 고용 회복과 이중의 전환에 따른 일자리 변동에 대한 대처, 그리고 한국 노동 시장이 안고 있던 '이중 노동 시장과 불평등'을 개선하기 위한 노동 시장 개혁이다.

▎ 핵심은 적극적 고용 전략

고용 없는 경기 회복에 대비한 확장 재정 정책
정부가 직접 시행하는 재정 지원 일자리 사업은 단기 알바 수준의 노인 일자리가 대부분이어서 팬데믹 장기화로 인한 고용 충격을 완화하기에는 턱없이 부족할 것이다. 미국 바이든 정부가 추진하는 '일자리 계획'과 같은 경기 부양과 고용 창출 효과가 큰 공공투자를 확대할 필요가 있다. 한국건설산업연구원(2021) 조사에 따르면 2020년 기준으로 30년 이상 된 노후 시설물은 17.5%에 달하고 향후 10년 안에 그 비중이 26.8%에 이른다. 1970년대 압축성장기에 시공한 산업단지와 도시 기반 시설의 개선을 위한 투자는 경기 활성화와 고용 창출 효과가 클 것이다. 한국판 뉴딜에도 생활 SOC에 디지털 기술을 접목하는 투자 계획이 담겨 있지만 고용의 빠른 회복을 위해서는 보다 과감하고 폭넓은 투자가 필요할 것이다. 물리적 시설 투자만이 아니라 보건복지와 생명안전, 교육훈련에 대한 투자도 미래를 위한 투자이자 좋은 일자리 창출에 큰 도움이 될 것이다.

고용 중시의 경영을 촉진하라

한국경제는 외환위기 극복 이후에도 늘 일자리 부족에 시달려왔다. 비정규직과 플랫폼 노동이 증가하며 고용의 질적 악화도 동시에 진행됐다. 지난 25년간 한국경제는 1인당 소득이 세 배 넘게 늘고 경제 규모가 네 배 가까이 커졌지만 2019년에 와서야 외환위기 이전의 고용률 60.9%를 회복했다. 고용 없는 성장과 일자리의 양극화가 노동 시장의 경직성 때문이라고만 말하기는 어렵다. 금융 개방으로 단기 수익을 추구하는 시장 압박이 강화되며 경영 전략의 중심이 장기 투자에서 주가 관리로 옮겨갔다. 외국인 투자 비중이 높을수록 배당 성향이 높아졌다. 당연히 좋은 일자리 창출도 줄어들 수밖에 없다. 배당보다 투자를 중시하던 한국경제 모델이 외환위기 이후 고배당-저투자-고용 악화-불평등 심화라는 영미 모델을 따르고 있다. 만성적인 고용 위기 극복을 위해서는 장기 투자를 우대하고 투기적 금융 수익을 추구하는 투자를 억제해야 한다. 주주 이익만을 위해 자사주 매입 또는 소각하는 행위 그리고 고용을 희생하며 투자수익만 노리는 적대적 M&A의 견제 방안도 검토해봐야 한다.

돌봄의 사회화로 여성 일자리 창출

전대미문의 보건 위기는 돌봄의 가치를 재평가하는 계기가 됐다. 돌봄은 위기 상황에서도 중단할 수 없는 필수 서비스이자 다른 사람의 경제 활동을 지원한다. 학교와 노인 복지 시설의 운영이 중단되며 많은 여성이 경력 단절을 경험해야 했다. 한국만이 아니라 세계 공통으로 30~40대 여성이 가장 큰 고용 위기를 겪었다. 정부가 체계적으로 돌봄 서비스의 표준화와 돌봄 일자리의 고급화에 투자하면 돌봄 분야에서 좋은 일자리가 많이 나올 뿐 아니라 여성의 고용 창출에도 도움이 될 것이다.

이를 위해 국공립 어린이집의 비중을 20~30%로 끌어올리듯이 2% 수준에 불과한 공공 기관을 통한 서비스 공급 비중을 일정 수준까지 높일 필요가 있다. 서비스 공급 기관의 영세성과 열악한 근로 조건, 불안정한 고용 상태는 서비스와 일자리의 질적 개선을 어렵게 하고 좋은 인력의 접근을 막는다. 정부의 돌봄 노동에 대한 투자 확대는 팬데믹 장기화로 전업과 전직의 압박에 몰려있는 자영업 종사자들에게도 새로운 고용 기회를 제공할 수 있다.

이중 노동 시장 개혁: 비정규직을 전문직 노동 시장으로 업그레이드

OECD 평균에 비해 과도한 비정규직의 비중도 문제지만 비정규직에서 정규직으로 이동하는 비중이 턱없이 낮다는 점이 더 큰 문제다. 이는 비정규직에 발을 들이면 쉽게 빠져 나가지 못하고 고착된다는 뜻이다. 비정규직과 플랫폼 노동, 프리랜서 등의 경우 고용 불안만이 아니라 근로 시간과 임금, 경력 관리와 교육훈련 등 모든 면에서 대기업 정규직에 비해 불리하다. 이에 대한 전통적인 처방은 내부 노동 시장의 경직성을 타파해 외부 시장과의 격차를 줄이자는 유연성 제고 정책이다. 그러나 지난 20년의 노력에도 아무 성과가 없었다. 그렇다고 문재인 정부의 공공 부문 비정규직 제로 정책처럼 비정규직을 정규직으로 직접 고용하는 것도 해법이 될 수 없다. 2004년 이후 지금까지 이런 방식의 정규직화 때문에 공공 부문에는 40여 만 명의 무기계약직(공무직)이 누적돼 있다. 이들은 매년 정규직과의 차별 시정 문제로 경영진과 대립하고 기존 정규직 노조와도 갈등을 겪고 있다.

디지털 전환이 빠르게 이루어지며 고용 형태는 더욱 다양화하고 전통적인 고용 계약은 감소하는 추세다. 노동 시장의 이중 구조와 양극화도 개선의 조짐이 보이지 않는다. 이를 개선하기 위해서는 고용보호 법제를 손질해 일거에 바꾸겠다는 처방보다는 비정규직 외부 노동 시장에 필요한 인프라를 체계적으로 정비해 노동 시장 간의 이동을 원활하게 하고 중장기적으로 동일 노동 동일 임금의 직무형 노동 시장으로 통합되도록 지원하는 것이 더 현실적인 대안이다. 업종이나 직업별로 표준적인 임금과 직무 체계, 경력 관리와 자격 관리 체계를 정비하고 교육훈련과 사회보험의 사각지대를 해소하기 위한 투자를 확대해 비정규직과 플랫폼 노동을 전문직 노동 시장으로 발전시키는 방안이 미래지향적이다.

공정한 노동 전환: 적극적 노동 시장 정책과 보편적 고용안전망

팬데믹 이후 급진전된 디지털 전환과 2050년 탄소 제로를 위한 에너지 전환으로 산업 구조 개편과 일자리 변동이 불가피하다. 설사 일자리 총량이 그대로 유지된다고 하더라도 대량의 일자리 파괴와 신규 일자리 창출, 대규모의 직무 전환이 동시에 진행할 가능성이 높다. 전기자동차 생산이 증가하며 자동차 부품 업종은 이미 생산 물량 감축에 들어갔고 석탄발전 관련 부품사도 비슷한 고용 위기에 직면할 전망이다. 철강과 석유 등 한국의 전통적인 제조업종 대부분이 디지털 전환과 에너지 전환의 영향권에 있기 때문에 고용 시장에도 큰 충격이 예상된다. 산업 전환의 충격을 줄이고 근로생활의 안정을 위해서는 적극적 노동 시장 정책을 대폭 강화해야 한다.

장기 유급 교육훈련 휴가나 업종에 특화된 전업·전직 지원 서비스를 비롯해 점진적 은퇴 등 유연하고 다양한 서비스 패키지가 제공돼야 한다. 재직 근로자의 경우에도 유연 근무와 단축 근무, 겸업 허용 등 일하는 방식의 혁신이 필요하다. 이는 몇몇 기업만의 문제가 아니라 미래에는 AI와 로봇, 데이터를 기반으로 업종을 넘나드는 종횡무진의 융복합이 상시적으로 발생할 것이기 때문에 지금의 직업과 일하는 방식이 그대로 존속한다는 보장이 없다. 전통적인 고용 관계에 맞게 설계된 노동 규범과 고용안전망을 모든 일하는 사람에게 보편적으로 적용할 수 있도록 전면 개편해야 한다. 노동법과 사회보험의 자격을 따지는 것이 아니라 일하는 모든 사람에게 보편적 권리로 보장하는 기본법 제정이나 사회보험 체계로의 전환이 필요하다. 공정한 노동 전환은 이 모든 과정을 포괄하는 개념으로 확장되어야 한다.

사회적 대화와 타협

문재인 정부가 목표로 삼았던 한국형 사회적 대화는 성과가 전혀 없지는 않았지만 목표 대비 성과는 좋지 않았다. 팬데믹 위기 이후의 치유와 회복을 위해서는 노사정의 합의와 협력 행동이 불가피하다. 디지털 녹색경제로 가기 위한 '공정한 노동 전환' 계획이 모두 사회적 대화와 타협의 테이블에 올라야 한다. 정부의 정책 의지와 예산만으로 감당하기에는 너무 거대한 변화라서 산업계와 노동계, 지자체와 지역의 관련 단체들이 폭넓은 사회적 합의와 공조

체제가 구축돼야 한다. 이런 의미에 1996년 노사관계 민주화와 노동 유연화 개혁에 집중했던 사회적 대화 1.0 체제를 노동 시장 불평등 완화와 공정한 노동 전환을 위한 사회적 대화 2.0 체제로 업그레이드할 필요가 있다.

04
스튜어드십 코드와 장기 투자 제고

신장섭(싱가포르국립대학교 경제학과 교수)

스튜어드십 코드Stewardship Code는 기관투자자가 기업에 영향력을 행사해서 중장기 투자수익률을 높이는 '자율 규제'라고 내세워진다. 영국이 2010년 처음으로 도입했고, 미국에서는 기관투자자들이 2017년 초에 '투자자 스튜어드십 그룹ISG'을 출범시켰다. 한국은 금융위원회가 주도해 2016년 12월 한국 스튜어드십 코드 초안을 확정했다.[1] 2017년 출범한 문재인 정부는 '2018년 경제 운용 방향'에서 스튜어드십 코드를 대기업 개혁을 통해 '공정 경제'를 실현하는 정책으로 명시했다. 이에 따라 국민연금은 2018년 가을 스튜어드십 코드를 도입했고 기업에 대한 관여와 투표를 전담하는 '수탁자책임전문위원회'를 출범시켰다. 국민연금은 여기에서 한 걸음 더 나아가 2019년 초 한진칼에 대해 '경영 참여'를 선언했고, 2020년에는 사전 공시 없이 언제든 경영에 참여할 수 있는 '일반투자' 기업 95개사를 선정했다. 국민연금을 비롯한 기관투자자들의 기업에 대한 영향력 행사는 갈수록 강화되어왔고, 반전의 계기가 특별히 만들어지지 않는 한 앞으로도 지속될 전망이다.

▎'스튜어드십 코드'의 잘못된 전제들

그러나 이러한 스튜어드십 코드 강화는 기관투자자가 기업의 중장기 투자를 도와주는 선의와 역량을 갖고 있다는 근본적으로 잘못된 전제 위에서 이루어져왔다.

첫째, 기관투자자는 기본적으로 투기의 주체고 기업은 투자의 주체다. '투자자'라는 명칭을 쓰지만 기관이 실제로 하는 주식 거래의 대부분은 투기다. 싸게 사서 비싸게 팔든지, 비싸게 사서 싸게 파는 '쇼트short'를 해서 차익을 노리는 것이다. 이것을 투자라고 할 수 없는 이유는 기업 가치를 높이는 데 기여하지 않기 때문이다. 기업 가치는 미래를 위해 인력, 시설, 연구개발 등에 돈을 쓰며 조직적 역량을 발휘해야 올라간다. 기업 가치는 그 결과로 나타나는 것이다. 따라서 신주를 매입해서 기업에 자금을 공급하는 것은 투자 행위의 일부다. 그렇지만 대부분의 주식 거래는 유통 시장에서 이루어진다. 유통 시장에서 주식을 매입하는 데 지불한 돈은 기업에 들어가는 것이 아니라 주식의 전前 소유주에게 넘어가는 '손바꿈'에 불과하다.

둘째, 실제 주식 매매 관련 활동을 보면 기업 경영에 문제가 생겼을 때 위험 부담을 떠안기보다는 손을 털고 다른 투자처로 옮기는 '월스트리트 워크Wall Street Walk'가 기관투자자 행동의 대세다. 주주 행동주의가 가장 발달한 미국에서도 이 경향은 과거나 지금이나 달라지지 않았고 앞으로도 변할 가능성이 거의 없다.[2] 기관투자자의 주요 업무가 투기이기 때문에 너무나 당연한 결과다.

셋째, 현재 기관투자자들의 대세는 기업 관여 및 투표에 무능력한 인덱스 펀드고 그 경향이 갈수록 강해지고 있다. 블랙록 BlackRock, 뱅가드Vanguard, 스테이트 스트리츠State Streets 등 초거대 기관투자자일수록 인덱스 펀드에 절대적으로 의존하고 있다. 국민연금 등 세계적 연금들도 내부적으로 인덱스식으로 자금을 운용하는 비중이 늘어나고, 인덱스 펀드에 외주를 주는 경향도 강화되고 있다. 인덱스 펀드는 현재 미국 상장 주식의 최대 30% 이상을 장악하고 있고 지금의 성장 추세가 유지되면 2030년 이전에 미국 주식 시장 전체를 보유할 것이라는 전망까지 나온다.[3] 인덱스 펀드는 개별 기업이 아니라 주가지수에 투자하고 개별 기업의 현안에 대해 연구조사를 할 필요가 없다. 따라서 극도로 낮은 수수료를 유지하고, 그 때문에 폭발적인 성장세를 유지해왔다. 기업 관여 및 투표에 대한 무능력이 펀드로서 경쟁력의 원천이다. 스튜어드십 코드는 기관투자자들이 기업 관리를 할 역량이 있다는 전제에서 성립한다. 그러나 그 전제는 실상과 완전히 동떨어져 있다.[4]

❘ 자금 관리 스튜어드 vs 기업 관리 스튜어드

스튜어드십 코드가 이렇게 잘못된 전제에서 진행된 중요한 이유는 누가 누구의 스튜어드(집사)인지를 명확히 구분하지 못한 데에 있다. 기관투자자는 돈 맡긴 고객의 스튜어드다. 기관투자자는 그래서 '자금 관리 스튜어드money-managing steward'라고 할 수 있다. 그런데 스튜어드십 코드는 기관투자자를 '기업 관리 스튜어드'로 환치換置한다.

하지만 기관투자자는 채권, 부동산, 파생상품 등 다양한 자산에 투자해서 운용하고 주식은 그 일부분일 뿐이다. 또 앞서 지적했듯이 기관투자자의 주업은 투기이고, 갈수록 많은 주식 투자가 인덱스식으로 개별 기업에 대해 연구하지 않은 상태에서 컴퓨터 프로그램에 의해 이루어진다. 돈 맡긴 고객들의 요구 사항도 다양하다. 단기 투기 수익률을 원하는 고객도 있고, 안정적인 중장기 투기 수익률을 기대하는 고객도 있다. 기관투자자는 각자 고객의 다양한 요구에 맞춰 자금 관리를 충실하게 수행할 스튜어드로서의 의무를 가지고 있을 뿐이다.

이에 비해 주가와 관련된 경영인들의 행동 지침은 명확하게 정해져 있다. 장기 투자를 통한 장기 주가 상승밖에 없다. 법인 중심으로 주식회사가 운영되는 중요한 이유는 자연인은 사멸하지만 법인은 영속하기 때문에 장기 자금을 공급받을 수 있고 세대를 뛰어넘는 장기적 전망을 갖고 경영할 수 있기 때문이다. 경영인은 법인과 계약을 맺는다. 그래서 법인의 장기 존속 의무를 가지는 '경영 스튜어드business-managing steward'가 된다.[5] 경영인이 주가에 기여하는 유일한 방법은 장기 투자를 성공시켜 그 결과로 장기 주가를 올리는 것뿐이다. 경영인이 단기 주가를 올리기 위해 행동하는 것은 배임이다.

따라서 기관투자자와 기업 간 유일한 접점은 장기 투자를 통한 장기 주가 상승이다. 그런데 이 접점 달성의 과제를 기관투자자에게 줄 수는 없다. 기관투자자의 목표가 다양할뿐더러 기업의 장기 가치 상승을 위해 노력할 유인이나 역량이 갈수록 떨어지고 있기 때문이다. 따라서 이 과제는 기업과 경제의 지속적 성장에 궁극적 책임을 지고 있는 정부가 직접 담당해야 한다.

| 장기 투자를 유도하는 '기업-기관 규준'

'자율 규제'라는 허울을 쓰고 기관투자자에게 기업 감시 의무를 지우는 '스튜어드십 코드'는 정부가 직접 개입하는 '기업-기관 규준'으로 대체되어야 한다. 목표는 장기 투자를 통한 장기 주가 상승이고 그 핵심 방안은 아래와 같다.

첫째, 주주 제안을 내놓을 때 그것이 기업의 장기 가치를 높이는 데 어떻게 도움이 되는지 합리화하는 것을 금융 규제로 의무화해야 한다. 현재 대부분의 주주 제안에는 '잉여 현금'을 빼내야 한다든가 '주주 환원'을 늘려야 한다는 등 단기 금융 투자자 위주의 요구만 일방적으로 들어가 있는 상태다. 국내에서도 스튜어드십 코드가 도입된 후 국민연금의 적극적 주주 활동에는 배당 확대가 주요 항목으로 들어가 있다. 그러나 주주 제안을 내놓을 때 장기적 기업 가치에 미치는 영향에 관해 합리화할 것을 의무화하면 무작정 '잉여 현금'을 내놓으라는 요구가 차단될 수 있다. 이 과정에서 장기적 관점을 갖는 투자자들의 목소리가 높아질 수 있을 것이다.

경영진도 주총에 올리는 주요 안건이나 잉여 현금이라고 얘기되는 자금이 기업의 장기 성장에 왜 필요한지를 합리적으로 밝히는 의무를 지게 해야 한다. 그러면 경영진의 전반적인 시각이나 행태가 장기적이 되고 기업의 장기 성장에 더 적극적으로 자신의 경영 능력을 투입하게 될 것이다. 또 경영진이 자신의 아성을 쌓는 등 다른 목적을 위해 잉여 현금을 쌓아놓고 있다는 등 세간의 비판으로부터도 상당히 자유로워질 수 있을 것이다.

둘째, 장기 투자자에게 투표권을 더 많이 주어서 장기 투자자의 목소리가 커지도록 하는 방향으로 투표권 행사 제도를 개편해야 한다. 한국은 현재 세계에서 가장 경직적인 '1주 1의결권' 제도를 시행하고 있다. 상법을 개정해 상장할 때 차등의결권을 선택할 수 있도록 허용할 뿐 아니라 이미 상장되어 있는 기업에는 주식 보유 기간에 비례해서 의결권을 더 많이 주는 차등의결권을 도입할 필요가 있다.[6]

미국에서 기관투자자 그룹이 차등의결권에 반대하는 중요한 이유는 창업자 등 경영진에게 유리한 조건이기 때문이다. 주식을 오래 보유한 창업자나 경영인에게는 차등의결권이 부여되는 반면 금융 투자자에게는 1주당 1의결권만 부여되면서 차별받는다고 생각하는 것이다. 창업자건, 대주주 경영자건, 금융투자자건 상관없이 장기 투자자에게 의결권을 더 많이 주는 시스템으로 제도를 바꾸면 장기적 시각을 갖는 기관투자자들은 이에 대해 찬성할 가능성이 높다. 그러면 주주총회는 장기 주주들이 주도하는 소통의 장이 될 것이다.

셋째, 자사주 소각은 금지해야 한다. 현재 금융 투자자들이 단기 주가를 끌어올리기 위해 가장 강력하게 요구하는 것이 자사주 매입 및 소각이다. 미국 대기업들은 지금 당기 이익 중 60% 이상을 자사주 매입에 사용하고 있다. 미국에서 벌어진 '약탈적 가치 착출 predatory value extraction'의 핵심은 자사주 매입에 있다.[7] 국내에서도 삼성전자, 현대차 등의 대기업들이 헤지펀드의 압력에 밀려 대규모 자사주 매입 및 소각을 실행한 바 있다.

자사주 매입은 기업이 보유한 현금이나 빌린 돈으로 주식 시장에서 자기 회사 주식을 사는 행위다. 자사주 매입 자체는 여러 가지 쓸모가 있다. 회사 주가를 떠받칠 수도 있고, 매입한 자사주를 근로자 스톡옵션에 사용할 수도 있고, 다른 기업을 인수합병할 때 사용할 수도 있다. 그러나 자사주를 매입해서 소각하는 것은 회사가 번 돈을 그냥 태워버리는 것과 차이가 없다. 기업이 자사주를 매입하면서 주가가 오르는 동안 차익을 실현하고 떠나는 주식 매각자share-seller를 도와주는 것이지 주식 보유자share-holder를 도와주는 것이 아니다. 정부가 기업의 장기 투자를 통한 일자리 창출, 기업 가치 상승, 연금 수익률 상승 등을 바란다면 오직 단기 투기꾼만 도와주는 자사주 소각은 금지해야 한다.

05
혁신 성장을 위한
국가의 역할

이정동(서울대학교 공과대학 교수)

│ 한국 산업과 기술의 발전 과정과 당면 과제

1인당 국민소득 100달러 수준의 국가가 반세기만에 3만 달러 국가로 탈바꿈했다. 그 이면에 한국 산업과 기술의 발전이 있었음은 물어볼 필요도 없다. 오징어를 겨우 수출하던 국가에서 반도체를 주력으로 수출하는 국가가 된 것으로 증거는 충분하다. 그러나 한국의 미래를 걱정하는 사람들은 지난 10여 년 이상 계속되고 있는 성장 잠재력의 하락을 걱정한다. 그 원인이 무엇인지를 정확히 파악해야 바로잡을 올바른 전략도 나올 수 있다.

한국의 산업과 기술은 크게 3단계를 거쳐 성장했다. 1970년대

[그림 4-2] 한국 산업 기술의 발전 과정

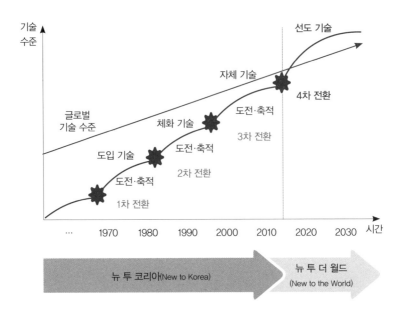

자료: 한국공학한림원, 《대전환》, 지식노마드, 2019

본격적인 산업 발전을 시작하던 시기에는 선진국에서 수입된 '도입 기술'이 전부였다. 1972년 최초로 시도한 유조선 건조 기술도 유럽과 미국, 일본의 기술을 도입해 조합한 것이었다. 1980년대 중반 이후 '체화 기술'의 단계에 들어섰다. 체화 기술은 수입된 기술의 원리를 파악하고 변형해서 만들어진 것이었다. 이때부터 소위 한국산 제품이 세계 무대에 본격적으로 등장하기 시작했다. 2000년대를 넘어서면서 '자체 기술'의 단계에 이르게 되는데, 선진국 기술과 대등하거나 뛰어난 품질과 성능을 보이기 시작했다.

그러나 이 도입, 체화, 자체 기술은 가장 중요한 공통점을 가지고 있는데, 모두 선진국 기술 수준을 벤치마크해 배워 오거나(도입), 변형하거나(체화), 뛰어넘고자 하는(자체 기술) 상대적 추격의 프레임 하에서 만들어진 기술이라는 점이다. 이를 한마디로 표현하자면, New to Korea, 즉 '우리도 그들만큼 할 수 있다'는 틀을 기준으로 발전한 기술이다. 우리가 아직 가보지 못한 기술의 영역은 '우리가 먼저 제시한다'는 New to the World 기술이다. 이를 달리 표현하자면 실행과 개념 설계의 차이로 볼 수 있다. 즉, 지금까지는 선진국이 제시한 개념을 빠르게 이해하고, 실행하는 것을 추구했으나 앞으로 가야 할 경지는 선진국의 벤치마크가 없는 상태에서 우리 스스로 먼저 개념 설계를 제시하는 것이다. 이 실행과 개념 설계 사이에는 근본적인 프레임의 차이가 있다. 실행은 확립된 표준을 적용하는 것이니 시행착오를 최소화하고 빨리 적용하는 것이 중요하지만, 새로운 개념 설계는 정의상 아직 아무도 정답을 가지고 있지 않기 때문에 시행착오가 있을 수밖에 없다. 이 시행착오를 버텨내고, 집요하게 버전을 개선해나가는 노력이 없이는 한국 산업과 기술이 추격의 단계를 벗어나 선도의 단계로 올라설 수 없다.

산업과 기술의 발전을 위해 국가가 개입하는 일련의 행위를 혁신 정책이라고 한다면, 한국의 혁신 정책 또한 산업 발전 단계에 따라 진화해왔다. 1970년대부터 1980년대 중반까지의 혁신 정책은 전통적인 의미에서 직접적 산업 정책의 전형이라고 할 수 있다. 정부가 주도적으로 육성이 필요한 산업을 지정하고, 집중적으로 자원을 몰아가는 방식이었다. 그 결과 여러 가지 논란에도 불구하고, 산업 기반이 없는 상태에서 성공적으로 GVC에 편입할 수 있도록 기반을 마련한 성과를 거두었다. 1980년대 중반 '개별산업육성법'을 폐지하고 '공업발전법'을 제정한 이후부터는 정부의 직접적인 개입을 축소하고, 대신 기술 개발을 집중 지원하는 방식으로 선회하기 시작했다. 이때부터 본격적인 기술 정책의 개념으로 진화한 것으로 볼 수 있다. 그럼에도 불구하고 여전히 육성해야 할 산업을 선정하고, 지원하는 프레임은 지금까지도 유지하고 있다. 그러나 점차 과거와 같은 방식을 더 이상 유지하기 어려운 환경이 조성되고 있다.

무엇보다 민간 부문이 급속도로 성장함으로서 정부의 방향 제시를 넘어 스스로 발전할 수 있는 역량이 갖추어졌다. 또한 글로벌 가치사슬이 복잡해지고, 기술 수준이 높아짐에 따라 정부가 앞장서서 과거와 같은 지침을 내릴 수 있는 단계를 넘어섰다. 금융 부문도 과거 정부 주도를 벗어나 스스로 움직이는 내생적 논리를 가짐에 따라 정부의 지침에 따른 의도적인 재원 집중도 어려워졌다.

거기에 더해 미중 기술 패권 분쟁이 GVC에 미치는 영향을 가늠하기 힘들고, 인공지능과 빅데이터 등 새로운 기술은 향후 어떤 산업이 뜨고, 질지 알 수 없는 불확실성을 가져다주고 있다. 결론적으로 과거 추격형 시대와 달리 정부가 주도적으로 지침을 제시할 수 없는 수준의 복잡성과 불확실성이 눈앞에 있다. 불행하게도 아직까지 정부는 특정 산업을 성장 산업으로 지정하고, 키워나가겠다는 과거 산업 정책의 틀을 벗어나지 못하고 있다. 이제 추격기를 벗어나 선도기로 진입하는 이 시점에 걸맞은 정부의 역할, 즉 새로운 혁신 성장 정책의 프레임을 고민해야 할 때다.

▎혁신 정책이 지향해야 할 원칙

슘페터는 경제 발전의 근본 원리를 '창조적 파괴'라는 단어로 요약해서 표현한 바 있다. 새로운 혁신이 등장하고 시장에 자리를 잡는 과정, 그에 따라 과거의 산업이 시장에서 설 자리를 잃고 퇴출되는 과정을 통해 경제는 발전한다는 것이다. 산업 발전을 위한 국가의 역할은 이 창조적 파괴의 과정이 원활하게, 더 빨리 일어나도록 촉진하는 것이다. 즉 새로운 기술, 기업, 산업이 등장하도록 발판을 마련해주고, 낡은 산업이 대체되어 나가는 산업 구조조정 과정에 윤활유를 치는 것이다.

　최근 많이 논의되고 있는 신산업 정책 논리에 따르면 산업 발전을 위해 정부가 개입해야 한다는 근거는 정보불확실성information failure과 조정 실패cordination failure다. 신기술과 신산업은 본질적으로 실패 가능성이 높은데, 민간 부문의 자율적 의사결정에 맡겨두면, 이 위험을 부담하지 않으려 하기 때문에 미래 가능성을 탐색할 수 없다. 따라서 정부가 여러 가지 방식으로 이 미래 정보의 불확실성을 낮춰줘야 한다는 것이 정보불확실성 논리다. 한편 미래 가능성이 탐색되었다고 하더라도 새로운 산업이 탄생하기 위해서는 하나의 기업이 아니라 여러 보완적 산업이 동시에 발전해야 하고, 인적·물적 인프라도 함께 갖추어져 있어야 한다. 그러나 여러 사람의 의사결정이 동시에 이루어지기는 어려운데, 이 현상을 '조정 실패'라 하고, 정부가 정책적으로 여러 가지 수단을 동원해 행동 변화를 촉발해야 한다는 것이 조정 실패 논리다. 종합하면 국가적인 정책을 통해 미래 산업의 탐색과 동시에 행동을 촉진해야 한다는 것이다. 이 논의는 혁신 성장을 주도할 신산업을 발굴하고, 낡은 산업의 원만한 구조조정을 통해 창조적 파괴의 속도를 높여야 할 한국 산업에 중요한 시사점을 준다.

최근 유럽을 중심으로 많이 논의되고 있는 임무지향적 혁신 정책mission-oriented innovation policy은 이런 관점에서 좋은 본보기라 할 수 있다. 혁신 성장의 동력을 발굴해야 한다는 고민은 유럽도 마찬가지인데, 이를 정부 고유의 역할과 연결지어 논의를 전개하고 있다. 구체적으로는 보건, 환경, 디지털 전환 등 중요한 분야에서 유럽 사회가 당면하고 있는 문제를 국가적 미션으로 정의하고, 이 문제들을 해결하기 위해 필요한 기술과 산업을 어떻게 키워나갈 것인지 전략을 찾는 것이다. 전통적인 의미에서 핵심 기술을 개발해놓으면 산업이 발전할 것이라는 기술 중심의 공급 주도 정책supply-side innovation policy이 아니라 유럽 사회가 당면하고 있는 국가적 문제로부터 출발하는 수요 주도 정책demand-side innovation policy이라고 할 수 있다. 유럽은 이 국가적 문제를 풀어가는 과정에서 새로운 제약

산업, 신재생 산업, 디지털 산업이 육성될 것으로 기대한다. 나아가 단순히 기술만 개발하는 것이 아니라 규제 완화와 인적 자원 개발 문제를 동시에 고민하는 것이다.

▎누구도 가보지 않은 길, 한국의 새로운 혁신 정책

한국 산업은 추격형 모델로 놀라운 성공을 거두었다. 그러나 이제 그 어느 누구도 가보지 못한 길을 전제로 새로운 개념에 도전하고, 시행착오를 축적하면서 창조적 파괴를 가속화해야 하는 선도형 모델로 전환해야 할 단계에 와 있다. 혁신 정책도 과거와 같이 성장이 유망한 산업을 선정하고 지원하는 방식이 아니라 미래 도전과 시행착오를 부추기는 방식으로 전환해야 할 때다.

이를 위해서는 무엇보다 공공 부문을 혁신 기술과 산업의 테스트베드로 활용하는 전략이 필요하다. 유럽과 마찬가지로 고령화, 환경 문제, 감염병, 디지털 전환 등 한국 사회가 안고 있는 국가적 문제를 미션으로 정의하고, 이 문제를 혁신 기술로 풀겠다는 전략이 필요한 때다. 쉬운 예로 미세먼지 문제를 해결하기 위해 정부가 센서를 구매해 설치하겠다고 할 때, 해외 기술을 도입할 것이 아니라 혁신적인 센서를 개발할 수 있도록 도전적인 사양을 제시하고, 이를 개발해서 정부에 공급하는 연구집단과 기업에 구매 비용을 제공하는 정책이 중요하다. 이렇게 테스트베드로 활용 가능한 공공 시장이 연간 150조 원 이상일 것으로 추산되는데, 이는 혁신 기술이 싹트는 중요한 모판 역할을 할 수 있다. 잘 살펴보면 미국의 국방 조달 예산은 이러한 방식으로 미국 혁신 기업의 도전에 긴요한 자금을 제공해왔다. 인터넷과 GPS 등 오늘날 정보사회의 기반이 되는 핵심 기술들이 이런 방식으로 탄생했다. 유럽의 임무 지향적 혁신 정책도 국가적 미션과 민간 부문의 혁신 역량을 결합하고자 할 때 각국 정부의 조달 자금을 전략인 수단으로 활용하고 있다.

혁신 친화적 규제 체제를 갖추는 것은 원활한 창조적 파괴의 과정이 이루어지도록 도와주는 결정적인 윤활유다. 신산업의 등장은 구산업의 퇴출을 의미하고, 구산업에 있던 사람들의 일자리가 사라질 수 있다는 것을 의미한다. 따라서 기존 산업의 저항은 당연한데 최근 공유 수송 서비스의 등장에 따른 택시 업계의 반발, 인공지능 법률 서비스의 등장에 따른 변호사 업계의 반발 등에서 이러한 현상이 잘 드러나고 있다. 신산업의 시도가 없으면 창조적 파괴의 엔진은 멈춘다. 신산업이 빨리 등장할 수 있도록 길을 터주되, 기존 산업이 새로운 모습으로 경쟁할 수 있도록 지원하는 제도적 틀과 지원책을 만드는 데 혁신 정책의 역량을 모을 필요가 있다.

사람이 없으면 혁신도 없다. 새로운 기술의 패러다임을 체화한 핵심 인재를 육성하는 것은 국가의 미래를 위해 가장 중요한 일 중 하나다. 아울러 기존 기술과 산업의 틀에서 활동해온 인력을 재교육하는 문제도 새로운 인력을 키우는 것만큼이나 중요하다. 특히 인공지능과 빅데이터 등 새로운 4차 산업혁명 기술의 등장으로 기존 인력들이 그동안 쌓아왔던 역량이 사라질 위기에 있다. 이들이 새로운 기술을 습득해 변화된 패러다임에서 경쟁력을 갖지 못한다면, 곧바로 창조적 파괴의 저항 세력이 될 가능성이 있다. 이런 의미에서 본다면 평생학습사회 구축은 혁신 성장 정책에서 또 하나의 중요한 축이라 할 수 있다.

산업과 금융의 거리를 축소하는 문제도 중요하다. 그간 한국 산업의 발전 과정에서 금융 부문은 보조를 맞추어왔으나 1990년대 말 아시아 금융위기를 겪으면서 금융의 독자적인 발전 논리가 득세하기 시작했다. 그 결과 불확실한 위험을 진 혁신 활동에 대한 자금 공급 여지는 점차 축소되었고, 대신 아파트 등 물적 담보를 위주로 한 수익 중심의 금융 논리가 더 큰 목소리를 내게 되었다. 이를 보완하기 위한 장치가 정책 금융이지만, 정책 금융기관들마저 민간 금융기관들과 유사한 수익 중심의 행태를 보이면서 한국 산업 전반의 혁신 투자 여력이 감소하고 있다는 우려가 팽배한 실정이다. 혁신 성장 정책을 논의함에 있어 금융 부문, 특히 정책 금융 부문이 인내 자본의 역할을 할 수 있도록 추동하는 전략을 함께 논의해야 한다.

이상의 과제들은 한국 산업의 창조적 파괴를 촉진함으로서 새로운 혁신 성장의 전기를 찾기 위한 몇 가지 예시에 불과하다. 과거와 같은 정부 주도의 혁신 정책 시대는 저물었다. 이미 글로벌 시장에서 스스로 경쟁하고 있는 민간 부문에 대한 개입은 무의미한 상황이 되었다. 정부는 국가적 미션에 집중하고, 이를 해결해나가는 와중에 신기술과 신산업이 발아할 수 있도록 테스트베드를 제공하는 역할에 집중해야 한다. 나아가 규제 혁신, 평생학습사회 구축, 그리고 혁신 금융 등 창조적 파괴가 원활하게 이루어질 수 있는 제도적·인적·금융적 인프라 제공에 더 많은 관심을 두어야 한다. 이것이 선도형 산업에 걸맞은 선도형 혁신 정책의 모습이다.

06

비유기적 기업 성장 전략: 분사와 인수합병의 태풍

김기찬(가톨릭대학교 경영학부 교수)

I 업의 전환과 기업 성장 방식의 전환

업의 전환과 미션 재점검

코로나 이후의 사회는 그린화·디지털화로 대전환하고 있다. 기업의 미션은 이러한 사회 변화, 고객 변화와 관련해 정의돼야 한다. 탄소경제가 저물고 있는 이 시점에서 기업은 기존 미션과 기업의 성장 방식을 새로 고민해봐야 한다. 경영 구루 피터 드러커Peter Drucker는 기업의 업의 본질이라 할 수 있는 미션을 5~6년에 한 번, 0점으로 놓고 고객 요구의 변화를 점검해볼 것을 제안했다. 특히 전환기일수록 고객과 사회의 요구가 달라지기 때문이다. 마이크로

소프트의 사티아 나델라Satya Nadella는 기업의 세상 변화에 맞추어 업의 본질을 새로 고침Hit Refresh[1]을 누를 것을 추천했다. 미래비전을 피봇팅해야 한다. 모든 산업은 세상의 변화에 따라 사명과 업을 업데이트하고 기업 성장 방식을 수정해야 한다.

모든 산업이 인공지능과 결합되면서 서비스화가 진전되고 있다. 소위 모든 것의 서비스화XaaS[2] 시대로 전환되고 있다.

기업의 진화 속도clockspeed[3] 싸움의 양상도 달라지고 있다. 과거는 긴 클록 스피드를 배경으로 하는 능력 구축 경쟁이었다면, 지금은 짧은 클록 스피드를 배경으로 하는 비유기적 M&A 경쟁이다. 인수합병은 시간, 시대를 사는 것이다.

전환은 빨리 하면 혁신이고 늦게 하면 비용이 된다. 조직 내부에서 역량을 구축하고 신제품을 개발하도록 할 만큼 여유가 없다. 그래서 성장하는 방법이 달라진다. 즉, 유기적 성장 방식보다 비유기적 성장 방식이 활성화된다. 기업 인수는 빛의 속도로 빨라진 시장에서 시간을 사는 것이다. 전기차와 관련된 기업가들의 경영 마인드 중에 가장 먼저 바꾸어야 할 생각이 이것이다.

빅블러 현상으로 업의 경계가 흐릿해지고 있다

디지털 전환기에 모든 산업이 전장화, 연결화를 위해 인공지능 기반의 테크 기업으로 변신하고, 기존에 존재하던 것들의 경계가 뒤섞이는 빅블러 현상이 일어나고 있다. 빅블러화를 극복하는 미국 테크 기업들의 성장 전략이 인수합병이다. 구글은 기존 사업 영역의 경계를 넘어서는 검색 기능과 유튜브 등의 인수를 통해서 대부분의 필요한 기술력과 특허를 보강하고 있다. 그들은 인수합병을 통해 외부 기업의 역량을 흡수하고 그들과 협력의 시너지를 만들고 있다.

매출과 영업이익 관점에서 미래 시장의 가치 중심으로

비즈니스 모델이 달라지고 있다. 기업의 비즈니스 모델은 영원하지 않다. 코로나 이후 급격히 진전되고 있는 대전환은 업의 본질을 바꾸고 있다. 그래서 주식 시장이나 투자자들은 과거의 성과인 매출이나 이익보다는 미래의 잠재적 기대 가치에 더 큰 관심을 보이고 있다. 세계에서 가장 많은 차를 팔고 영업이익을 제일 많이 올리는 토요타보다 테슬라의 기업 가치가 높은 이유이기도 하다. 2021년 초 테슬라의 시가총액은 폭스바겐, 토요타, 닛산, 현대, 제GM, 포드, 혼다, 피아트크라이슬러, 푸조 등 글로벌 9대 자동차 제조 업체의 시가총액 합보다 컸다.

미래 기술에 도전하는 기업들은 매출과 영업이익으로 성장하고 기업 가치가 올라가는 것이 아니라 미래의 꿈과 비전을 보여주고, 이것의 미래 시장 가치로 투자자를 끌어들이고, 주식 가격의 상승으로 기업 가치를 키워가게 된다.

그래서 기업의 마케팅 방법도 완전히 달라져야 한다. 제품 업그레이드 싸움이 아니라 기존 제품과 완전히 차별화된 제품과 서비스를 발명해야 한다. 전통적인 마케팅은 제품을 저렴하고 품질 좋게 만드는 가성비 싸움이었다. 이때는 제품의 성능이 좋고 물건을 잘 만들면 판매에 성공할 수 있었다. 그러나 오늘날 구매력을 가진 사람들은 이미 웬만한 물건들을 모두 가지고 있다. 이제 완전히 새로운 개념의 물건이나 차별화된 물건이 아니면 사지 않는다. 개선이 아니라 발명이 필요한 것이다. 세상에 없던 제품을 만들거나, 있었더라도 고객이 완전히 차별화된 경험을 할 수 있게 해야 한다. 아마존은 같은 제품을 팔더라도 완전히 새로운 고객 경험을 하게 하는 인공지능 서비스와 풀필먼트를 팔고 있다.

▎코로나 태풍이 인수합병의 바람이 되고 있다

태풍이 불면 물고기들은 잔치를 한다. 태풍이 깊은 바닷속 차갑고 풍부한 영양분을 해수면으로 끌어올리는 소중한 기회가 되기 때문이다. 자연에서의 태풍과 같은 교란이 경제에도 적당한 빈도로 필요하다. 지금 한국경제에 부는 코로나라는 태풍은 새롭게 큰 어장을 형성하고 있다. 개별 기업의 역량만으로는 이러한 대전환기를 극복하기 어렵기 때문에 기업들에는 엄청난 분사와 인수합병 시장이 만들어지고 있는 것이다. 산업의 헤쳐모여, 합종연횡이 전 산업에 걸쳐 진행되고 있다. 이 순간이 지나고 나면 이러한 기회는 앞으로 10년간 오지 않을지도 모른다. 자동차를 만들고 모빌리티라 부르고, 창고를 짓고 풀필먼트라 부른다. 하지만 모빌리티화에 필요한 역량을 내부에서 구축할 자원이 없으면 인수합병을 통해 필요한 그림의 퍼즐을 채워가야 한다. 이것을 비유기적 성장이라 한다. 기업들은 당장 인수합병을 통해 업을 피봇팅할 준비를 해야 한다. 기존의 기술과 시장은 디지털 대전환, 그린 대전환으로 전면적으로 바뀌고 있다. 지금은 기업가라면 미래를 위한 큰 그림을 그리고 인수합병에 신속히 대응해야 하는 시기다.

인수합병의 기회는 늘 위기 뒤에 찾아왔다. 예를 들어 동원그룹은 위기 이후 찾아온 인수합병이 신사업 진출의 기회가 되었고, 이것이 세계적인 수산 회사로 성장하는 토대가 되었다. 김재철 동원그룹 창업자는 1973년 1차 오일 쇼크 후 자산보다 많은 돈으로 대형 공모선을 사들였다. 이후에도 수십 개 회사를 인수했다. 대부분 경제위기 직후에 이루어졌다.

김재철 회장이 은퇴하면서 했던 한 일간지와의 인터뷰[4]에서 사업 중에 가장 큰 환희를 느낀 게 언제였느냐는 질문에 미국 1위 참치캔 회사 스타키스트를 인수했을 때라고 답했다. 2008년 세계 금융위기 직후 과거 동원에는 '갑 중의 갑'이었던 스타키스트를 인수한 것이다. 그리고 적자였던 이 회사를 반 년 만에 흑자로 전환해 동원의 매출과 이익에 크게 기여했다.

태풍이 불면 선원은 파도가 아니라 선장을 본다. 위기일수록 기업가는 미래를 직시하면서 방향을 제시하는 비전 제시자envisioner로서의 역할과 대응 자세가 중요하다. 큰 폭풍우가 몰아치면 선원들은 바다가 아니라 선장의 얼굴에서 답을 찾는다. 선장이 자신감을 가지고 항해를 하는 것이 중요한 것이다.

왜 코로나 이후 인수합병의 폭풍이 부는가

대전환기는 업그레이드가 아니라 신사업으로 승부해야 한다. 디지털 대전환기에는 업그레이드가 아니라 새로운 방법을 창조해야 한다. 같은 제품을 더 잘 만들어 파는 것이 아니라 완전히 새로운 상품을 만들어야 한다. 사회는 대전환되고 있다. 시대가 바뀌면 생활이 바뀌고, 생활이 바뀌면 시장이 바뀐다. 이미 시장이 바뀌고 있다. 기존의 제품을 더 개선해봤자 기존 시장일 뿐이다. 기존 시장에서 n에서 n+1로 익숙한 것이 하나 더 늘어날 뿐이다. 전환기는 업의 본질을 0에 놓고 새로 고침을 통해 1이라는 전환에 도전해야 한다. 새로운 사회에서는 지금까지 생각하지 못한 곳에서 새로운 가치를 찾아가야 한다. 전환기에는 새로운 것을 창조하는 회사를 만들어야 성공할 수 있다. 피터 틸Peter Thiel의 제로 투 원zero to one 전략이다.[5]

이때 필요한 것이 기존 제품의 개선보다 발명invention적 사고이며, 내부적 성장보다는 인수합병의 비유기적 성장 전략이다. 새로운 것으로의 전환은 내부의 역량만으로 극복하기 어렵기 때문이다. 요즈음 인수합병이 폭증하는 이유다. 애플, 구글, 아마존 등 빅테크들은 이러한 전략을 위해 새로운 사고와 새로운 기업들을 결합하고 있다. 인수합병에서 중요한 것은 규모를 키우는 '합병'이 아니라 내부에서는 생각할 수 없는 새로운 것을 접목하는 '인수'다. 구글은 인수합병이 1,000개가 넘는 것으로 알려지고 있으며, 카카오도 인수합병이 활발하다. 카카오도 110개 이상의 회사를 제휴 혹은 인수한 것이 성장의 키워드가 되고 있다.

인수합병, 어떻게 할 것인가

그러면 인수합병을 어떻게 할 것인가? LG생활건강 차석용 CEO의 조언이다. "M&A는 두 가지 측면이 있다. M&A를 위해서는 미래에 대한 큰 그림이 있어야 한다.[6] 하나는 외형적인 성장을 이루는 관점, 즉 '합병'을 목적으로 하는 것이고, 또 하나는 회사의 큰 그림에서 부족한 부분을 채우는 관점, 즉 '인수'를 목적으로 하는 것이다." 이 중 몸집을 키우는 전자는 매우 위험하다. 몸집만 키우면 건강에 문제가 생기기 마련이다. 그래서 M&A를 위해서는 미래 가치에 대한 이해를 가지고 이를 실현하는 전략으로 활용할 필요가 있다. LG생활건강의 인수합병은 큰 그림을 그리고 퍼즐을 맞추는 필요한 회사를 인수해 성공하고 있다.

이미 인수합병은 전기차, 이커머스, 패션, 전자, 배터리, 반도체 모든 산업의 전환 키워드로 등장하고 있다. 코로나 이후 주가 폭등 관찰법이다.

┃ 각 산업별 인수합병과 분사의 실제

디지털, 그린 대전환과 코로나가 합쳐지면서 대형 M&A 폭풍이 불고 있다. 미래 신시장·신기술의 빅블러화의 영향이다. 기업들은 기존 조직의 분사 후, 기업공개IPO를 통해 대규모 자금을 마련하고, 이를 바탕으로 미래 연구개발과 과감한 신설 투자를 시도하고 있다.

유통업계의 M&A 격전 중심에 정용진 부회장의 신세계 그룹이 있다. 신세계는 2021년에만도 다섯 차례 M&A를 진행하고 있다. 보수적인 바이오제약 업계에서도 인수합병의 바람이 불고 있다. 인수합병으로 성장한 최고의 사례가 제약바이오 업체 화이자다. 화이자는 1999년 업계 14위에 불과했지만 워너램버트 제약, 파마시아와 와이어스 등을 잇달아 인수하며 세계 최대 제약회사가 되었다.

반도체 업계에서는 인텔, TSMC 등이 인수합병을 추진하고 있는 가운데 삼성전자도 향후 의미 있는 인수합병을 진행할 것이라고 확인했다. 삼성전자 서병훈 IR 담당 부사장은 2분기 실적발표 이후 진행한 컨퍼런스콜에서 전략적인 인수합병이 필요한 것으로 보고 인공지능·5G·전장 사업 등 다양한 기업들을 대상으로 인수를 검토 중이라고 공개한 바 있다.

패션 이커머스 시장에서도 합종연횡이 계속되고 있다. 2021년에만 무신사의 29CM와 스타일웨어 인수, 에이블러와 신세계의 제휴, 카카오의 지그재그 인수, 브랜디와 네이버의 제휴 등이 있다. 이커머스 시장에서는 네이버와 이마트가 반쿠팡의 연대를 만드는 형태로 합종연횡이 일어나고 있다. 네이버는 네이버 입점 셀러들이 풀필먼트(상품 보관, 포장, 출하, 배송 등 일괄 처리) 서비스를 개별적으로 요청해야 했던 불편함을 덜어주기 위해 풀필먼트 플랫폼을 만들었다. 이 네이버 풀필먼트 연합군Naver Fulfillment Alliance에 CJ대한통운, 이마트, 브랜디 등이 참여하고 있다.

화장품, 생활건강 분야에서는 인수합병을 통해 성장한 LG생활건강이 모범사례로 꼽히고 있다. 차석용 부회장이 취임한 2005년 이후 지난 16년 동안 크고 작은 M&A가 25차례나 이어졌다. LG생활건강의 성장 역사는 M&A를 통해 미래 역량을 키워가는 과정이었다.

분사도 새롭게 살펴봐야 할 전략이다. LG화학은 배터리 부문을 LG에너지솔루션으로 분사해 배터리 사업을 브랜딩하고 투자를 대폭 확대하고 있다. 2020년 9월 2차전지(배터리) 사업부를 100% 자회사로 두는 물적 분할을 통해 '제2의 반도체'인 자동차 배터리 사업을 집중 육성하고 있다. 이후 LG화학, LG솔루션 모두 자본 조달, 주가, 매출 측면에서 급성장의 모멘텀을 만들었다. 분사 후 회사 상장을 통해 막대한 자금을 확보해 미래를 위한 대대적인 설비 투자 및 연구개발 투자가 가능해졌기 때문이다.

SK(주)에서 분사해 배터리 사업에 성공하고 있는 SK이노베이션도 다시 배터리 사업만 분사하는 것을 공식화했다.

SK이노베이션은 전기차 배터리(2차전지) '분리막 부문' 자회사 SK아이이테크놀로지SKIET를 상장시키는 데 성공했으며, 2021년 8월 다시 배터리 사업 부문을 분리해 별도 법인 신설을 공식화하고 있다. 배터리 사업부를 분사해 미래 배터리 투자에 필요한 자금 조달과 사업부의 시장 가치를 높일 수 있을 것으로 보고 있다.

게다가 세간의 관심을 끌고 있는 분사는 삼성전자의 반도체 부문 분사 시나리오다. 아직 증권가의 설에 불과한 것이지만, 삼성이 '파운드리 부문'을 분사하고 삼성디스플레이의 LCD 사업부를 통합해 별도 회사를 세운다는 설이다. 이러한 시나리오는 상당히 설득력을 가지고 있다.

분사의 장점은 무엇일까

그렇다면 기업들은 어떤 장점이 있기에 분사에 매달리는 것일까? LG화학의 예를 통해 살펴보자.

첫째, 분사를 하면 이후 상장을 통해 대규모 자금 조달이 가능하므로 미래 신기술·신시장에 적극적으로 도전할 수 있다. 미래 사업에는 연구개발과 생산 시설 등 동시 다발적으로 추진되는 프로젝트에 엄청난 자금이 소요된다. LG화학의 경우 이러한 자금을 석유화학에서 나온 이익만으론 감당하기는 어려웠기에 신규 사업을 위해서는 자체적으로 자금 조달의 필요성이 커졌다. 이에 LG화학은 분사 및 기업공개를 통해 비유기적인 방법으로 자금 조달에 성공했으며, 분사 후 확보한 자금으로 배터리 생산 설비를 네 배 정도 확대하고 있다. 그리고 이를 통해 미국GM, 중국, 유럽 등 해외 공장 신설 및 추가 증설이 가능해졌다.

둘째, LG화학 내 기존 사업부와 미래 사업을 운영하는 부서가 함께 있다 보면 미래 사업부가 제대로 평가받기 어렵고 전문화하기도 어렵다. 집토끼와 산토끼는 한집에 살기가 어렵다. 당시 LG화학은 석유화학, 배터리, 생명과학 등 사업부가 다양하게 추진되고 있었다. 이 중 미래 가장 핵심 사업인 배터리가 단기적으로 수익성을 보여주지 못해 투자의 제약이 많았다. 이러한 배경에서 시도된 배터리 사업 분사를 통해서 배터리 개발과 투자의 재량권이 강해졌다.

셋째, 분사를 하는 경우 미래 기술 분야에만 집중할 수 있어 제품 개발과 생산에 전문화할 수 있다. 산토끼와 집토끼가 함께 있다 보면 집토끼 중심의 경영이 될 수밖에 없다. 단기적으로 영업이익을 내고 있기 때문이다. 그래서 신분야인 산토끼의 입지는 어려워지고 독자 브랜드화도 제약이 많다. 그러나 분사를 통해 미래 기술에 집중하면 혁신의 속도가 빨라진다. LG화학은 배터리 분야 분사를 통해 배터리 전문 브랜드인 LG에너지솔루션으로 전문 브랜드화가 가능해졌고, 기술 투자와 해외 생산 거점 투자에 훨씬 속도가 빨라지고 있다.

❘ 분사와 통합, 인수합병을 적극적으로 준비하라

코로나 이후 기업들은 성장 방식을 바꾸어야 한다. 구체적으로 내부 역량의 구축보다 분사, 인수합병, 내부 역량의 전략적 폐기가 필요하다.

첫째, 인수합병 전략이다. 내부 역량 구축만으로는 부족하다. 외부 역량을 적극적으로 활용하는 역량 공유 노력이 필요하다. 앞으로는 업의 경계가 희미해지고 통합되는 빅블러링을 준비해야 한다. 기업의 경계를 넘어 분사와 외부 조직과의 통합을 통한 합종연횡과 종횡무진형으로 업의 성장 방식이 변화해야 한다. 조직 내부 자원의 역량에 의존하는 성장 방법의 한계를 극복하기 위해 외부 전문 기업과의 전략적 제휴 및 인수합병을 적극적으로 고려해야 한다. 이때 중요한 것은 산업에 대한 큰 그림을 그리고 있어야 한다는 것이다. 덩치를 키우는 합병이 아니라 미래비전의 큰 그림에서 부족한 부분을 채우는 인수가 되어 퍼즐을 채워가도록 해야 한다.

둘째, 전략적 폐기와 구조조정이다. 지금까지 성장의 핵심 역량이 변화의 걸림돌이 되는 핵심 경직성이 되지 않도록 레거시 관리에 돌입해야 한다. 산업의 업이 전환되면 지금까지 핵심 역량이 핵심 경직성으로 변화한다. 그러므로 업의 전환 시기에는 동시에 기존의 레거시 역량의 전략적 폐기와 구조조정이 요구된다.

기존의 레거시 역량을 관리하기 위해서는 피터 드러커의 혁신 중 체계적 폐기systematic abandonment 전략이 요구된다. 내부의 레거시 역량을 전략적으로 폐기하는 대신 외부의 스타트업 등 외부 생태계와 적극적으로 협력해 기존 자원의 혁신과 시너지를 만들어가는 준비가 필요하다. 이를 위해 사내 벤처 창업과 분사를 활용할 필요가 있다. 업의 본질을 전환하는 과정에서 기존 조직과 역할에 대한 구조조정을 미리 준비해야 한다.

독일 폭스바겐은 5,000명 구조조정을 준비 중이다. 신기술에 대한 개발 인력은 턱없이 부족하지만, 내연기술 영역은 수천 명의 잉여 인력이 있다. 이들 기술 인력의 구조조정과 활용 프로그램을 적극적으로 만들어야 한다. 사내 벤처, 스핀오프와 같은 독립 채산 조직을 구성하거나 분사 후 스타트업과 통합해 변신을 추구해야 한다.

노키아의 분사와 벤처 창업은 핀란드의 새로운 혁신과 일자리 시대를 만들었다. 노키아는 '2007년 애플의 아이폰 등장 이후 추락을 거듭하다가 2013년에 매각됐다. 이때 노키아는 1,000여 개로 분사 창업되었고 이것이 핀란드 혁신의 새로운 생태계를 만들었다. 당시 핀란드 정부는 노키아와 함께 퇴직자들을 위한 창업 지원 프로그램을 지원했다. 이것이 오늘날 핀란드 혁신의 새로운 시작이 되었다. 이를 통해 수천 개의 기술 창업 기업이 만들어졌고 일자리가 창출되었다.

셋째, 분사 및 IPO 전략이다. 미래 기술팀의 분사와 외부 기술 스타트업과의 통합 및 IPO 전략이 추천된다. 업의 변신 과정에서 기존 조직과 미래 기술팀 간의 갈등도 심화될 수밖에 없다. 이러한 역할에 대한 구조조정을 미리 준비해야 한다. 분사와 외부 조직과의 통합이 변신과 전환에 효율적이다. 이를 위해 인수합병 및 분사, 전략적 제휴 등 비유기적 성장 전략의 전문가 조직을 운용할 필요가 있다. 합종연횡을 통해 외부 역량을 적극적으로 활용할 수 있도록 전략적으로 기획하고 기민하게 대응해야 한다. 외부의 스타트업을 인수하고 외부 기업과 역량을 공유하는 전략적 제휴 및 인수합병 IPO 대응팀의 구성을 추천한다.

넷째, 인공지능과 마테크 활용 전략이다. 모든 산업이 서비스화하고 있다. 공급 중심의 퍼스트 마일 서비스에서 수요자 중심 라스트 마일 서비스, 그리고 부가적인 엑스트라 마일 서비스로 넘어가고 있다. 라스트 마일 서비스와 엑스트라 마일 서비스는 데이터 싸움이다. 인공지능 기반의 마테크mar-tech를 활용해 공급자 시장과 수요자 시장을 연결하는 플랫폼이 되어야 한다.

고객들은 이젠 제품보다 경험을 구매한다. 고객의 정보 탐색도 가격이나 품질이 아니라 구매 경험의 평가(댓글)가 기준이 되고 있다. 인공지능 마케팅이 적극적으로 활용될 필요가 있다.

고객의 이용 경험ux을 데이터를 통해 관리하고, 고객 개인별 최적화된 경험을 제공하도록 개별 맞춤 서비스를 지향해야 한다.

에필로그

역량증진형 국가와 한국경제의 비전:
종횡무진하는 빅블러와
성장-복지-고용의 선순환

이근(서울대학교 경제학부 교수), 박동철(포스코경영연구원 자문역)

| 세계경제의 삼중전환과 한국경제

코로나19가 가속화한 디지털 전환과 환경생태적 전환 속에서 2021년의 G7 회의는 콘월컨센서스 즉, '규범에 기반한, 자유롭고 공정한 경제 시스템'을 새로운 세계경제의 비전으로 내세웠다. 이전의 자유방임 세계화가 가장 싼 곳에서 생산해 가장 세율이 낮은 곳에서 세금을 내는 것이라면, 이번 새 규범은 신자유주의적 가치와는 다르게, 최저 법인세를 쇼핑하는 자본 이동에 대한 견제이고, 이런 조세 수입으로 코로나에 대한 피해 보상과 글로벌 공급망 재편 비용을 조달하는 구조다. 미국이 주장하는 법인세 공조를 유럽이 받아들이고, 유럽이 주장하는 디지털세를 미국이 받아들이는 타협을 이룬 것은, 중국이라는 공통의 경쟁 상대를 의식한 견제의 시작이다. 향후 미국과 중국은 각자 주도의 GVC 구축을 지향하지만 전면적 디커플링은 불가능하고, 대신 반도체 등 첨단 분야 GVC에서 미국이 중국에 의존하지 않는 GVC를 구축하는 부분적 디커플링이 현실적인 시나리오일 것이다.

동시에 이는 과거의 다자간 자유무역협정에 기반한 생산의 저비용 효율화라는 패러다임이 소수 간의 합종연횡에 의한 동맹형 GVC로 대체되어감을 의미한다. 이러한 소수 동맹형 GVC의 등장은 자유무역 통상 질서 속에서 성장해온 한국에는 커다란 도전 요인이다. 한국은 대내적으로 잠재성장률의 저하, 지역 간, 대중소기업 간, 소득계층 간 불균형과 불평등에 따른 경제사회적 불안정성 증대 속에서, 잠재성장률의 추세적 하락(5년마다 1%p씩 하락) 속에 경제의 역동성마저 떨어지고 있다. 구체적으로 미국 대비 1인당 소득 면에서 70%를 넘기 어렵다는 벽과 세계경제 전체에서의 비중 면에서 2%를 넘지 못한다는 두 가지의 벽에 직면하고 있다. 한국경제와 산업이 재도약하기 위해서는 기존 쌍전환(디지털 및 친환경)에 추가해 글로벌 차원의 GVC 재편이라는 삼중전환 triple transition에 선제적으로 대응해야 하고 이를 위해서 종래의 개발국가나 복지국가를 넘어서는 역량증진형 국가가 필요하다(그림 5-1).

[그림 5-1] 역량증진형 국가와 한국경제의 비전

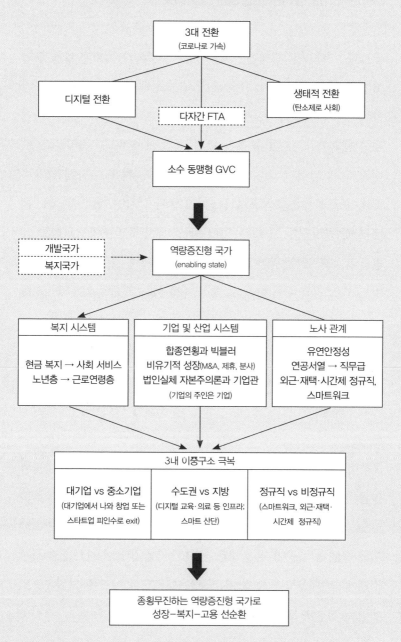

| 3대 전환 |
| (코로나로 가속) |

디지털 전환

생태적 전환
(탄소제로 사회)

다자간 FTA

소수 동맹형 GVC

개발국가
복지국가

역량증진형 국가
(enabling state)

복지 시스템

현금 복지 → 사회 서비스
노년층 → 근로연령층

기업 및 산업 시스템

합종연횡과 빅블러
비유기적 성장(M&A, 제휴, 분사)
법인실체 자본주의론과 기업관
(기업의 주인은 기업)

노사 관계

유연안정성
연공서열 → 직무급
외근·재택·시간제 정규직,
스마트워크

3내 이중구소 극복

대기업 vs 중소기업
(대기업에서 나와 창업 또는
스타트업 피인수로 exit)

수도권 vs 지방
(디지털 교육·의료 등 인프라;
스마트 산단)

정규직 vs 비정규직
(스마트워크, 외근·재택·
시간제 정규직)

종횡무진하는 역량증진형 국가로
성장-복지-고용 선순환

┃ 복지국가를 넘어서 역량증진형 국가로

코로나 발생 이후 각국은 케인지언적 복지국가식 피해 보상을 넘어 적극적으로 GVC 개편을 위한 산업 정책을 하고 있으며, 혼자 하지 못하는 부분을 보완하려고 소수 파트너와 결합하는 합종연횡형 제휴를 하고 있다. 예를 들면, 독일 폭스바겐은 중국 4위 배터리 업체 궈쉬안 하이테크의 최대 주주로 자본 투자해 안정적 배터리 공급을 도모하고자 하고, 이 분야 강자인 중국의 CATL은 해외 첫 공장인 독일 에르푸르트 공장에서 다임러와 BMW 등에 공급할 배터리를 생산할 예정이다. 반도체의 경우, 미국은 첨단 반도체를 미국 내에서 설계, 생산, 유통하는 것을 목표로 하고 있고, 대만의 TSMC는 이에 부응하면서 시장 확보를 위해 미국 애리조나주에 최첨단 반도체 공장 여섯 개를 신설할 계획이다. 동시에 TSMC는 일본에도 반도체 R&D·후공정(패키징) 공장을 짓기로 확정하면서, 미국, 대만, 일본 간의 삼각 동맹이 가시화되고 있다.

이런 상황에서 국가의 역할은 수요보충적 케인지언 복지국가와 공급지향적 슘페터형 국가workfare state를 통합한 역량증진형 국가 enabling state가 필요하다. 역량증진형 국가는 산업에 적극적으로 개입해 산업의 역량과 경쟁력을 높인다. 이들 산업이 자유방임 시장 경쟁에 의해 몰락해 재정 부담으로 귀결되기 이전에 선제적으로 개입해 성장과 고용을 유지함으로써 사후적 복지 부담이 될 것을 사전적 산업 정책 비용으로 전환 방어하는 것이다. 즉, 전통적으로 국가는 생산 이전(인프라 건설) 혹은 생산 이후(사회보장) 단계에만 개입한다는 고정관념에서 벗어나, 생산 단계에 개입함으로써 사후적 비용(구조조정 및 복지 비용 등)을 줄일 수 있다는 주장이 늘어나고 있다. 또한 국민에 대한 물질적 혜택 중심적인 복지국가의 경직성과 비효율성을 극복하고, 경제 주체의 역량을 높여서 이들 간의 상호협력과 자조를 통해, 스스로 웰빙well-being을 높이고자 한다(즉, 복지국가가 고기를 주는 것이라면, 역량증진형 국가는 고기 잡는 법을 가르쳐주는 것이다).

개인 차원의 역량 증진을 위해서는, 종래의 대량 생산 교육을 디지털 기술을 활용해 개개인의 능력과 적성에 맞추는 개별화된 교육, 즉 대량 맞춤형 교육으로 바꾸어야 한다. 기업 및 산업 차원의 역량은 기업의 내부냐 외부냐 하는 이분법을 넘어서 기업 간의 역량 공유와 네트워킹과 동맹networking/alliance이 중요하다. 또한 내부 자원에 의존하는 유기적 성장에서 외부와의 연계와 M&A를 통한 비유기적 성장이 중요해지고 있다. 지금까지 삼성은 M&A 없이 주로 기업 내부의 자원을 활용한 유기적 성장을 해온 반면, 구글은 일주일에 하나씩 타기업을 인수하는 비유기적 성장을 해왔다. 카카오도 구글형 비유기적 성장에 가깝다. 재벌계 기업 중에서도 LG생활건강 성장의 키워드는 인수합병이다. LG생활건강은 차석용 부회장이 취임한 2005년 이후 25차례의 크고 작은 M&A를 통해 성장했다. 공격적인 M&A 경영이 위험을 가중시킨다는 비판도 있지만 외부 환경의 전환기에는 기존 사업 부문의 강점을 살리면서 미래 시장에 필요한 역량을 외부에서 수혈해 조직의 시너지 효과를 거둘 수 있다. 기업의 주인은 단순히 주주나 광범위한 이해관계자 및 총수가 아니라 기업 자체라는 법인 실체 자본주의론은, 기업분할/분사, M&A, 제휴에 기반한 비유기적 성장에 이론적 기반을 제공하고 있다. 한국 기업의 형태는 종래의 가족 지배하에서 다각화된 문어발식 재벌을 넘어서 디지털 기술에 기반해 다양한 합종연횡형 빅블러나 플랫폼 기업으로 바뀌어갈 것이다.

▎합종연횡형 산업 시스템으로 삼중전환에 대응

디지털 전환의 핵심은 업종별 종적 통합을 넘어서 업의 경계를 넘나드는 횡적 혁신으로 바꾸는 것이다. 산업의 경계를 종적, 횡적으로 연결하는 핵심은 데이터이며, 이의 수집·공유·거래의 생태계 조성을 위한 관리 기구가 필요하다. 하나의 앱으로 여러 은행의 계좌를 한 번에 조회하고, 결제나 송금 등을 간편하게 할 수 있는 오픈뱅킹은 정부가 누구나 은행 데이터를 이용할 수 있는 거래 환경을 2016년 '금융결제 인프라 혁신 방안'으로 가능케 했기에 시작된 것이다(오픈뱅킹 이전 핀테크 기업은 금융결제원의 금융 공동망과 펌뱅킹을 활용하며 은행에 건당 400~500원의 수수료를 내야 했다). 익숙한 합종연횡의 예는 서울시의 교통카드로서, 버스·지하철·택시 등 이질적 교통수단을 하나로 통합하고 결제 서비스까지 결합한 교통카드 플랫폼으로 진화 중이다. 초기 시스템 구축(2004)에 615명, 초기 운영(2005~2008)에 1,000명의 고용을 창출했고, 2021년 현재 약 34개국 60개 도시와 기관에 8,000억 원 규모의 85개 사업으로 수출되고 있다.

즉, 디지털 기술을 활용한 횡적 제휴가 핵심이고, 제조업 특정 분야나 제품 차원(예, 자동차 제조)을 넘어서는 서비스업(예. 모빌리티) 또는 제조/서비스 융합이 관건이다. 카카오는 카카오 모빌리티로 커넥티비티+완성차+헬스케어를 엮어서 플랫폼화하고, 카카오페이, 카카오뱅크, 카카오톡, 카카오보험 등의 자회사 혹은 협력사와의 네트워크 기반형 플랫폼으로 진화하고 있다. 네이버의 제2사옥은 건축+로봇+스마트워킹+에너지 등의 이기종 영역으로 구성한 공간 비서 플랫폼 영역 창출이 핵심이다. 미래 모빌리티 비즈니스는 차량 제조 관련 선형적·수직적 가치사슬을 넘어서, 복합에너지 인프라로 전환되는 동시에 카셰어링, 정비 등 자동차와 연관된 부가 서비스, 업무, 문화 등 복합 이용 공간으로 활용되는 스마트 모빌리티, 자율주행차와 결합한 차량 공유 및 신유통 물류 플랫폼 등 복잡한 가치 네트워크로 전환될 전망이다. 이제 종횡무진형 빅블러를 지향하는 기업은 목표 시장 진입→ 성장→확대의 선형적 모델을 지양하고, 다양한 영역에 씨앗을 파종하고, 사업간 재조합과 재구성에서 새 기회를 찾는 전략을 추구해야 한다.

삼중전환의 핵심 중의 하나인 친환경 수소 경제를 위해서는 기업이 글로벌 경쟁을 극복 성장할 수 있도록, 기존 탄소 배출권 거래제(ETS)를 확대 발전시키고, 탄소세 등 새로운 탄소 가격 제도의 설계 및 운용이 필요하다. 또한 중단기적으로 블루수소 중심으로 더 많은 수소를 보급하고, CCUS(이산화탄소 포집·저장·활용) 기술 개량을 촉진하며, 수소연료전지를 활용한 발전 부문에 대한 R&D 지원을 하고 산업 인력을 육성하는 것이 필요하다.

| 역량증진형 복지와 역량공유형 혁신 통한 이중 구조 극복

역량증진형 복지 체제에서는 현금보다는 각종 현물형 사회 서비스(출산, 육아, 보육, 돌봄, 교육 서비스 등) 부문의 역량 확충이 관건이다. 유럽의 초기 복지국가도 현금 복지 중심으로 갔다가 사회 서비스 확충으로 전환하고 있다. 기본소득도 좋지만 기본 서비스가 먼저라는 것이고, 이런 사회 서비스 일자리는 한국이 다른 나라에 비해 비중이 낮아서 확충의 여지가 크다. 이런 서비스는 복지인 동시에 일자리 창출이어서 고용률을 높이는 효과도 있다. 유럽의 복지국가 경험이 주는 또 하나의 교훈은 복지 비용의 수혜 대상 면에서, 노년층과 (역량 발휘에 핵심 역할을 하는) 근로연령층에 대한 적절한 비중이다. 한국은 현재, 전자의 비중만이 늘어나는 비효율적 복지 체제 유형으로 가고 있어서 성장의 선순환에서 멀어지고 있다. 이 점을 개선해야 한다.

역량 증진에 걸맞은 노동 시스템의 시작은 유연안정성의 제고이고, 연공서열을 탈피하고 (역량에 기반한) 직무급 보상 체계를 갖추어야 한다. 여성·청년의 고용률 제고를 위해서는 외근이나 재택 정규직, 고소득형 자발적 비정규직 및 정규직형 시간제 고용을 활용해 다양한 공간과 시간에서 근무하는 스마트워크가 확산되어야 한다. 이것이 또한 정규직-비정규직으로 상징되는 노동 시장 이중 구조 극복의 중요 통로다. 인구의 고령화에 대응하기 위해서는 법적 정년 연장보다는 새로운 계약하에 기존 직장에서 계속 일하게 해야 한다.

역량과 생산성이 뒤처진 중소기업, 지방 등 이중 구조 문제도 디지털 전환을 핵심으로 하는 대-중소기업 간, 수도권과 지방 간의 역량 공유와 선순환 체제(대기업에 나와 창업+창업 기업을 대기업이 인수)로 극복할 수 있다. 나아가 전국에 흩어져 있는 산단이나 공단을 디지털기술을 활용해 플랫폼화해야 한다. 개별 공장의 디지털화를 넘어서, 전문 디지털 공급 기업을 중심으로 공장과 공장, 산단과 산단을 디지털과 데이터로 엮어 가치를 창출할 수 있다. 한편 삼중 전환과 미중 갈등, 중국 시장의 경쟁 격화와 임금 상승 등의 상황은 탈중국형 리쇼어링에 최적 기회이고, 정부는 디지털 공장화와 리쇼어링을 하나의 패키지로 촉진해야 한다. 스마트팜도 역량 공유에 의해 더 업그레이드되면 지역 산업 발전의 한 축이 될 수 있다. 마지막으로 지방의 디지털 인프라를 획기적으로 개선해 지방 근무와 거주의 불리함이 최소화해야 하며, 그 핵심은 디지털 교육과 원격 의료가 될 것이다.

┃ G7 정상회의 이후 대전환과 종횡무진하는 역량증진형 국가

바이든 집권 이후 2021년의 G7 정상회의는 미국과 유럽 간에 디지털세와 법인세 합의로 상징되는 서방의 대중국 견제의 정치적·경제적 동맹의 시작이다. 즉, 다자간 자유무역 시대는 끝나고, 소수 간 합종연횡 GVC 시대로 가고 있다. 그 시대는 미국 대 중국 또는 서방(미국+유럽) 대 중국이라는 행태의 G2 경쟁의 시대다. 이런 첨단산업 중심의 부분적 디커플링으로는 미국과 서구는 중국을 침몰시키지 못하고, 중국은 2030년대 중반에 미국과 비슷한 규모의 GDP를 달성하며 본격적으로 G2 시대를 열 것으로 전망된다. 서구의 반중 동맹 대 중국의 중국 제조 간의 긴 지구전이 시작되었다. 서방이 탈중국형 GVC를 먼저 구축하느냐 아니면 중국이 먼저 첨단 부품과 기술의 서방 의존도를 줄이고 중국 주도 GVC를 구축하느냐의 시간 싸움이다.

여기에 추가적 변수가 탄소제로라는 G7 회의 이후 서구가 들고 나온 새 비전이다. 4차 산업혁명이 그동안 아시아의 추격에 대응해 제조업을 부활시키려는 서구의 목표 달성에 기여할 것으로 기대되었으나, 4차 산업혁명 자체가 3차 산업혁명의 연속선상에 있다는 면에서 덜 파괴적이어서 아시아의 제조업 강국들도 잘 적응해오고 있었다. 그러나 이제 탄소제로 사회의 비전은 창조적 파괴형 규제로서 한국, 중국 등 아시아의 제조업 강국에 큰 도전으로 다가오고 있다. 서구는 탄소제로에 맞는 새로운 파괴적 기술을 개발함으로써 탄소제로형 기술 개발로 제조업에 복귀하려고 하며, 신재생 에너지 중심의 새로운 경제 사회의 비전을 밀고 나가고 있다.

서구의 반중국 동맹이 없었더라면 중국 중심의 제조업 GVC가 좀 더 빨리 완성되어 한국의 설자리가 훨씬 줄었을지도 모른다. 하지만 미국을 중심으로 한 선진국과 중국 간의 대립은 한국에 시간을 벌어주는 효과가 있다. 즉, 서방이 구축하고자 하는 탈중국 GVC가 서방의 힘만으로는 금방 구축 가능한 것이 아니기에 제조업 강국으로서의 한국의 역할이 필요하다. 그러나 서방은 되도록이면 미국과 유럽 중심 혹은 천연 광물 자원이 있는 아프리카 등 제3세계의 일부 국가 포함하는 GVC를 구축하려고 하며, 한국은 차선의 카드로 보고 있다. 이에 한국은 미국 등에 한국이 신뢰할 만한 파트너임을 보여주고 설득해야 한다. 반면 '메이드 인 차이나'를 가속화할 중국경제에서 한국이 설자리는 별로 없어 보인다. 이미 중소기업에 이어 대기업의 탈중국이 시작되었다. 삼성도 최종 소비재는 중국 기업에 이미 밀려서, 반도체, 배터리, MLCC(삼성전기가 만드는 세라믹콘덴서)라는 3대 부품 외에는 중국 내 공장이 없다. 이것들도 언제 중국산으로 대체될지 알 수 없다. 즉, 중국은 과거 세계의 공장이자 시장 역할을 했으나, 이제 중국 생산 중국 소비라는 닫힌 시장이 되고 있다. 향후 오히려 중국이 한국에 시장으로서보다는 희토류 등 다양한 품목의 공급자로서의 역할이 증가할 것으로 보인다.

전반적으로 중국은 최근 월가의 지속적 대중국 금융 투자에서 보듯이 중국의 향후 성장에 배팅하는 금융적 투자 대상이 되고 있다. 한국의 입장에서는 앞으로 중국 시장과 기술보다는 미국과 유럽의 시장과 기술이 더 중요해지고, 제휴할 만한 파트너가 될 것으로 보인다. 즉 서구권이 한국의 합종연횡의 대상으로 재부상하고 있다. 나아가서 북핵과 북한에 대한 지렛대 역할 등을 제외하면 이제 안미경중(안보는 미국, 경제는 중국)이라는 틀에서 벗어나 안미경미 시대로 넘어가야 하지 않나 하는 생각이 들 정도다.

대전환과 합종연횡의 시대에 국가의 역할이 재정립되고 있다. 모든 선진국이 디지털 전환digital transition 및 탈탄소 등 친환경생태 전환ecological transition이라는 명분으로 산업에 깊이 개입하는 이 상황에, 한국 또한 현상유지, 나아가 발전을 위해 기업과 산업에 대한 적극적 지원과 경쟁력을 제고하는 대응을 해야만 한다. 이제 한국은 개발국가, 복지국가의 틀을 넘어서 개인, 기업, 산업 및 지역의 역량을 높이는 데 기여하는 역량증진형 국가로 변화해야 할 필요가 있다. 이를 통해 성장-복지-일자리의 선순환 경제를 구축해야 한다. 다가올 미래에 역량증진형 국가로서의 한국의 종횡무진 활약을 기대해본다.

주석

1부 바이든 시대 대외 환경 변화와 한국

01 G7 정상회의 이후, 계속되는 미중 사이 줄다리기와 한국의 선택

1 Para 27–30, "G7 (2021), G7 Cornwall UK 2021: Carbis Bay G7 Summit Communique."

2 최근 미국의 반덤핑 관행은 비시장경제(가령 중국)에 고율의 반덤핑을 적용하고 있다. 비시장경제의 생산이나 유통망을 통해 미국으로 수입되는 제품이 그 국가의 통제(정책 및 제도 등)와 무관하다는 것을 충분히 입증하지 못할 경우, 불리한 가용 정보(AFA, adverse facts available)를 근거로 해당 제품의 덤핑률을 일괄 추정(single rate presumption)하는 방식이다. McDaniel, C., & Vermulst, E. (2021). United States – Certain Methodologies and Their Application to Anti-Dumping Proceedings Involving China: Re-Litigating Through the Backdoor? World Trade Review, 1–10: https://doi.org/10.1017/S1474745621000173.

3 중국은 2019년 6월 WTO 분쟁해결기구에 자국의 정부 주도 산업 정책과 정부 관행이 비시장경제적인지 법적 판단을 요청했으나 2020년 6월 WTO 패널의 중간 보고서를 검토한 이후 소송을 취하하여 스스로 자국의 비시장경제 관행에 대해 인정한 셈이 되었다. 그리고 미국, EU, 인도의 고율의 반덤핑 관세를 수용하기로 했다(WT/DS516/13).

4 신원규, 디지털 대전환과 글로벌 통상환경의 변화, SW 중심사회, 87호, https:// spri.kr/ posts/view/23300?code=industry_trend.

5 Shin, W., & Ahn, D. (2017), "Firm's Responsive Behaviours in WTO Trade Disputes: Countervailing Cases on Korean DRAMs", Journal of World Trade, 51(4); Shin, W., & Lee, W. (2013), "Legality of R&D subsidies and its policy framework under the world trading system: The case of civil aircraft disputes", STI Policy Review, 4.

05 한국경제가 직면한 두 가지 벽, 70%와 2%

1 종래의 추산에서는 한국이 2020년부터 일본을 추월한 것으로 나타났는데, 이것이 2년

당겨진 것은 IMF가 구매력평가지수(PPP) 기준 연도 환율을 2020년 통계치부터 2011년에서 2017년으로 변경한 것에 기인한 것으로 보인다.

한국경제 거시 전망 및 금융 시장의 포인트

01　한국경제의 거시적 방향은 어디로

　　1 한국은행도 2021년 8월 경제전망보고서에서 2021년과 2022년의 경제성장률을 각각 4.0%, 3.0%로 전망했다.

05　기본소득 정책, 무엇으로 재원을 마련할 것인가

　　1 박명호·정희선, 「조세감면제도에 대한 외국사례 검토」, 2007.

3부 새로운 시장과 경영 트렌드

01　디지털 플랫폼 트렌드와 종횡무진형 디지털 전환

　　1 코로나 여파 500대 기업 44곳 물갈이 …… IT 약진하고 정유 추락", 〈연합뉴스〉, 2021.05.21..

　　2 한혜원, 「메타버스 내 가상 세계의 유형 및 발전 방향 연구」, 〈한국디지털콘텐츠학회 논문지〉, 317–323, 2008.

　　3 한 사람이나 집단에게서 다른 지성으로 생각 혹은 믿음이 전달될 때 전달되는 모방 가능한 사회적 단위를 총칭한다. 1976년 리처드 도킨스가 《이기적 유전자》에서 문화의 진화를 설명할 때 처음 등장한 용어다.

　　4 "큰 돈 들여 스마트 공장 지었더니 AS도 안돼", 〈노컷뉴스〉, 2019.04.22..

　　5 "기업 임원 88% '디지털 전환 목표는 업무 효율 증대'", 〈매일경제〉, 2019.10.02..

　　6 "공공데이터 활용, 여전히 '속빈 강정'", 〈조선일보〉, 2021.05.21..

　　7 강병원 의원 질의사항에 대한 보건복지부 서면답변, 〈데일리팜〉, 2021.03.24..

03 메타버스의 인기는 지속될 것인가

1 Metaverse Roadmap(pathway to the 3D web) (JohnSmart, JamaisCascio, JerryPaffendorf, 2006)

2 SA(stand alone): NSA(non-stand alone)은 주파수와 기지국이 5G지만 코어망이 4G 다. 이에 반해 SA는 주파수, 기지국, 코어망 모두 5G로 구성된 5G 구성 형태 중 하나다. 우선 5G SA가 되어야 네트워크 슬라이싱 기술 적용이 가능하다.

3 네트워크 슬라이싱(network slicing): 네트워크 가상화 기술이다. 4G까지는 대용량 멀티 미디어에 최적화된 이동통신망 중심이었고, 소량의 데이터 송수신을 위해서는 별도의 사물 인터넷 전용망(LPWAN, Low Power Wide Area Network)이 필요했다. 하지만 5G 에서는 네트워크 슬라이싱 기술이 적용되어 5G망을 가상화해 대용량 멀티미디어용과 소량의 사물인터넷용 망을 하나의 이동통신망으로 구축할 수 있게 되었다.

05 위기와 기회가 공존하는 가상자산 시장

1 김치 프리미엄이란 한국에서 거래되는 암호화폐의 시세가 해외 거래소의 시세와 비교 해 얼마나 높은지를 뜻하는 용어다. 한국은 국내 채굴업자가 부족하고 외국인이 한국 거 래소에서 거래하는 것을 금지하므로, 암호화폐에 대한 국내 수요가 급증하면 재정거래 (arbitrage)가 불가능해 공급 부족으로 거품이 낄 수밖에 없는 구조적 취약성을 가지고 있다.

2 미국 3com의 창업자이자 전기공학자인 밥 멧커프는 네트워크의 규모가 커지면 비용 은 직선적으로 늘지만, 그 가치는 기하급수적으로 증가한다고 했다. 이를 멧커프의 법칙 (Metcalfe's Law)이라 하며, 네트워크 효과를 설명하는 중요한 법칙 중 하나다.

3 이른바 4차 산업혁명이란, 글로벌 플랫폼 경쟁 속에서 일어나는 기존 산업 체계 질서 의 붕괴와 재편을 의미한다고 정의할 수 있다. 4차 산업혁명 주역들인 플랫폼 사업자들 은 글로벌 시장에서 자신들이 구축한 양측 시장(two-sided market)의 네트워크 효과를 내재화하기 위해 산업 간의 경계를 넘어 각종 교차보조(cross-subsidy) 수단을 끊임없 이 확장해나간다. 우리나라의 카카오톡과 네이버 같은 플랫폼 사업자들이 적극적으로 M&A를 하는 이유도 교차보조 수단 확대를 통한 기업 경쟁 우위의 지속성을 확보하기 위함이다.

06 글로벌 자동차 시장을 보는 세 가지 키워드

1 Pavitt, K., "Sectoral Patterns of Technical Change: Towards a Taxonomy and a Theory", *Research Policy 13*, No. 6, 1984.

2 이근, 《동아시아 추격의 경제학》, 박영사, 2017.

3 테슬라는 자동차 딜러(dealer)를 통한 판매 방식을 취하지 않고 온라인으로 판매한다.

4 한국과학기술기획평가원, 「수소차 보고서」, 2018.

5 오철, 「스마트 자동차 기술은 자동차 산업의 패러다임을 바꿀 수 있을까?」, 《한국경영공학회지》, 2018

4부 2022 경제·경영 핵심 이슈

01 복지국가 역사의 분기점에 서다

1 "기본소득과 공정소득은 사촌지간!?", 〈매일경제〉, 2021.07.30..

2 "이재명 작심 비판 이어가는 민주당 신정현 경기도의원 왜?", 〈매일경제〉, 2021.04.15..

3 양재진, "개인 단위 현금급여로 소득 재분배를?", 서울복지교육센터 지식공유 칼럼, 2021.07.14., https://wish.welfare.seoul.kr/swflmsfront/board/boardr.do?bmno=10001 &bno=91292&pno=10005&ppno=10002&opno=10003&.

4 Van Donselaar, G., "The Right to Explain: Parasitism, Scaricity, Basic Income", *Oxford University Press*, 2009.

02 국민소득보장제: 혁신형 소득보장 체계의 구상

1 이 글은 2021년 한국공공정책전략연구소가 발표한 「어젠다 K 2022」 보고서의 '복지' 부분을 발췌한 것이다. 해당 보고서는 한국공공정책전략연구소의 누리집(https://kipps365.com/)에서 다운로드할 수 있다.

2 세계경제포럼(World Economy Forum)의 「일자리 전망 보고서(The Future of Jobs Report)」는 4년 후를 전망하는데, 2016년에는 일자리가 510만 개 감소할 것이라고 추정했으나 2018년에는 5,800만 개가 증가하리라고 예측한 바 있다. 다음을 참조하라. "The Future of Jobs Report", World Economic Forum, 2016 · 2018.

3 이러한 힘으로는 생산성 효과, 자본 축적 효과, 자동화 심화 효과, 회복 효과 등이 있다.

Acemoglu, D. and Restrepo, P., "Artificial Intelligence, Automation and Work.", *NBER Working Paper*, National Bureau of Economic Research, No. 24196, 2018.

04 스튜어드십 코드와 장기 투자 제고

1 '자율 규제'라는 명분을 유지하기 위해 실무 작업은 금융위원회 산하 기업지배구조원에 맡겼다.

2 Coffee, J., "Dispersed Ownership: The Theories, the Evidence, and the Enduring Tension between "Lumpers" and "Splitters"", in Dennis C. Mueller (2012) (ed.) The Oxford Handbook of Capitalism, Oxford University Press, 2012.

3 다음 자료는 인덱스 펀드가 미국 상장 주식의 최대 30% 이상을 장악하고 있고 현재 추세가 유지되면 2030년 이전에 인덱스 펀드가 미국 주식 시장 전체를 보유할 것으로 전망한다. Coates, John C., "The Future of Corporate Governance Part I: The Problem of Twelve", *Harvard Public Law Working Paper*, No. 19-07, 2018, https://ssrn.com/abstract=3247337.

4 이에 대한 상세한 논의는 Shin, Jang-Sup(2021 forthcoming), "The Subversion of Shareholder Democracy and the Rise of Hedge-Fund Activism", The Berkeley *Business Law Journal* 및 신장섭, 《왜곡된 스튜어드십 코드와 국민연금의 진로》, 나남출판, 2018을 참조.

5 이에 대한 상세한 논의는 신장섭, 《기업이란 무엇인가》, 북스코프, 2020을 참조.

6 네덜란드나 프랑스에서는 이러한 주식 장기 보유자 우대 투표 제도를 시행하고 있다. 상세한 내역 및 제안에 대해서는 신장섭, 《기업이란 무엇인가》 참조.

7 이에 대한 상세한 논의는 Shin, Jang-Sup (2021 forthcoming), "The Subversion of Shareholder Democracy and the Rise of Hedge-Fund Activism.' The Berkeley *Business Law Journal* 및 Lazonick, William and Jang-Sup Shin, *Predatory Value Extraction*, Oxford University Press, 2020을 참조.

06 비유기적 기업 성장 전략: 분사와 인수합병의 태풍

1 사사티아 나델라, 《히트 리프레시》, 흐름출판, 2018.

2 'everything as a Service'의 줄임말로 사용자에게 필요한 소프트웨어, 콘텐츠, 스토리지 등을 인터넷상에서 대여 형태로 제공하는 클라우드 컴퓨팅 서비스 시스템을 의미한다.

3 찰스 파인, 《클락 스피드》, 어진소리, 2004.

4 김재철 회장 "태풍이 오면 선원은 파도가 아니라 선장을 본다", 〈한국경제〉, 2019.04.16..

5 피터 틸 · 블레이크 매스터스, 《제로 투 원》, 한국경제신문, 2014.

6 차석용, 《CEO 메시지》, LG생활건강, 2020.

대표편저자

이근

현 서울대학교 경제학부 교수 겸 비교경제연구센터장이다. 그 외 경제추격연구소장, 국민경제자
문회의 부의장, 한국국제경제학회장, 서울이코노미스트클럽 회장을 맡고 있다. 캘리포니아 주립
대학교(버클리)에서 경제학 박사학위를 취득했고, 국제슘페터학회장(ISS), UN본부 개발정책위원,
서울대학교 경제연구소장, 세계경제포럼(WEF) Council 멤버 등을 역임했다. 비서구권 대학 소속
교수로는 최초로 슘페터(Schumpeter)상을 수상했고, 그 외 경암상, 학술원상 및 유럽진화경제학회
(EAEPE)의 Kapp상을 수상했다. 기술혁신 분야 최고 학술지인 《리서치 폴리시(Research Policy)》의
공동편집장이다.

류덕현

중앙대학교 경제학부 교수 겸 교무처장. 미국 라이스대학교에서 경제학 박사 학위를 받았으며,
한국조세재정연구원(KIPF) 전문연구위원을 거쳐 현재 중앙대학교에서 계량경제학과 거시경제학
등을 가르치고 있다. 주요 관심 분야는 재정정책, 경제성장 관련 정책이고, 현재 국민경제자문회
의 거시경제분과 위원으로 활동하고 있다.

송홍선

현 자본시장연구원 선임연구위원이다. 서울대학교에서 경제학 박사학위를 취득했고, 자산운용,
연금제도, 기업 지배구조, 금융규제를 연구하고 있다. 행정안전부 주식백지신탁 심사위원, 국민
연금 성과평가보상 전문위원을 역임했으며 기획재정부 기금운용평가단, 공적자금관리위원회 매
각소위원회 위원으로 활동하고 있다. 저서로 《스튜어드십 코드와 기관투자자 주주권 행사》, 《인구
구조 변화와 주식시장》, 《금융중개의 발전과 사모펀드의 역할》, 《연금사회와 자산운용산업 미래》
등이 있다.

최영기

현 한림대학교 경영학부 객원교수이자 서울대학교 경제연구소 객원연구원이다. 경제사회발전노
사정위원회 상임위원, 한국노동연구원 7·8대 원장, 한국고용노사관계학회 회장을 역임했다. 미
국 텍사스대학교(오스틴)에서 경제학 박사학위를 취득하고 1988년 이후 한국노동연구원에서 노사
관계와 고용정책 연구 활동에 매진했으며, 1996년 이후 정부의 노동개혁 정책을 지원하기 위해
청와대 비서실과 노사정위원회 등에 파견근무하며 정책 개발에 참여한 바 있다.

김주형

현 서울대학교 경제학부 객원교수이자 LG경제연구원 고문이다. 미국 위스콘신대학교(매디슨)에서 경제학 박사학위를 취득하였고, 산업연구원 책임연구원, NH투자증권 리서치센터장, LG경제연구원 원장 등을 역임했다. 디지털 혁신이 산업과 경제에 끼친, 그리고 끼칠 영향에 대해 연구하고 있다.

김호원

현 서울대학교 치의학대학원 객원교수이자 경제추격연구소 이사장이다. 23회 행정고시 합격 후 산업자원부와 국무총리실에서 산업정책국장, 미래생활산업본부장, 규제개혁실장, 국정운영2실장을 거쳐 제22대 특허청장을 역임했다. 퇴직 후에는 경제자유구역위원회 부위원장, 한국창의성학회 부회장, 벤처정책자문단 자문위원 등으로 활동 중이며, '한국경제의 새로운 성공방정식'을 화두로 신산업 정책의 방향과 방법론 등에 대해 연구하고 있다.

지만수

한국금융연구원 선임연구위원이다. 서울대학교에서 경제학 박사학위를 받고 중국경제와 한중 경제관계를 연구해왔다. LG경제연구원, 대외경제경책연구원, 동아대학교, 대통령 비서실 등에서 근무했으며 국민경제자문회의 대외경제분과 위원으로도 활동 중이다.

개별 저자 ─────────────────────────────

김기찬_가톨릭대학교 경영학부 교수

김윤지_한국수출입은행 해외경제연구소 연구위원

김준연_소프트웨어정책연구소 책임연구원

김형우_어번대학교 경제학과 교수

박동철_포스코경영연구원 자문역

신동형_알서포트 전략기획팀 팀장

신원규_숭실대학교 글로벌통상학과 연구교수

신장섭_싱가포르국립대학교 경제학과 교수

양재진_연세대학교 행정학과 교수

오철_상명대학교 글로벌경영학과 교수

우경봉_한국방송통신대학교 무역학과 교수

우석진_명지대학교 경제학과 교수

이강국_리쓰메이칸대학 경제학부 교수

이정동_서울대학교 공과대학 교수

장종회_매경비즈 대표

최병권_경제추격연구소 연구위원

최준용_뉴마진캐피탈코리아 대표

하준경_한양대학교 ERICA 경제학부 교수

홍경준_성균관대학교 사회복지학과 교수

KI신서 9952

2022 한국경제 대전망

1판 1쇄 발행 2021년 11월 5일
1판 3쇄 발행 2021년 12월 13일

지은이 이근 · 류덕현 외 경제추격연구소, 서울대 비교경제연구센터
펴낸이 김영곤
펴낸곳 ㈜북이십일 21세기북스

출판사업부문 이사 정지은
정보개발팀 장지윤
디자인 두리반 **교정** 두리반
마케팅1팀 배상현 한경화 김신우 이보라
출판영업팀 김수현 이광호 최명열
제작팀 이영민 권경민

출판등록 2000년 5월 6일 제406-2003-061호
주소 (우 10881) 경기도 파주시 회동길 201(문발동)
대표전화 031-955-2100 **팩스** 031-955-2151 **이메일** book21@book21.co.kr

㈜북이십일 경계를 허무는 콘텐츠 리더

21세기북스 채널에서 도서 정보와 다양한 영상자료, 이벤트를 만나세요!
페이스북 facebook.com/jiinpill21 포스트 post.naver.com/21c_editors
인스타그램 instagram.com/jiinpill21 홈페이지 www.book21.com
유튜브 www.youtube.com/book21pub

서울대 가지 않아도 들을 수 있는 명강의! 〈서가명강〉
유튜브, 네이버, 팟캐스트에서 '서가명강'을 검색해보세요!

ISBN 978-89-509-9784-7 03320